Peter R. Neumann

DER TERROR IST UNTER UNS

Peter R. Neumann

DER TERROR IST UNTER UNS

DSCHIHADISMUS UND RADIKALISIERUNG IN EUROPA

Ullstein

MIX
Papier aus verantwortungsvollen Quellen
FSC
www.fsc.org
FSC® C014496

ISBN 978-3-550-08153-8

Lektorat: Moritz Kienast
Gesetzt aus der Minion Pro
Satz: L42 AG, Berlin
Druck und Bindearbeiten: GGP Media GmbH, Pößneck
Printed in Germany

Für Zora

INHALT

Einleitung

Mein Interesse an den Themen Radikalisierung und Terrorismus begann im Jahr 1997. Ich war damals 22 Jahre alt und hatte mich entschieden, ein Studienjahr in Nordirland zu verbringen. Dass es dort um Katholiken und Protestanten ging, hatte ich bereits gehört. Auch die Irisch-Republikanische Armee (IRA) war mir ein Begriff. Doch wer genau die Leute waren, die sich dort bekämpften, und – vor allem – warum, davon hatte ich keine Ahnung. Und so verbrachte ich die Monate vor meiner Abreise damit, so viel wie möglich über den Konflikt in Erfahrung zu bringen. Ich las mehrere Einführungen in die irische Geschichte und besorgte mir Aufsätze über Theorien ethnischer Konflikte (für die sich wegen des Kriegs in Jugoslawien damals viele interessierten). Was bei mir den stärksten Eindruck hinterließ, war jedoch keine wissenschaftliche Abhandlung, sondern die Geschichte der »Shankill-Schlächter«.

Shankill ist ein protestantisches Stadtviertel im Westen von Belfast, das direkt an die katholische Falls Road grenzt. Hier hatte der Konflikt in den späten 1960er Jahren begonnen, und hier war er stets am bittersten. Bis heute steht zwischen den zwei Vierteln eine »Friedensmauer«, die von der Polizei geschlossen wird, wann immer es kracht. Direkt hinter der Mauer befand sich das Elternhaus von Lenny Murphy (1952–1982) – dem Gründer und Chef einer protestantischen Bande, die Mitte der 1970er Jahre zwei Dutzend Katholiken umbrachte.

Was Murphy und die Shankill-Schlächter so bemerkenswert machte, war nicht, dass sie Mitglieder der anderen Konfessionen töteten. Auch die Anzahl der Opfer war im Nordirland der 1970er Jahre nicht außergewöhnlich. Das Schockierende war die Art und Weise, mit der Murphy und seine Männer vorgingen. Immer wieder fuhren sie spät nachts durch katholische Viertel, zerrten ihre Opfer ins Auto und schlugen sie bewusstlos. Anschließend brachte man sie ins Hinterzimmer eines Pubs, quälte sie stundenlang, zog ihnen bei vollem Bewusstsein die Zähne oder hackte ihnen Arme und Beine ab.

Besonders grausam war die Ermordung eines 48-jährigen Katholiken, Tom Madden, die der Journalist Martin Dillon in seinem Buch *The Shankill Butchers* beschrieb:

> Sie bearbeiteten seinen Körper genauso wie ein Bildhauer ein Stück Holz oder einen Stein. Am Rücken und an den Oberschenkeln sah man lange Schnitte. Insgesamt zählte der Pathologe bei der Obduktion 147 Stichwunden (…). Keine davon war tödlich: Madden verlor mehrmals das Bewusstsein und wurde [von seinen Peinigern] jedes Mal wiederbelebt (…). Eine Frau, die in der Nähe lebte, gab an, dass sie gegen vier Uhr morgens einen Mann schreien hörte: »Tötet mich!, tötet mich!«[1]

Am Ende wurden die Opfer häufig entweder erwürgt, verbluteten – oder Murphy schnitt ihnen mit einem Fleischermesser die Kehle durch. Einmal war er dabei so brutal, dass sich der Kopf vom Körper trennte.[2]

Ebenso schockierend wie die Brutalität der Täter war die Reaktion der protestantischen Bevölkerung. Als den Schlächtern im Jahr 1979 der Prozess gemacht wurde, beschrieb der Richter ihre Taten als Ausdruck »blinder konfessioneller Engstirnigkeit« und verhängte die bis dahin längsten Haftstrafen in der britischen Kriminalgeschichte. Doch in Shankill gab es viele, die das Urteil für ungerecht hielten. Murphys Mutter sagte einem Reporter, ihr Sohn könne »keiner Fliege etwas zuleide tun« und beschwerte sich über die ständigen Besuche der Polizei. Im Gefängnis erhielt Murphy Hunderte von Briefen mit Glückwünschen und Heiratsanträgen. Zu seiner Beerdigung kamen Tausende, darunter viele seiner Kameraden. Auf dem Grabstein heißt es: »Hier ruht ein Soldat«.[3]

Als die Gruppe Islamischer Staat (IS) im Sommer 2014 damit begann, westlichen Geiseln vor laufender Kamera die Köpfe abzuschneiden, dachte ich sofort zurück an Murphy und die Shankill-Schlächter. Natürlich existierte keine direkte Verbindung. Zwischen Murphy und dem Islamischen Staat lagen fast vier Jahrzehnte; es ging um völlig unterschiedliche Konflikte, andere Ideologien. Aber es gab auch Gemeinsamkeiten. Der Henker, der in den Videos des Islamischen Staates auftrat, war kein Syrer oder Iraker, sondern ein junger Brite, der von den Medien »Jihadi John« genannt wurde. Genauso wie Murphy war »Jihadi John« ein Produkt des europäischen Bildungssystems, aus anständigem Elternhaus, mit ordentlicher Perspektive. Beide verstanden sich als Soldaten, als Krieger und Verteidiger einer guten Sache – und für beide wurde dies zur Rechtfertigung extremer, sadistischer Gewalt. Beide schnitten ihren Opfern die Kehlen durch.

Die Gewöhnlichkeit des Terrors

So unterschiedlich die zwei auch waren, bei Murphy und »Jihadi John« stellten sich ähnliche Fragen. Wie und warum wird ein junger Mensch aus Europa zum Terroristen? Woher die Brutalität, die Bereitschaft zum Einsatz extremer Gewalt? Wer oder was hatte Schuld? Hätte man die Radikalisierung verhindern können? Warum gab es so wenig Widerspruch –

niemanden, der sich den Mördern in den Weg stellte? Es sind dieselben Fragen, die nach jedem Anschlag und bei jedem Täter diskutiert werden. Und um diese Fragen geht es in diesem Buch.

Die ganz einfachen Antworten sind fast immer falsch. Die einfachste und falscheste Antwort ist, Terroristen seien verrückt. Fast alle Studien zum Thema Radikalisierung und Psychopathologie haben gezeigt, dass Terroristen – mit Ausnahme der sogenannten »einsamen Wölfe« – nicht mehr oder weniger geistig krank sind als der Rest der Bevölkerung.[4] Das gilt auch für die Schlächter von Shankill. Denn obwohl Murphys Verhalten psychopathische Züge aufwies, handelte er nicht allein. Zu seiner Bande gehörten ein Dutzend Mitstreiter, die bei allen Morden beteiligt waren und genauso sadistisch und brutal mit ihren Opfern umgingen wie ihr Anführer. Waren sie etwa alle geisteskrank?

Für viele Menschen ist die Vorstellung beruhigend, dass Taten, die so verwerflich und unbegreifbar sind wie das Töten Unschuldiger, von Leuten begangen werden, die nicht aus der Mitte der Gesellschaft stammen. Doch in Wahrheit produzieren auch »normale« und vermeintlich gute Gesellschaften »abnormales« und »schlechtes« Verhalten. Nicht jeder, der zum Terroristen wird, ist isoliert, ausgegrenzt oder durchgeknallt. Im Gegenteil: Die Reaktion der Menschen in Shankill zeigt, dass selbst »asoziales« Verhalten sozial akzeptiert sein kann. Der Terror ist unter uns.

Fast immer falsch sind auch Antworten, die Radikalisierung mit einer einzigen Ursache erklären. Terroristen sind nicht alle vaterlos, ungebildet oder arm. Ebenso wenig kommen sie stets aus Großfamilien, sind promoviert oder haben reiche Eltern. Osama Bin Laden (1957–2011), der ehemalige Anführer von al-Qaida, war Sohn eines reichen Unternehmers, aber viele seiner Kämpfer wuchsen in Slums oder Sozialwohnungen auf.

»Jihadi John« besaß einen Universitätsabschluss, doch seine Mitstreiter waren oft Schulabbrecher und vorbestraft.

Ein-Ursachen-Erklärungen haben den Vorteil, dass sie in eine Zeitungskolumne passen und den jeweils aktuellsten Fall scheinbar überzeugend, vor allem aber einfach und plakativ erklären. Als genereller Ansatz taugen sie wenig. Denn auf jeden Millionärssohn, der sich radikalisiert, kommen Tausende, die den Sommer lieber auf Papas Yacht im Mittelmeer verbringen. Und für jede gescheiterte Existenz, die beim Islamischen Staat landet, gibt es Millionen, die stattdessen versuchen, ihre Probleme mit Drogen und Alkohol zu lösen. Das bedeutet nicht, dass solche »Makro-Faktoren« stets falsch oder unwichtig sind. Aber auf sich allein gestellt ist ihr analytischer Wert gering.

Dass Radikalisierungsverläufe komplizierter sind als Zeitungskolumnen erlauben, liegt daran, dass Radikalisierung kein Ereignis ist, sondern ein Prozess. Radikalisierung hat nicht eine Ursache, sondern viele. Und die »Erklärung«, warum junge Menschen zu Terroristen werden, besteht nicht aus der Addition von Ursachen, sondern aus ihrem Zusammenspiel. Kontext ist dabei wichtig – oft entscheidend: Ein 20-jähriger Syrer, dessen gesamte Familie von Regierungstruppen getötet wurde, radikalisiert sich unter anderen Bedingungen als ein 20-jähriger Franzose – auch wenn beide am Ende bei derselben Gruppe landen, die gleichen Parolen skandieren und Seite an Seite für die vermeintlich selben Ziele kämpfen. Es gibt keine Blaupause, die sich auf jede Person, jeden Ort und jede Gruppe übertragen lässt. Die Suche nach der einen Formel ist wie die Jagd nach dem Heiligen Gral: zum Scheitern verurteilt, weil es sie nicht gibt – und nicht geben kann.

Und trotzdem: Dass sich Radikalisierungsverläufe komplex darstellen, heißt nicht, dass sie unverstehbar sind. Dass wir nicht *alles* verstehen, besagt nicht, dass wir gar nichts verstehen. Und die »Unfindbarkeit« einer einheitlichen Formel bedeutet nicht, dass es überhaupt nichts gibt, was sich verallgemeinern ließe.

Wer das Buch zu Ende liest, wird verstehen, dass viele der Faktoren und Prozesse, die bei der Radikalisierung eine Rolle spielen, weder neu noch außergewöhnlich sind. Bei vielen Terroristen geht es um persönliche Krisen und Konflikte, die Sehnsucht nach Bedeutung, Abenteuer und Stärke oder um das Verlangen danach, dazuzugehören, Teil einer Gruppe zu sein. Ob sich jemand in einer politischen Partei engagiert, Mitglied einer kriminellen Bande wird, als Soldat dem eigenen Land dient oder Unschuldige in die Luft sprengt, ist weniger offensichtlich, als es scheint. Was darüber entscheidet, wer zum Terroristen wird, hat mit Normen, Kontext und Gelegenheit zu tun – und manchmal damit, zur falschen Zeit am falschen Ort gewesen zu sein. Als Ereignis ist Terrorismus selten und ungewöhnlich, doch die sozialen Prozesse, die ihn produzieren, sind es nicht.

Mein Argument ähnelt dem der deutsch-amerikanischen Philosophin Hannah Arendt (1906–1975), die 1961 über den Prozess gegen Adolf Eichmann (1906–1962) berichtete. Eichmann war einer der Hauptorganisatoren des Holocausts. Was er getan hatte, war so schrecklich und unvorstellbar, dass ihn viele für ein Monster hielten. Doch der Mann, den Arendt mehr als fünfzig Tage lang im Gerichtssaal in Jerusalem beobachtete, war kein Monster. Sechs Psychologen hatten Eichmann untersucht und keinen Hinweis auf eine abnormale Persönlichkeit gefunden. Er war weder geisteskrank noch psychopathisch. Ein Gutachter kommentierte, der Angeklagte sei nur insofern auffällig, als er »überdurchschnittlich normal« sei. Im Gericht zeigte sich Eichmann als leidenschaftsloser Bürokrat und Karrierist, der »Befehle ausführte« und sich für Anerkennung und das eigene Fortkommen mehr interessierte als für Ideologie. Wäre er dreißig Jahre später geboren, hätte er wahrscheinlich ein unauffälliges Leben geführt und »keiner Fliege etwas zuleide« getan. Für Arendt symbolisierte er die »Banalität des Bösen«.[5]

Mein Ziel ist nicht, den Terrorismus zu verniedlichen oder seine Täter zu verharmlosen – genauso wenig, wie es Arendts Absicht war, den Holocaust zu relativieren. Auch geht es nicht darum, politisch motivierte Gewalt zu »entpolitisieren« – so zu tun, als hätte Terrorismus nichts mit Überzeugung und Ideologie zu tun. Doch wer in diesem Buch nach Monstern sucht, wird enttäuscht. Die Geschichten der Terroristen, von denen ich berichte, sind größtenteils Alltagsgeschichten, die sich oftmals erst in der Rückschau als »problematisch« oder »gefährlich« entpuppen. Das Bemerkenswerte ist, wie unbemerkenswert – oder gewöhnlich – sie sind.

Die Demokratisierung des Dschihadismus

Eine zweite Erkenntnis in diesem Buch betrifft die derzeit gefährlichste extremistische Bewegung: den salafistischen Dschihadismus (kurz: Dschihadismus), zu dessen Anhängern auch »Jihadi John« zählte. Meine These ist, dass die Dschihadisten seit dem Tod Bin Ladens und dem Ausbruch des syrischen Bürgerkriegs nicht nur jünger und stärker geworden sind, sondern dass sich ihre Bewegung »demokratisiert« hat. Zu den schätzungsweise 5000 europäischen Auslandskämpfern, die sich in Syrien dschihadistischen Gruppen angeschlossen haben, gehören nicht mehr nur verschrobene Intellektuelle wie der Anführer der Terrorzelle vom 11. September 2001, der damals in Hamburg lebenden Ägypter Mohammed Atta (1968–2001), sondern junge Europäer aus allen Schichten und Bevölkerungsgruppen. Fast 20 Prozent sind Konvertiten, die vom Christentum zum Islam – und häufig: direkt in den Salafismus – übergetreten sind. 15 Prozent sind Mädchen und

Frauen. Statt Universitätsstudenten wie zu Attas Zeiten rekrutieren die Dschihadisten heutzutage viele Kleinkriminelle und Perspektivlose. Mehr denn je ist der Dschihadismus in Europa eine Jugend- und Gegenkultur. Und der Islamische Staat, mit all seiner Grausamkeit und Brutalität, ist ihr alles überragendes Symbol.

Sowohl Ursache als auch Folge dieser Demokratisierung ist, dass die Anforderungen an potentielle Rekruten geringer geworden sind. Der Dschihadismus ist nach wie vor islamisch und folgt der salafistischen Glaubensdoktrin, doch die komplizierte Theologie, mit der noch al-Qaida ihre Anschläge zu rechtfertigen suchte, wurde vom Islamischen Staat durch eine diffuse Protestideologie ersetzt, die extreme Gewalt verherrlicht und vor allem aus Slogans und theologischen Versatzstücken besteht. Wichtiger als theologische Begründungen sind dem Islamischen Staat und seinen Rekruten die Möglichkeit zur Selbstinszenierung und das Image der Stärke und Überlegenheit, das die Gruppe in ihren Videos pausenlos projiziert. Als Protestideologie und Gegenkultur richtet sich der Dschihadismus des Islamischen Staates deshalb nicht mehr nur an junge Männer (und Frauen), die sich für Religion interessieren, sondern an alle, die nach Struktur, Ordnung, klaren Regeln und einem radikalen Gegenentwurf zur westlichen oder europäischen Gesellschaft suchen.

Dass diese Bewegung in Europa in den letzten Jahren so viel Erfolg hatte, ist kein Zufall, sondern – unter anderem – das Ergebnis ungelöster sozialer und politischer Probleme. Der Islamische Staat hat dort Erfolg, wo der Staat und die Zivilgesellschaft – auch muslimische Gemeinden – nicht mehr präsent sind, keine Angebote mehr machen und junge Leute sich selbst überlassen. Wer im Brüsseler Stadtteil Molenbeek oder den Vororten von Paris nach Sinn, Bedeutung und einem »Projekt« sucht, wird entweder zum Gangster oder zum Anhänger des Islamischen Staates. Besonders Mitglieder der »zweiten« und (mittlerweile) »dritten« Generation – also die Kinder und Enkel der Einwanderer aus mehrheitlich muslimischen Ländern, die nach dem Krieg nach Westeuropa kamen – sind in vielen Fällen noch immer nicht in Europa »angekommen«. Obwohl sie in Europa geboren und aufgewachsen sind, europäische Sprachen sprechen und europäische Pässe besitzen, haben viele nicht das Gefühl, wirklich dazuzugehören. Nur eine kleine Minderheit wird deshalb zu Terroristen, doch der gefühlte Mangel an Akzeptanz, Orientierung und Perspektive ist die »strukturelle Spannung«, an die die Dschihadisten mit ihrer hasserfüllten Ideologie andocken. Das Problem der Radikalisierung ist deshalb nicht nur ein sicherheitspolitisches, sondern auch ein soziales. Seine Bekämpfung erfordert bessere Sicherheitsbehörden, aber auch mehr soziales und politisches Engagement. Vor allem aber braucht Europa einen langen Atem, denn keine der Konflikte und Spannungen, die zur jetzigen Situation geführt haben, lassen sich schnell und einfach lösen.

Zu diesem Buch

Dieses Buch basiert auf einem Kurs, den ich in den letzten fünf Jahren an vier Universitäten unterrichtet habe: am King's College in London, meiner Heimatuniversität, der Georgetown-Universität und der Johns-Hopkins-Universität in Washington sowie dem Sciences Po in Lyon in Frankreich. Hierdurch habe ich insgesamt 400 Menschen erreicht – junge Leute aus wichtigen Ländern, von denen viele mittlerweile selbst forschen, journalistisch arbeiten oder ihr Wissen als Mitarbeiter von Regierungen und internationalen Organisationen praktisch anwenden. Für mich ist das eine große Befriedigung. Doch in Wahrheit ist selbst 400 eine relativ kleine Zahl, und die akute

Bedrohung durch den Islamischen Staat macht es notwendig, ein noch größeres Publikum anzusprechen – speziell hier in Europa, wo die »hausgemachte« Radikalisierung zu einer zentralen gesellschaftlichen und sicherheitspolitischen Herausforderung geworden ist.

Was in diesem Buch steht, beruht auf einer Gesamtschau der mittlerweile fast zwanzig Jahre, in denen ich Terrorismus und Radikalisierung studiere. Dazu gehört meine eigene Forschung, die Forschung meines Instituts, dem Internationalen Zentrum zur Erforschung der Radikalisierung (ICSR), und die Arbeit von Kollegen, die an Universitäten und Denkfabriken in aller Welt tätig sind. Als mich der wissenschaftliche Verlag Routledge Ende des Jahres 2013 fragte, ob ich Lust hätte, eine *Major Works Collection* – eine Sammlung der wichtigsten Aufsätze und Buchkapitel – zum Thema Radikalisierung zusammenzustellen,[6] gab mir das die Möglichkeit, mein Wissen noch einmal zu vertiefen. Den darauffolgenden Sommer verbrachte ich mit Stapeln von Büchern und Aufsätzen – oft von sehr jungen Autoren aus ganz unterschiedlichen wissenschaftlichen Disziplinen. Dabei entdeckte ich, wie viel gute Forschung mittlerweile existiert – was fehlte, war ein nuancierter und dennoch gut lesbarer Text, der die verschiedenen Ansätze, Methoden und Erkenntnisse auf einen Nenner brachte.

Der Fokus dieses Buchs liegt auf Europa. Der Grund dafür ist, dass ich mich hier am besten auskenne. Aber wichtiger noch: Ich bin davon überzeugt, dass das Erstarken der Extreme und die Polarisierung unserer Gesellschaften eine existentielle Gefahr für das europäische Gesellschaftsmodell darstellen. Die Bedrohung durch die »neuen Dschihadisten« steht dabei im Zentrum, ist aber nicht der einzige Grund.[7] Und deshalb geht es in diesem Buch nicht ausschließlich um den Islamischen Staat und die neuen Dschihadisten, sondern um das gesamte Spektrum extremistischer Bedrohungen.

Hierzu gehörten in den vergangenen Jahrzehnten neben den Dschihadisten auch Separatisten und ethnische Nationalisten (wie zum Beispiel in Nordirland und dem Baskenland) sowie Rechts- und Linksextreme. Durch die Zusammenschau lässt sich besser verstehen, wie sich Extremisten gegenseitig »befruchten«, aber auch, welche Gemeinsamkeiten und Unterschiede es gibt.

Im ersten Teil des Buches behandle ich fünf bekannte und zum Teil gut erforschte »Bausteine« der Radikalisierung. Keiner davon ist auf sich allein gestellt eine ausreichende Erklärung dafür, dass Menschen zu Terroristen werden. Doch sie alle spielen in Radikalisierungsverläufen eine Rolle: Frustration, weil sie eine Person für neue, radikale Entwürfe öffnet; Drang, weil er individuelle und soziale Bedürfnisse erklärt; Ideen, weil ohne sie politisch motivierter Extremismus keinen Inhalt hat; Leute, weil Radikalisierungsprozesse in den meisten Fällen Gruppenprozesse sind; und Gewalt, weil sich Gewalt meist als Reaktion auf die Gewalt anderer rechtfertigt. Zusammenaddiert ergeben die fünf Bausteine keine vollständige oder universell gültige Formel. Ihr Zusammenspiel unterscheidet sich je nach Kontext und Ideologie. Ihre Gewichtung ist umstritten. Doch niemand zweifelt daran, dass sie notwendig sind – und dass ohne sie ein Verstehen von Radikalisierung unmöglich ist. Denn jeder dieser Bausteine ist ein potentieller Risikofaktor.

Im zweiten Teil geht es um Trends und aktuelle Debatten, die in den Medien zwar häufig, aber nur selten ausgewogen oder gar wissenschaftlich fundiert diskutiert werden: Welche Rolle spielt die Religion bei der Radikalisierung? Welchen Einfluss hat das Internet? Wie unterscheiden sich »einsame Wölfe« von anderen Terroristen? Radikalisieren sich Frauen anders als Männer? Welchen Zusammenhang gibt es zwischen Radikalisierung und Kriminalität? Jedes dieser Themen wird uns noch Jahre beschäftigen. Und deswegen ist es mir wichtig, sie in diesem Buch ausführlich und fundiert darzustellen.

Das letzte Kapitel behandelt Lösungsansätze. Politiker sprechen häufig von Deradikalisierung und Prävention, doch die wenigsten verstehen, um was es geht. Ich erkläre die wichtigsten Prinzipien, aktuelle Politikansätze und praktische Anwendungsmöglichkeiten. Und ich zeige, dass Prävention und Deradikalisierung genauso zur neuen Sicherheitsarchitektur gehören wie Polizei und Nachrichtendienste, doch dass selbst die besten Programme nicht wettmachen können, was Politik und Gesellschaft versäumt haben.

Ziel des Buchs ist eine umfassende Einführung in ein Thema, das noch für viel Streit und Debatten sorgen wird. Deshalb beginne ich – noch vor dem ersten Teil – mit einem Kapitel über Definitionen und Probleme beim Erforschen der Radikalisierung.

1

Forschung

Donald Currie (*1966) war schlank, mittelgroß, hatte kurzes, lichtes Haar und ein normales, freundliches Gesicht. Er sah aus wie ein Büroangestellter oder ein Lehrer – einer, der nach Feierabend in die Kneipe geht und am Wochenende Fußball spielt. Doch für Kneipen und Fußball hatte der echte Donald Currie keine Zeit. Als er im November 2006 in England vor Gericht stand, war er bereits seit zwanzig Jahren politischer Aktivist. Seinen Job als Krankenpfleger hatte er vor Jahren geschmissen. An den Abenden traf er sich mit Kameraden und plante die jeweils nächste »Aktion«. Und am Wochenende stand er vor dem Supermarkt, sammelte Unterschriften und verteilte Flugblätter. Seine Partnerin und er bewohnten ein heruntergekommenes Haus in der südenglischen Küstenstadt Bournemouth. Ihre Leidenschaft waren die Tiere. Currie war Veganer und aß weder Fleisch noch Milchprodukte. Dass Tiere von Menschen gezüchtet und gequält wurden, widerte ihn an. Sein Lebenszweck war, dies zu stoppen – mit allen Mitteln.[1]

Curries Festnahme geschah unter dramatischen Umständen. Die Polizei überraschte ihn, als er gerade dabei war, unter einem Auto eine Bombe zu montieren. Als Currie die Polizisten bemerkte, rannte er davon, sprang über mehrere Büsche und schleuderte einen weiteren Sprengsatz in ihre Richtung. Das Auto, das Currie in die Luft jagen wollte, gehörte der Frau eines Unternehmers, dessen Firma ein Tierversuchslabor in Oxford belieferte.[2] Vor Gericht beteuerte Currie, er hätten niemandem schaden wollen: Die Autobombe sei lediglich eine Warnung gewesen.

Doch die Beweise waren eindeutig. Zu offensichtlich war seine Verstrickung in die Kampagne der *Animal Liberation Front* (ALF), der Tierbefreiungsfront, die seit Jahren mit Gewalt für die Schließung des Labors kämpfte. Dabei schreckte die Gruppe vor nichts zurück: Mitarbeiter wurden eingeschüchtert, ihre Kinder bedroht, Autos und Häuser angezündet. Selbst Zulieferer gerieten ins Fadenkreuz der ALF: »Jeder, der mit [dem Labor] Geschäfte macht – selbst der Besitzer des Pubs, in dem die Mitarbeiter abends trinken –, ist ein legitimes Ziel«, so ein Statement der Gruppe.[3]

Für das Gericht bestand kein Zweifel, dass Currie ein gefährlicher Terrorist war.[4] Doch die öffentliche Reaktion war zurückhaltend. Viele Zeitungen bezeichneten Currie nicht als Terroristen, sondern als »militanten Tierschützer«. Er war zu weit gegangen, keine Frage, aber die Sache, für die er kämpfte, genoss bei vielen Menschen Unterstützung. (Fast 80 Prozent der britischen Bevölkerung sprachen sich in Umfragen gegen Tierversuche aus.) In der linksalternativen Szene wurde Currie durch seine Verurteilung zum Helden. »Donald ist eine Inspiration«, schrieb ein einflussreicher Aktivist. »Der Druck auf diejenigen, die mit Gewalt gegen Tiere Geld verdienen, wird durch seine Verurteilung noch größer werden.«[5]

Curries Geschichte illustriert die Probleme, die es beim Erforschen der Radikalisierung gibt. Das beginnt mit den Begriffen, die zur Beschreibung des Phänomens verwendet werden: War Currie ein Extremist, ein Terrorist oder doch nur ein »militanter Tierschützer«? Wer entscheidet, was solche Wörter bedeuten, und mit welcher Konsequenz? Mehr noch: Was bedeutet Radikalisierung, und wie kann sie besser verstanden werden? Lassen sich Fälle wie Currie voraussagen, und welche wissenschaftliche Disziplin ist dafür am besten geeignet?

In diesem Kapitel versuche ich, Schlüsselbegriffe voneinander abzugrenzen und zu zeigen, welche Chancen, Probleme und Hindernisse es bei ihrer Erforschung gibt. Das Ergebnis ist auf den ersten Blick ernüchternd: Nicht nur sind viele Definitionen schwammig, sondern es existieren auch keine treffsicheren Instrumente, die präzise Vorhersagen ermöglichen würden. Und trotzdem hat es Sinn, sich mit dem Thema wissenschaftlich auseinanderzusetzen. Denn nur wer Grundlagen, Grenzen und Widersprüche kennt, kann verstehen, was Radikalisierung bedeutet, wie sie funktioniert – und wohin sie führt.

Begriffe

Curries Beispiel zeigt, weshalb politisch motivierte Gewalt so umstritten ist: Sie ist politisch. Trotz aller Versuche, Wörter wie Extremismus und Terrorismus objektiv zu definieren, erklärt sich die praktische Bedeutung stets durch ihren Kontext: womit sich Menschen identifizieren, wovor sie Angst haben und was in den Augen der Mehrheit richtig und akzeptabel ist. Wer sie deshalb als »beliebig« abtut, überlässt die Debatte denjenigen, die sie für ihre eigenen politischen Zwecke instrumentalisieren. Statt sie aus unserem Vokabular zu verbannen, sollten wir sparsam, kritisch und konsequent mit ihnen umgehen.

Terrorismus

Currie wurde nach dem britischen Anti-Terrorismus-Gesetz zu einer Gefängnisstrafe von zwölf Jahren verurteilt. Was ihn daran störte, war nicht so sehr die Strafe, sondern die Tatsache, dass er fortan als »Terrorist« gelten würde. Während des gesamten Prozesses wehrte er sich gegen die Anwendung des Gesetzes. Bei seiner Vernehmung bezeichnete er sich als »Widerstandskämpfer«, der gegen die Ausbeutung hilfloser Tiere durch ein korruptes wirtschaftliches System kämpfe. Die »wirklichen Terroristen«, so Currie, säßen im Parlament und bei den großen Unternehmen.[6]

Curries Worte hätten so oder ähnlich von fast jedem Terroristen gesprochen werden können, denn kaum ein Terrorist will als solcher bezeichnet werden. Grund ist nicht der Gesetzeswortlaut, sondern die Art und Weise, wie der Terrorismusbegriff in der Öffentlichkeit verwendet und wahrgenommen wird. Terrorismus ist schlecht, böse, illegitim – ein Schimpfwort, mehr noch: ein politischer Kampfbegriff. Und deshalb tun sich die Anhänger (ihrer Meinung nach) »guter Sachen« häufig schwer damit, ihre (gewalttätigen) Gesinnungsgenossen als Terroristen zu bezeichnen. Mitglieder der Irisch-Republikanischen Armee galten der Mehrheit der britischen Bevölkerung als Terroristen, aber viele Iren, die zwar die Methoden der Gruppe ablehnten, aber mit dem Ziel der irischen Vereinigung sympathisierten, wiesen die Bezeichnung zurück. Genauso bei der palästinensischen Hamas: Die westlichen Länder halten die Gruppe für terroristisch, doch viele Araber sehen sie als Widerstandskämpfer.[7] Noch immer, so scheint es, gilt das alte Klischee: Des einen Terrorist ist des anderen Freiheitskämpfer.

Ebenso problematisch ist die übertriebene Anwendung des Begriffs auf politische Gegner. Ägyptens Präsident Abdel Fattah al-Sisi bezeichnet die oppositionellen Muslimbrüder bei jeder Gelegenheit als Terroristen, obwohl er weiß, dass die allermeisten keine sind. Und für Syriens Präsidenten Bashar al-Assad bestand die gesamte Opposition bereits aus Terroristen, als deren Anhänger noch friedlich auf die Straße gingen.

Die Absicht ist in beiden Fällen dieselbe: die Diskreditierung politischer Gegner und ihrer Kritik am herrschenden System. Wer in den Augen der Öffentlichkeit als Terrorist gilt, hat sein Mitwirkungsrecht verwirkt und gegen den sind selbst die härtesten Sanktionen legitim. Im Idealfall halten sich Diktatoren dadurch die Opposition vom Leib und rechtfertigen gewaltsame Repression, Folter und politischen Mord. Genauso wahrscheinlich ist jedoch, dass sich die friedliche Opposition hierdurch radikalisiert und so aus angeblichen Terroristen echte werden (mehr dazu in Kapitel 6).

Annähernd objektiv lässt sich Terrorismus nur losgelöst von Tätern und politischer Motivation definieren. Beim Terrorismus geht es um symbolische Gewalt, häufig (aber nicht ausschließlich) gegen Zivilisten, mit dem Ziel, eine Reaktion zu provozieren und so das Verhalten eines Gegners zu manipulieren. Einfach ausgedrückt: Terrorismus soll terrorisieren – und er ist deshalb, anders als konventionelle(re) Formen der Gewalt, vor allem eine brutale Form der psychologischen Kriegsführung. Das Ziel von Anschlägen ist, Stärke zu demonstrieren, Gegner einzuschüchtern, Chaos zu stiften und damit eine Situation zu schaffen, in der »normales« Leben unmöglich wird. Unter solchen Bedingungen lassen sich potentielle Anhänger leichter mobilisieren, der Gegner reagiert über, macht Fehler und beschleunigt damit, ohne sich dessen bewusst zu sein, die eigene Niederlage.[8]

So definiert, verrät Terrorismus zunächst nichts darüber, von wem und für welche Ziele er eingesetzt wird. Mexikanische Drogenkartelle verwenden routinemäßig Terror, wenn es darum geht, Konkurrenten zu vertreiben oder sich Beamte gefügig zu machen. Auch einige Staaten bedienen sich terroristischer Methoden, darunter Geiselnahmen, Bombenanschläge, öffentliche Exekutionen und sogar Enthauptungen.[9] Doch als »terroristische Organisationen« gelten meist nur politische und nichtstaatliche Gruppen, obwohl sich deren Aktivitäten selten auf Terrorismus beschränken. Hamas ist eine Terrorgruppe, aber kandidiert auch bei Wahlen, betreibt Kindergärten, Schulen und stellt im Gazastreifen die Regierung. Und der Islamische Staat hat außer Selbstmordattentätern auch reguläre Kämpfer, kassiert Steuern, betreibt Scharia-Gerichte und repariert Straßen. Warum sind die einen Terroristen, aber die anderen nicht? Geht es beim Terrorismus um Ziele, Methoden – oder doch nur darum, wessen Gewalt uns am meisten Angst macht?

Ganz schwierig wird es, wenn sich unscharfe Definitionen und Werturteile vermischen. Junge Männer aus Europa, die nach Syrien gehen und sich dort Rebellengruppen wie der Freien Syrischen Armee anschließen, gelten nach internationalem Recht als »terroristische Auslandskämpfer« und werden in europäischen Ländern vor Gericht gestellt. Anders bei den kurdischen Milizen: Wer bei ihnen mitmacht, hat meist nichts zu befürchten, kann zurück nach Europa und wird in Talkshows als Held gefeiert. Doch die Unterschiede sind geringer, als es scheint: Nicht nur die Kurden kämpfen gegen den Islamischen Staat, sondern auch die Freie Syrische Armee; beide fordern Freiheit und Demokratie und erhalten vom Westen Waffen, Geld und Training. Warum sind die einen »terroristische Auslandskämpfer«, aber die anderen nicht?

Extremismus

Sich einen Selbstmordgürtel um die Hüfte zu schnallen ist nicht Teil der menschlichen DNA. Niemand kommt als Terrorist zur Welt, und jeder Versuch, künftige Extremisten an ihrer Gehirn- oder Hormonstruktur zu erkennen, ist bisher gescheitert. Es mag Persönlichkeitsmerkmale und emotionale Bedürfnisse geben, die die Radikalisierung begünstigen (mehr darüber in Kapitel 3), aber kein seriöser Forscher behauptet, ein bestimmter Typus Mensch sei für den Terrorismus oder Extremismus prädestiniert. (Wenn es tatsächlich so wäre, ließe sich das Problem viel einfacher lösen.) In Wirklichkeit ist Radikalisierung ein oft langwieriger Prozess, bei dem eine Vielzahl von Faktoren und Einflüssen zusammenkommen und an dessen Ende Extremismus steht. In manchen Fällen dauert dies Monate, in anderen Fällen Jahre.

Eine der größten Schwierigkeiten ist, den Endpunkt dieses Prozesses zu definieren. Denn Extremismus – das vermeintliche »Ergebnis« von Radikalisierung – ist ein schwammiger Begriff, der keine unabhängige oder universelle Bedeutung hat. Was Extremismus heißt, hängt davon ab, was in einer bestimmten Gesellschaft oder zu einem bestimmten Zeitpunkt als gemäßigt gilt. Die Idee, dass Frauen außerhalb des Hauses einen männlichen Begleiter brauchen und kein Auto fahren dürfen, wäre in westlichen Ländern unvorstellbar. Doch in Saudi-Arabien ist sie gelebte – und in weiten Teilen der dortigen Gesellschaft akzeptierte – Wirklichkeit. In diesem Land gilt als Extremist, wer solche angeblich religiös begründeten Regeln in Frage stellt. Extrem zu sein heißt deshalb zunächst nicht mehr (und nicht weniger) als die Forderung nach einer radikalen Änderung des Status quo – egal wie illiberal und undemokratisch dieser ist. Selbst der Islamische Staat bezeichnet seine internen Kritiker mittlerweile als Extremisten![10]

Auch in westlichen Ländern ist die Bedeutung von Extremismus nicht statisch. Wer sich in Großbritannien oder Amerika vor zweihundert Jahren für die Abschaffung der Sklaverei einsetzte, galt als Extremist. Unterstützer des Frauenwahlrechts stellten vor hundert Jahren eine Bedrohung der sozialen Ordnung dar. Und selbst vor einer Generation galt die Vorstellung, dass Homosexuelle untereinander heiraten und Kinder adoptieren könnten, noch als absurd. (»Homosexuelle Handlungen« waren bis 1994 in Deutschland strafbar.) Die Geschwindigkeit, mit der sich politische Einstellungen – und damit die Wahrnehmung dessen, was innerhalb einer Gesellschaft als akzeptabel gilt – ändern, macht den Extremismus-Begriff auch innerhalb westlicher Demokratien unscharf. Speziell für politisch Linke ist er ein rotes Tuch, denn aus ihrer Sicht beginnt aller Fortschritt mit dem (radikalen) Herausfordern des Status quo. »Radikalisierung« ist für sie eine notwendige Voraussetzung dafür, dass sich Gesellschaften positiv entwickeln.

Ein weiteres Problem besteht darin, dass unklar ist, ob es um Ideen oder Taten geht. Der politische Philosoph Roger Scruton unterscheidet deshalb zwischen »kognitivem« und »gewaltbereitem« Extremismus. Zum einen gehe es beim Extremismus-Begriff um Ideen – und zwar solche, die dem bestehenden gesellschaftlichen Wertekonsens diametral entgegenstehen. Zum anderen, so Scruton, definiert sich Extremismus über Taten: »Wer Mittel einsetzt, die das Leben, die Freiheit und die Menschenrechte anderer (…) aufs Spiel setzen«, ist Extremist – egal welche politische Ideologie ihn dabei motiviert.[11]

Unter den Neonazis zum Beispiel gibt es Gewalttäter, die Flüchtlingsheime anzünden, Asylbewerber verprügeln oder sich zu terroristischen Gruppen zusammenschließen. Andere äußern Verständnis, bekunden Sympathie oder sammeln Geld. Aber es gibt auch solche, die Gewalt ablehnen und sich damit begnügen, rechtsradikale Parteien zu wählen, Flugblätter zu verteilen oder bei ausländerfeindlichen Demonstrationen mitzumarschieren. Für jede dieser Positionen gibt es politische, strategische und persönliche Begründungen. Doch extremistisch sind sie nach Scrutons Definition alle. Entscheidend ist bei Neonazis nicht die Gewaltbereitschaft, sondern die Gesinnung: Wer in Europa die Demokratie durch das Führerprinzip ersetzen will, dessen Ansichten widersprechen dem gesellschaftlichen Grundkonsens – egal welche Mittel er dafür einsetzt. »Gemäßigte« oder »moderate« Neonazis gibt es nicht.

Anders ist die Lage bei Tierschützern, denn ihre Ziele und Ideen sind nicht von vorneherein extrem. In Deutschland und vielen anderen Ländern haben der Tierschutz und die Bewahrung der natürlichen Lebensgrundlagen Verfassungsrang. Wer beim Tierschutzverein mitmacht, kann seinen Mitgliedsbeitrag von der Steuer absetzen. Auch die Ablehnung von Tierversuchen ist eine legitime Position, für die man sich mit legalen politischen Mitteln einsetzen kann. Zum Extremismus wird Tierschutz erst dann, wenn dabei Gesetze gebrochen und Gewalt eingesetzt wird. Beim Prozess gegen Currie ging es nicht um sein Anliegen, seine politische Gesinnung oder die Tatsache, dass er gegen die Ausbeutung von Tieren war, sondern um die Art und Weise, wie er dieses Ziel zum Ausdruck brachte. Auch wer für eine »gute Sache« kämpft, kann Extremist sein.

Bausteine

Die Zweideutigkeit von Schlüsselbegriffen ist nicht das einzige Hindernis beim Erforschen der Radikalisierung. Ein weiteres Problem ist, dass keine wissenschaftliche Theorie oder Methode in der Lage dazu ist, Radikalisierungsverläufe zuverlässig zu erklären oder vorauszusagen. Jeder Ansatz produziert entweder falsche Ergebnisse, ist nur beschränkt verwendbar oder macht neben der richtigen Voraussage so viele unrichtige, dass sein praktischer Nutzen gering ist. Von einer »exakten Wissenschaft« ist die Radikalisierungsforschung noch weit entfernt. Doch die Einblicke, die verschiedene Disziplinen liefern, sind wichtige analytische »Bausteine«, die – jeder für sich – einen Teil der »Wahrheit« abbilden.

Makrotheorien

Viele meiner Kollegen begreifen Terrorismus als ein »Verhalten«, das sich genauso beschreiben und untersuchen lässt wie jedes andere Verhalten. Im Mittelpunkt ihrer Forschungsarbeit steht das Herstellen von Zusammenhängen zwischen Terrorismus und einer Reihe von vermuteten Merkmalen, Eigenschaften und Ursachen. Kommt es zu terroristischen Anschlägen besonders häufig in reichen oder armen Ländern, in Demokratien oder Diktaturen? Stammen Terroristen überdurchschnittlich häufig aus wohlhabenden Familien? Sind sie gebildet oder ungebildet? Welche Gemeinsamkeiten gibt es bei der Rekrutierung? Aus welchen Gründen steigen sie aus dem Terrorismus aus? Ziel ist stets, die Erklärung – oder Kombination von Erklärungen – zu finden, die »terroristisches Verhalten« plausibel macht.

Das Problem mit solchen Makrotheorien ist, dass Terrorismus kein Verhalten oder soziales Phänomen ist, sondern lediglich eine gewaltsame Taktik, die in unterschiedlichen Situationen von verschiedenen Akteuren und für zum Teil widersprüchliche Ziele eingesetzt wird. Der »gemeinsame Nenner« besteht darin, dass diejenigen, die sich terroristischer Mittel bedienen, sie für zielführend, richtig oder notwendig halten. Darüber, wie sie zu dieser Schlussfolgerung kommen, was sie motiviert und radikalisiert hat und welche anderen Merkmale, Eigenschaften und sozialen Prozesse wichtig sind, verrät Terrorismus allein wenig: Terrorismus, so der renommierte amerikanische Soziologe Charles Tilly, »ist kein einheitliches, in sich stimmiges Phänomen. Kein Sozialwissenschaftler sollte so tun, als ob es dies sei«.[12]

Deshalb ist es keine Überraschung, dass Makrostudien, die völlig unterschiedliche »Terrorgruppen« aus der ganzen Welt in einen Topf werfen, um nach der einen, vermeintlich universellen »Formel« zu suchen, praktisch nie zu aussagekräftigen Ergebnissen kommen. Den »typischen Terroristen« gibt es nicht; Pfade und Profile unterscheiden sich stark; und selbst wenn es gemeinsame Merkmale und Eigenschaften zu geben scheint, sind die Ausnahmen so zahlreich, dass die praktische Bedeutung solcher Befunde fragwürdig ist.[13]

Was haben Donald Currie, der »militante Tierschützer«, und Abu Bilal al-Homsi (1988–2016), ein junger Syrer, der für den Islamischen Staat kämpfte, gemein? Currie stammt aus der englischen Mittelklasse, wuchs in behüteten Verhältnissen auf und geriet als 20-Jähriger in die radikale Tierschützerszene. Seine Radikalisierung dauerte zwei Jahrzehnte, und er hatte jederzeit die Möglichkeit, aus der Szene auszusteigen, als Krankenpfleger zu arbeiten, seine Kinder in Bournemouth großzuziehen und ein »normales« Leben zu führen. Al-Homsi hatte kein Interesse an Politik und wollte genau das »normale« Leben führen, das Currie so widerstrebte. Doch anders als Currie war er plötzlich Teil eines Bürgerkriegs, seine Freunde wurden erschossen, und er musste sich entscheiden, auf welcher Seite er stand.[14] Das Endergebnis war in beiden Fällen Terrorismus, doch der Weg dorthin hätte nicht unterschiedlicher sein können.

Selbst innerhalb derselben Gruppen oder Bewegungen gibt es zum Teil große Unterschiede. Atta, der Anführer, gehörte zur ägyptischen Mittelklasse und galt unter Freunden als nachdenklich und intellektuell. Er sprach fließend Englisch, Deutsch und Arabisch, studierte Stadtplanung und hätte nach seiner Rückkehr nach Ägypten vermutlich gute Aussichten gehabt. Die jungen Männer, die al-Qaida zur selben Zeit in den Slums von Casablanca rekrutierte, konnten von solchen Chancen nur träumen. Die Mehrheit hatte keinen Schulabschluss und nur wenige ein reguläres Einkommen. Ins Ausland gereist war niemand, und selbst große Teile des eigenen Landes, Marokko, schienen für sie unerreichbar. Doch sie wurden Teil derselben Bewegung wie Atta. Fast zwei Dutzend von ihnen sprengten sich bei Anschlägen in den Jahren 2003 und 2007 in die Luft.[15] Welche Theorie bringt den Kosmopoliten aus Hamburg und die arbeitslosen Männer aus Casablanca auf einen gemeinsamen Nenner?

Mikroverhalten

Ähnliche Probleme gibt es beim Versuch, individuelle Voraussagen zu treffen. Polizeichefs und Geheimdienstler suchen stets nach »Indikatoren«, die es möglich machen sollen, zukünftige Terroristen zu identifizieren – ähnlich wie im Science-Fiction-Film *Minority Report*, in dem ein Computerprogramm künftige Mörder und Vergewaltiger bereits Jahre vor ihrer Tat erkennt. Doch egal welches Modell oder welche Theorie verwendet wird, und unabhängig davon, wie raffiniert die Annahmen und Methodik sind, jeder Versuch, künftige Terroristen aufgrund bestimmter Merkmale, Eigenschaften oder Verhalten zu identifizieren, ist zum Scheitern verurteilt. Denn für jeden Terroristen, der sich auf diese Weise beschreiben lässt, gibt es Hunderte, vielleicht sogar Tausende von Nichtterroristen, deren Profil identisch ist. »Selbst wenn wir in der Lage wären, Terroristen mit hundertprozentiger Genauigkeit zu beschreiben«, so der amerikanische Forscher Marc Sageman, »würden die echten Terroristen in der Menge von Fehlalarmen untergehen.«[16]

Dafür gibt es zwei Gründe. Erstens: Terrorismus ist ein seltenes Ereignis. In den meisten Ländern ist es wahrscheinlicher, vom Blitz getroffen zu werden oder aus einem Fenster zu fallen als durch einen terroristischen Anschlag ums Leben zu kommen.[17] Unsere kollektive Faszination für das Thema steht in keinem realistischen Zusammenhang zur tatsächlichen Bedrohung. Terrorismus ist – so gesehen – ein »Mikroverhalten«, aber die Indikatoren, die zu seiner Erklärung verwendet werden, sind allesamt »Makrovariablen« – Dinge wie Alter, Herkunft, Einkommen, Religion und Bildungsstand.[18] Wer nach gebildeten Ägyptern in ihren 20ern sucht, findet zwar Atta, aber auch jede Menge junger Ägypter, die mit Terrorismus nichts zu tun haben. Das macht es schwerer, den »echten« Terroristen zu identifizieren, und birgt die Gefahr, andere Terroristen, die nicht genau ins Schema passen, zu übersehen.

Der zweite Grund lautet: Radikalisierung ist ein fragiler Prozess, der von einer Vielzahl von Faktoren und Ereignissen abhängt, die von keinem Algorithmus und keiner Theorie systematisch erfasst werden können. Ob jemand zum Terroristen wird, kann davon abhängen, in welcher Stadt er lebt, wen er dort kennengelernt oder getroffen hat oder was am Tag zuvor in einem anderen Land passiert ist. Nichts davon kann mit Sicherheit in jedem Einzelfall vorausgesagt oder in einem Modell verallgemeinert werden. Nach Ansicht der amerikanischen Forscher Scott Atran und Richard Davis gerät die Wissenschaft hier an ihre Grenzen:

> Im besten Fall können wir eine Reihe möglicher Szenarien skizzieren. Aber die Gründe und Auslöser dafür, welches dieser Szenarien für eine Person relevant wird, sind völlig unvorhersehbar (…). Häufig hängt es von Zufallsereignissen ab. Oder von scheinbar unwichtigen und peripheren Verbindungen, die plötzlich zum Schlüssel dafür werden, wie sich eine terroristische Gruppe oder ein Anschlagsplan entwickelt.[19]

Genauso wie bei Wettervorhersagen, die jenseits von drei oder vier Tagen unzuverlässig sind, weil das Wettersystem zu komplex ist, um jede mögliche Entwicklung in die Voraussage miteinzubeziehen, sind auch Radikalisierungsprozesse desto schwerer zu bestimmen, je weiter die Prognose in die Zukunft reicht. »Der Flügelschlag eines Schmetterlings in Brasilien«, so der Biologe Edward N. Lorenz, »kann einen Tornado in Texas auslösen.«[20]

Ähnliches gilt auch für Radikalisierungsverläufe, denn niemand kann sagen, was mit Atta passiert wäre, hätte er statt in Hamburg in Berlin studiert, wäre er nicht zur al-Quds-Moschee gegangen und hätte er dort nicht seine späteren Kampfgenossen kennengelernt. Ebenso wenig lässt sich voraussagen, ob irgendein junger Muslim aus den Vororten von Brüssel oder Paris zum Dschihadisten wird. Selbst die denkbar problematischste Kombination von Eigenschaften und Merkmalen – jung, gewaltaffin, Migrationshintergrund, kaputte Familie, mit geringen Aussichten auf einen Job und Kontakten ins extremistische Milieu – ist keine Garantie dafür, dass sich eine Person radikalisiert. In jedem Einzelfall treffsichere Voraussagen darüber, wer wann ein Verbrechen begeht, gibt es nur im Kino.

Perspektiven

Die Unmöglichkeit individueller Vorhersagen bedeutet nicht, dass das Erforschen der Radikalisierung sinnlos ist. Auch wenn es keine perfekte und in jedem Einzelfall schlüssige Erklärung dafür gibt, weshalb Menschen zu Extremisten oder gar Terroristen werden, können wissenschaftliche Ansätze einen wichtigen Beitrag zum Verstehen des Phänomens leisten. Die verschiedenen wissenschaftlichen Disziplinen bieten dabei unterschiedliche Perspektiven und Blickwinkel, die sich in den meisten Fällen – und trotz aller Widersprüche – gegenseitig ergänzen.

Den Politikwissenschaftlern geht es nicht um Einzelfälle, sondern um große Trends und Strukturen und wie diese mit dem Aufkommen politischer Gewalt zusammenhängen. Ist Terrorismus ein Ergebnis von Unterdrückung, Armut, ethnischer Spaltung, Ungerechtigkeit oder rapidem sozialen Wandel? Sind Demokratien besser gegen Extremismus gewappnet als Nichtdemokratien, weil es dort Institutionen und Prozesse gibt, durch die Unzufriedenheit und politischer Unmut aufgefangen werden können? Was passiert, wenn solche Kanäle blockiert sind? Ihre Analysen versuchen zu erklären, was sich in ganzen Regionen, Staaten oder Teilen von Staaten abspielt, ohne genau zu wissen (oder sich dafür zu interessieren), welche Akteure oder Gruppen dabei in Erscheinung treten. Libyen ist ein gutes Beispiel: Wer sich dort radikalisieren würde und unter welchen Umständen, konnte direkt nach dem Umsturz im Jahr 2011 kein Politikwissenschaftler sagen. Doch dass es hierfür in einem Land mit schwachen Institutionen, tiefen Zerwürfnissen zwischen Stämmen und Volksgruppen und vielen arbeitslosen jungen Männern ein riesiges Potential gab, war leicht zu erkennen.

Für die Soziologen geht dieser Ansatz nicht weit genug. Unmut und Frust gibt es überall, so der amerikanische Forscher Neil J. Smelser, aber zur Mobilisierung (und Radikalisierung) kommt es nur selten.[21] Die Frage »Warum sind Leute unzufrieden?« ist seiner Meinung nach zweitrangig. Wichtiger sei: Wie wird aus Unzufriedenheit politisches Handeln, vielleicht sogar politische Gewalt? Was erklärt, weshalb bestimmte Gruppen und soziale Bewegungen mehr Erfolg haben als andere? Welche Methoden und Techniken der Mobilisierung sind effektiv? Wie werden politische Anliegen kommuniziert und von wem?

Dass beispielsweise der Konflikt in Syrien so wichtig wurde, war nicht von Anfang an klar. Genauso wenig, dass aus ihm der Islamische Staat und ein selbsternanntes Kalifat hervorgehen würden. Was machte Syrien so bedeutend und den Islamischen Staat so attraktiv? Wie präsentierte der Islamische Staat seine Argumente, und bei wem war er damit erfolgreich? Wie schaffte es die Gruppe, 20 000 Kämpfer aus hundert Staaten zu mobilisieren, und warum zogen ihre Konkurrenten den Kürzeren?

Für Soziologen – speziell solche, die sich für soziale Bewegungen interessieren – geht es beim Beantworten dieser Fragen um Gruppen- und Sozialisierungsprozesse, Netzwerke, Wahrnehmungen und Identität. Ihr Fokus sind meist Klein- und Gruppenprozesse – nicht Länder oder politische Systeme. Anders als die Politikwissenschaftler sind Soziologen deshalb meist erfolgreicher, wenn es darum geht, gesellschaftliche Veränderungen und ihre Auswirkungen zu verstehen – den Einfluss des Internets und sozialer Medien, die sich wandelnde Rolle von Frauen oder den Zusammenhang mit anderen, nichtpolitischen Formen der Gewalt, etwa Amokläufern oder Gangs.

Für die Psychologen stehen Einzelfälle und individuelle Radikalisierungsverläufe im Mittelpunkt. Mit Hilfe von Biographien, Gerichtsprotokollen und Interviews suchen sie nach persönlichen Motivationen, Problemen und Konflikten, mit denen sich der Weg in die extremistische Gewalt erklären lässt. Ein echtes Interesse an Politik wird dabei häufig verneint: Selbst wenn Terroristen mit großer Eloquenz über die eigene Politisierung sprechen, gehen Psychologen davon aus, dass es andere, tiefer gehende Motivationen gibt. Der »wahre« Antrieb vieler Terroristen findet sich ihrer Meinung nach in »persönlichen Bedürfnissen« – im Drang nach Status, Macht, Gemeinschaft, Abenteuer und Anerkennung.[22]

Zweifellos gibt es zwischen Anhängern der verschiedenen Disziplinen Streits und Auseinandersetzungen. Die Politikwissenschaftler und Soziologen werfen den Psychologen vor, dass sie keine Erklärung dafür hätten, wie aus »einfacher« Gewalt *politische* Gewalt wird, und dass sie politische Konflikte zu leichtfertig als »Hintergrund« abtäten. Die Psychologen halten entgegen, dass sich ihre Kollegen zu selten die Mühe geben würden, mit echten Terroristen zu sprechen und deshalb die Bedeutung von Faktoren wie Politik, Ideologie oder Religion überschätzten.[23]

Klar ist, dass keine der wissenschaftlichen Disziplinen eine vollständige, universell gültige Erklärung dafür liefert, weshalb Menschen wie Donald Currie oder Mohammed Atta zu Terroristen werden. Doch alle Perspektiven bieten Einblicke, die beim Verstehen der Radikalisierung unabdingbar sind. Sie liefern die Bausteine und Risikofaktoren, von denen der erste Teil dieses Buches handelt.

TEIL 1

BAUSTEINE

2

Frust

Für viele Niederländer begann die Beschäftigung mit dem dschihadistischen Terror nicht am 11. September 2001, sondern drei Jahre später – ganz genau: am 2. November 2004. An diesem Dienstagmorgen radelte der umstrittene Filmemacher Theo van Gogh (1957–2004) von seinem Haus im Osten Amsterdams Richtung Stadtzentrum, als er von einem Unbekannten angeschossen wurde. Dem ersten Schuss folgten weitere – acht insgesamt. Van Gogh lag blutend auf dem Fahrradstreifen und flehte um Gnade, als ihm sein Angreifer, der 26-jährige Mohammed Bouyeri (*1978), mit zwei weiteren Schüssen den Rest gab.

Doch die eigentliche Hinrichtung hatte damit erst begonnen: Bouyeri kniete sich über sein Opfer, zog eine Machete aus seiner Jacke, schnitt van Gogh die Kehle durch und versuchte, ihn zu enthaupten.[1] Mit einem zweiten, kleineren Messer befestigte er anschließend einen Brief an seinem Oberkörper. Darin hieß es:

> Der Islam wird durch das Blut der Märtyrer siegen (…). Diese Schlacht ist anders als alle vorherigen. Was die ungläubigen Fundamentalisten angefangen haben, bringen die wahren Gläubigen jetzt zu Ende.[2]

Während der gesamten Aktion wirkte Bouyeri laut Augenzeugenberichten ruhig und konzentriert – von Panik oder Aufregung keine Spur. Auch unternahm er keinen Fluchtversuch. Als ihn die Polizei eingekreist hatte, kam es zu einer kurzen Schießerei, doch Bouyeri ließ sich ohne Widerstand festnehmen. Vor Gericht erklärte er, sein Ziel sei es gewesen, den Märtyrertod zu sterben.[3]

Für viele Niederländer kam der Anschlag wie ein Schock. Wie war es nur möglich, dass ein junger Mann, der in den Niederlanden geboren und aufgewachsen war, so etwas tun konnte?

Bouyeri, dessen Eltern zehn Jahre vor seiner Geburt aus Marokko eingewandert waren, wuchs in einem der ärmsten Bezirke Amsterdams auf, wo es kaum Jobs gab und die meisten aus wirtschaftlich schwachen Einwandererfamilien stammten. Trotz schwieriger Voraussetzungen schaffte es Bouyeri aufs Gymnasium: Er galt als aufgeweckt und brachte gute Noten nach Hause. Einer seiner Lehrer beschrieb ihn als »helles Köpfchen« – einer, der es »wahrscheinlich schaffen« werde.[4] Doch als im Jahr 1994 sein Jugendzentrum geschlossen wurde, brach für den 16-Jährigen seine Welt zusammen. In den darauffolgenden Jahren verschlechterten sich seine Noten, er trank Alkohol, nahm Drogen und bekam regelmäßig Ärger mit der Polizei. Mehrere Bewerbungen scheiterten. Im Jahr 2001 landete Bouyeri wegen einer Messerstecherei für drei Monate im Gefängnis.[5]

Während der Zeit im Gefängnis wurde Bouyeri religiös, doch zur politischen Radikalisierung und Feindschaft gegenüber dem Westen kam es erst, nach dem Tod seiner Mutter im November 2002. In den Kolumnen, die er damals für eine Lokalzeitung schrieb, lässt sich die Wandlung gut nachverfolgen. Anfangs warben Bouyeris Artikel häufig für Toleranz und gegenseitigen Respekt, doch im Laufe der Zeit wurde sein

Radikalisierung eines »Entwurzelten«: der Holländer Mohammed Bouyeri

Ton immer schärfer und aggressiver. Mit der niederländischen Gesellschaft wollte Bouyeri spätestens ab dem Jahr 2003 nichts mehr zu tun haben. Er beschrieb sie als »demokratische Folterkammer« und argumentierte, Muslime hätten in ihr keinen Platz. Zwischen Islam und dem Westen, so Bouyeri, gebe es keinen Kompromiss, genauso wenig wie zwischen dem vermeintlich »echten Islam« der Salafisten und der verwässerten, korrumpierten Version, die seine Eltern praktiziert hätten.[6]

Bouyeri war nicht der Einzige, der diese Wandlung vollzog. Vielen europäischen Muslimen seines Alters ging es genauso. Der französische Politikwissenschaftler Olivier Roy nannte das Phänomen »die Radikalisierung der Entwurzelten«. Die Bevölkerungsgruppe, die er beschrieb, war die »zweite Generation«, die Kinder der Gastarbeiter, die in den 1950er und 1960er Jahren aus mehrheitlich muslimischen Ländern wie Algerien, Marokko, Pakistan, Bangladesch oder der Türkei nach Westeuropa gekommen waren. Wie Bouyeri waren sie in Europa geboren und aufgewachsen, sprachen europäische Sprachen und hatten (in den meisten Fällen) europäische Pässe. Doch die europäischen Gesellschaften, in denen sie zu Hause waren, boten ihnen keine Heimat. Sie waren keine »echten« Türken, Marokkaner oder Pakistanis, aber genauso wenig galten sie – und fühlten sich – als »echte« Europäer. Die Ablehnung und Entfremdung, die sie empfanden, waren laut Roy der Nährboden für die salafistischen Gruppen, die ab den 1990er Jahren in Westeuropa Unterstützer fanden.[7] Bouyeris Radikalisierung ging weiter – und führte zu dramatischeren Ergebnissen – als die von vielen seiner Alters- und Religionsgenossen. Doch der Ausgangspunkt war derselbe: die Frustration, Teil europäischer Gesellschaften zu sein, aber nicht als solcher akzeptiert zu werden.

Wie ich in diesem Kapitel zeige, ist Frustration – oder Frust – die auf den ersten Blick einfachste und logischste Erklärung dafür, dass sich Menschen radikalisieren. Hinter jeder politischen – inklusive jeder extremistischen – Bewegung steckt eine gesellschaftliche Spannung oder Konfliktlinie: Menschen, die Erwartungen haben, Ansprüche stellen und bei deren Verwirklichung scheitern.

Doch obwohl es wichtig ist, diese Konfliktlinien zu verstehen, sind sie auf sich allein gestellt keine hinreichende Erklärung: Unmut, Frust und die Entfremdung, die hieraus resultieren, sind keine objektiven Zustände, sondern subjektive Eindrücke – Wahrnehmungen, für deren Beschreibung soziale und ökonomische Indikatoren nicht ausreichen. Mehr noch: Frustration hilft zwar, den Ausgangspunkt des Prozesses zu erklären, nicht aber seinen weiteren Verlauf oder Endpunkt. Wie alle anderen Bausteine ist Frust eine notwendige, aber keine ausreichende Erklärung für Radikalisierung.

Unmut

Wie der amerikanische Soziologie Neil Smelser bereits in den frühen 1960er Jahren erkannte, enstehen neue politische Bewegungen stets aus Unzufriedenheit mit dem Status quo, aus Konflikten oder Spannungen, denn wer rundum glücklich ist, hat keinen Grund, sich für Veränderungen einzusetzen.[8] Smelser beschäftigte sich damals nicht ausschließlich mit Extremismus oder gar Terrorismus, sondern mit allen Formen des kollektiven und politischen Handelns – auch solchen, die legal und friedfertig waren. Der Grund, weshalb politische und soziale Bewegungen entstünden, war laut Smelser die Existenz sogenannter struktureller Spannungen (*structural strains*), also im System angelegte Konflikte. Dazu gehörten beispielsweise:

> materielle Entbehrung und Mangel; rassische und ethnische Konfliktlinien sowie Zweideutigkeiten, Anomalien und Unregelmäßigkeiten, die aus irregulärem sozialen Wandel resultieren.[9]

Die von Roy beschriebene »Radikalisierung der Entwurzelten« ist hierfür ein gutes Beispiel. Denn für die erste Einwanderergeneration – die eigentlichen »Gastarbeiter«, die in den 1950er und 1960er Jahren nach Europa gekommen waren – gab es keinen gesellschaftlichen Konflikt, und die Frage nach der langfristigen Integration stellte sich nicht. Die meisten wollten einige Jahre in Europa arbeiten und anschließend zurück in die Heimat, um mit dem gesparten Geld eine Familie zu gründen oder ein Haus zu bauen. Ansprüche an die Gastgesellschaft gab es kaum – man war dankbar für Job, Unterkunft und die (verglichen mit Pakistan, Marokko, Algerien oder der Türkei) attraktive Bezahlung. Die Frage nach dem Verhältnis zum Gastland – nach Identität und Heimat – stellte sich erst, nachdem der »Mythos der Rückkehr« geplatzt und die nachfolgende Generation nicht in der »alten«, sondern der »neuen«, europäischen Heimat zur Welt gekommen war.[10]

Den Kindern der Gastarbeiter bedeuteten viele der Traditionen, die die Eltern aus der Heimat mitgebracht und in der Diaspora bewahrt hatten, kaum etwas. Sie waren keine »Gäste« mehr und hatten nicht die Absicht, in die Heimat ihrer Eltern zurückzukehren. Doch die Identität der Eltern ließ sich nicht ohne weiteres durch eine neue, europäische ersetzen: Aus den Kindern von Türken wurden nicht automatisch Deutsche, aus Algeriern nicht zwangsläufig Franzosen.[11] Nicht die erste, sondern die zweite Generation wurde deshalb zur Herausforderung für europäische Gesellschaften, denn sie stellte Fragen nach der eigenen und der europäischen Identität, formulierte Ansprüche an die Länder, deren Bürger sie waren (oder wurden), und forderte damit den gesellschaftlichen Status quo heraus. Sie, nicht ihre Eltern, waren die Ursache für »irregulären sozialen Wandel« und eine neue Konfliktlinie innerhalb europäischer Gesellschaften.

Polarisierung

Der politische und soziale Wandel, der durch die muslimische Einwanderung nach Europa angestoßen wurde, hatte Folgen für die Gesellschaft insgesamt. Denn genauso wenig, wie die Kinder der Gastarbeiter eine Vorstellung davon hatten, ob und wie sie nach Europa passten, wusste der Rest der Bevölkerung, was die Veränderungen für ihn selbst bedeuten würden. Die »neuen« Europäer sahen anders aus, produzierten mehr Kinder und praktizierten eine Religion, die den Alteingesessenen fremd war. Viele der »alten« Europäer machten sich Sorgen um Arbeitsplätze, Wohnraum, staatliche Leistungen sowie um die eigene Kultur, Identität und den »Charakter« ihrer jeweiligen Nation. Unmut, so wurde schnell klar, entsteht nicht allein dadurch, dass neue Ansprüche und Erwartungen unerfüllt bleiben, sondern ebenso dann, wenn sich die Nutznießer des Status quo von solchen Ansprüchen und Erwartungen bedroht fühlen.

Die Geschichten von Bouyeri und Anders Breivik (*1979) haben deshalb mehr miteinander zu tun, als es auf den ersten Blick scheint. Breivik war ein großgewachsener, blonder Mann aus Norwegen, Sohn eines Diplomaten, mit einer sicheren Zukunft in einem der reichsten Länder der Welt.[12] Anders als Bouyeri hatte Breivik keinen Identitätskonflikt und litt unter keiner Diskriminierung. Es gab keinen Grund, weshalb er sein Land hassen sollte. Doch am 22. Juli 2011 beging er den mit insgesamt 77 Todesopfern schwersten terroristischen Anschlag in der Geschichte Norwegens. Acht Menschen starben durch eine Autobombe, die er vor einem Regierungsgebäude in der Osloer Innenstadt platziert hatte. Die restlichen 69 erschoss er auf einer Ferieninsel, wo gerade ein Freizeitcamp des Jugendverbands der sozialdemokratischen Partei Norwegens stattfand. Fast alle seine Opfer waren christliche Norweger.

Breivik hatte sich in den Jahren vor seinem Anschlag davon überzeugt, dass Europa ein Bürgerkrieg drohe. Auf der einen Seite, so Breivik in einem 1500-seitigen Manifest, das er kurz vor seinem Anschlag im Internet veröffentlichte,[13] stünden europäische Patrioten wie er selbst, deren Kultur und Identität seit Jahrzehnten verwässert und untergraben worden seien. Auf der anderen Seite befänden sich die »Multikulturalisten«, die die Erosion der europäischen Identität als bewusste Strategie betrieben und deren ultimatives Ziel es sei, die Idee des europäischen Nationalstaats zu zerstören. Nach Breiviks Ansicht war der massenhafte Zustrom von Ausländern – ganz

Fürchtete sich vor »Multikulturalisten« und »muslimischer Kolonialisierung«: der Norweger Anders Breivik

besonders von Muslimen – der sichtbarste und destruktivste Teil dieser Strategie, denn Islam und europäisches Christentum seien miteinander unvereinbar. Jede neue Forderung der muslimischen Einwanderer – jede neue Moschee, jede Frau mit Kopftuch – war laut Breivik eine offene Provokation und ein Beweis für die seiner Meinung nach schleichende »muslimische Kolonialisierung«. In seinem Manifest hieß es: »Das Problem lässt sich nur lösen, indem wir diejenigen, die dem Islam folgen, [aus unseren Gesellschaften] entfernen.«[14] Der erste Schritt hierzu sei nicht ein Anschlag auf Muslime, sondern auf die Multikulturalisten, die ihnen die Tore geöffnet hätten.

Breiviks Radikalisierung wurde von Bouyeri weder inspiriert noch verursacht. Auch wäre es falsch, die Konsequenzen muslimischer Einwanderung für den Mord an 77 Norwegern verantwortlich zu machen – ebenso wenig, wie sich Bouyeris Tat mit den islamkritischen Äußerungen van Goghs oder seiner Ablehnung durch die niederländische Gesellschaft entschuldigen lässt. Doch beide Aktionen fanden vor dem Hintergrund derselben sozialen Veränderungen statt, die in europäischen Gesellschaften neue Ansprüche, Erwartungen, Befürchtungen und – damit – neue Konfliktlinien schufen. Die Einbettung in diesen Kontext erklärt, was beide Anschläge bedeuteten, welche politischen Konsequenzen sie hatten und warum sie in beiden Ländern zu mehr Unsicherheit und Polarisierung führten.

Frustration

Noch präziser als Unmut und Unzufriedenheit ist der Begriff der Frustration. Bereits vor dem zweiten Weltkrieg entwickelten die amerikanischen Psychologen John Dollard und Neal E. Miller eine Theorie, nach der Frustration und Aggression eng miteinander zusammenhingen. Frustration war laut ihrer Definition das Nichterreichen eines Ziels und die Wut, Enttäuschung und der Ärger, die hieraus folgten. Die unvermeidliche Konsequenz, so Dollard und Miller, war Aggression, die sich entweder gegen die Quelle der Frustration richtete oder, falls dies unmöglich war, gegen ein unschuldiges Opfer – einen Sündenbock. Aggression bedingt Frustration, so die These der zwei Wissenschaftler, »und Frustration führt stets zur (…) Aggression«.[15]

Teile der Theorie haben sich im Laufe der Jahre als unhaltbar erwiesen. Besonders die Behauptung, dass Frustration *immer* Aggression zur Folge habe, wurde von vielen Psychologen widerlegt.[16] Zu offensichtlich war die Tatsache, dass die meisten Menschen lernen, Enttäuschungen zu akzeptieren und ihre Frustrationen auf andere, meist friedfertige Weise zu bewältigen. Doch der Umkehrschluss – dass hinter jeder Aggression eine Frustration steckt – ist bis heute weithin akzeptiert.

Genauso wichtig war die Erkenntnis, dass es sich bei Frustration nicht um eine objektive Größe handelte, sondern um ein subjektives Empfinden – mit anderen Worten: Aggression hängt stets davon ab, wann, auf welche Weise und wie stark eine Enttäuschung wahrgenommen wird. Einen linearen Zusammenhang zwischen Aggression und bestimmten, leicht messbaren Formen von Benachteiligung, so wussten bereits Neal und Dollard, gibt es nicht.

Die in der Literatur am häufigsten zitierten »Ursachen« des Terrorismus – Armut, Unterdrückung, Ungerechtigkeit, Fremdherrschaft und Ausbeutung[17] – verursachen deshalb nicht automatisch Frust und führen nicht in jedem Fall zur Aggression. Was beispielsweise Armut bedeutet und welche Folgen sie hat, hängt davon ab, was in einer bestimmten Gesellschaft als arm empfunden wird, ob sich Menschen ihrer Armut bewusst sind und wen sie dafür verantwortlich machen. Die Gastarbeiter, die in den 1950er Jahren nach Europa kamen, waren im europäischen Vergleich arm, benachteiligt und lebten unter schlechten Bedingungen. Doch nur wenige empfanden Frust, und für die allerwenigsten war dies Anlass zur Aggression oder gar Gewalt.

Der amerikanische Soziologe Ted Robert Gurr erklärte den scheinbaren Widerspruch in den 1970er Jahren mit der Idee der »relativen Entbehrung«: Entscheidend war nicht das absolute Maß der Verarmung, sondern die Gegenüberstellung mit Gleichrangigen.[18] Für die Gastarbeiter spielte es keine Rolle, ob ihre westeuropäischen Kollegen bessergestellt waren, denn ihr

Orientierungspunkt waren nach wie vor die Verwandten »zu Hause« in Pakistan, der Türkei oder Algerien, denen es noch schlechter ging. Für ihre Kinder – die zweite Generation – war das anders: Ihre ökonomische Situation war besser als die der Eltern, viele von ihnen genossen mehr Rechte und hatten bessere Bildungschancen, doch ihre Frustration war größer. Die Erklärung war, dass sich die zweite Generation – trotz aller Probleme – als Bewohner Europas begriff und gleiche Rechte und Bezahlung wie die »alteingesessenen« Europäer erwartete. Wie viel Geld die Verwandten in Marokko oder der Türkei verdienten, war ihnen egal.

Bedeutung

Am besten lässt sich die unterschiedliche Bedeutung (im Wissenschaftsjargon: Salienz) von Benachteiligung in langanhaltenden Konflikten zeigen. Ein besonders gutes Beispiel ist Nordirland, wo es ab 1969 zu einem brutalen Bürgerkrieg zwischen Katholiken, Protestanten und dem britischen Staat kam, der erst eine Generation später, Ende der 1990er Jahre, durch einen Friedensprozess beendet wurde. Mehr als 3500 Menschen starben im Laufe dieses Konflikts, die meisten davon in den frühen 1970ern. Politisch ging es darum, ob die kleine Provinz im Nordosten Irlands weiterhin zu Großbritannien gehören oder sich mit dem Rest der Insel vereinigen sollte. Die Protestanten waren für den Verbleib bei Großbritannien, während viele Katholiken die Vereinigung mit Irland wollten. Hintergrund war, dass die Katholiken in Nordirland jahrzehntelang von der protestantischen Mehrheit diskriminiert wurden, schlechtere Jobs hatten und von politischen Positionen de facto ausgeschlossen waren.[19] Selbst der nordirische Ministerpräsident David Trimble (*1944), ein Protestant, gab später zu, Nordirland sei für Katholiken »ein kaltes Haus« gewesen.[20]

Doch der Ausbruch des Konflikts im Jahr 1969 lässt sich damit allein nicht erklären. Die ökonomische und politische Situation der Katholiken war im Jahr 1969 nicht fundamental anders als in den vorangegangenen fünf Jahrzehnten. Nordirland hatte seit seiner Entstehung im Jahr 1920 dasselbe System, dieselben Gesetze und denselben repressiven Sicherheitsapparat, ohne dass es jemals zu einer Massenbewegung oder gar einem Bürgerkrieg gekommen war. Die Irisch-Republikanische Armee (IRA) existierte zwar, hatte aber kaum Anhänger. Warum dauerte es so lange, bis sich die Katholiken gegen ihre Benachteiligung wehrten?

Gerry Adams (*1948), der später zum Anführer der IRA wurde, schreibt in seiner Autobiographie darüber, wie das Bewusstsein für die eigene Benachteiligung im Laufe der 1960er Jahre zunahm. Viele Katholiken, so Adams, hätten Anfang des Jahrzehnts ihren Status quo als diskriminierte Minderheit akzeptiert und sich kaum mehr gegen die Gängelei der Staatsorgane gewehrt. Der Anstoß dafür, die Situation zu ändern, kam von außen. In Afrika und Asien hatten Unabhängigkeitsbewegungen die Kolonialmächte besiegt. In Europa gingen Millionen von Studenten gegen verkrustete Strukturen auf die Straße. Und in den Vereinigten Staaten kämpfte eine schwarze Bürgerrechtsbewegung für die Aufhebung der Rassentrennung. »Die Welt war in Bewegung«, so Adams, der damals in einem Pub in Belfast arbeitete und die globalen Entwicklungen am Fernsehschirm verfolgte.[21] Viele Katholiken bezogen die Nachrichten aus Amerika, Afrika und Asien auf die eigenen Verhältnisse und begannen damit, den gegenwärtigen Zustand zu hinterfragen. Die Unzufriedenheit und Frustration, die hieraus folgten, entluden sich Endes des Jahrzehnts in Demonstrationen, gewaltlosem Widerstand und – für einige – im »bewaffneten Kampf«.

Zweifellos ist Adams' Darstellung stark verkürzt und dient

der eigenen Rechtfertigung.[22] Doch immerhin liefert sie eine Erklärung, weshalb dieselben strukturellen Spannungen – in diesem Fall die systematische Benachteiligung der Katholiken in Nordirland – zu verschiedenen Zeitpunkten zu unterschiedlichen Ergebnissen führten: Die Katholiken waren stets benachteiligt, meist unzufrieden, aber nur manchmal frustriert, und es war das Gefühl der Frustration – nicht die Benachteiligung per se –, die den Weg für den dreißig Jahre andauernden Konflikt ebnete.

Entfremdung

Wer eine radikale Änderung des Status quo will, braucht Anhänger, die das bestehende System nicht nur ablehnen, sondern sich nicht mehr als Teil von ihm begreifen und seine Regeln und Normen nicht mehr akzeptieren. Der französische Soziologe Émile Durkheim beschrieb diesen Zustand Ende des 19. Jahrhunderts als Anomie – die völlige Entfremdung vom bestehenden System, seinen Grundsätzen und Normen.[23] Robert K. Merton, ein amerikanischer Soziologe, verfeinerte Durkheims Idee und formulierte präzise Regeln dafür, unter welchen Bedingungen Anomie entsteht. Dazu gehörte die Ablehnung gesellschaftlich akzeptierter Ziele – Reichtum, Anerkennung, Erfolg – sowie der Mittel, durch die solche Ziele erreicht werden.[24] Frustration war nach Mertons Auffassung die Voraussetzung für Anomie und Anomie der Zustand, in dem Menschen für neue, oft radikale Ideen ansprechbar wurden.

Wie das in der Praxis funktioniert, zeigt einer der erfolgreichsten dschihadistischen Propagandisten in Europa: Omar Bakri (*1958), ein auf den ersten Blick freundlich aussehender Syrer, der während der 1980er Jahre als Asylbewerber nach

Großbritannien kam, wo er zuerst die britische Niederlassung der globalen islamistischen Organisation Hizb ut-Tahrir und danach die noch radikalere Gruppe al-Muhajiroun gründete. Beide Organisationen hatten als Ziel die Weltherrschaft des Islams – ein globales Kalifat, das nach strengen salafistischen Regeln regiert würde. Seine Anhänger waren Leute wie Bouyeri – die »Entwurzelten« der zweiten Generation, die in Europa geboren und aufgewachsen waren, aber sich dort nicht akzeptiert fühlten. Gegenüber Quintan Wiktorowicz, einem amerikanischen Forscher, beschrieb Bakri seine Zielgruppe:

> Du triffst jemanden, der Mohammed heißt und in einer westlichen Gesellschaft aufgewachsen ist. Er gibt eine Menge auf, damit ihn die Leute akzeptieren. Er nennt sich Mo, hat eine Freundin, trinkt Alkohol, tanzt, hat Sex und geht auf Raves. Und trotzdem sagen die Leute: »Du bist ein Paki.« Trotz allem, was er aufgegeben hat, um akzeptiert zu werden, ist er in den Augen der Leute ein »verdammter Araber«, ein »verdammter Paki«.[25]

Bakri machte kein Geheimnis daraus, dass ihm die Benachteiligung junger Muslime im Westen beim Rekrutieren half. Mehr noch, er nutzte sie für seine Zwecke:

> Wenn es im Westen keinen Rassismus gäbe, dann hätten die Leute keinen Identitätskonflikt (…). Wenn sie Benachteiligung erfahren, dann beginnen sie, über die eigene Situation nachzudenken. Wenn es keine Diskriminierung und keinen Rassismus gäbe, wäre es für uns schwierig.[26]

Seine Strategie war so erfolgreich, dass Bakri zu einem der »Architekten« der dschihadistischen Szene in London wurde.[27] Nach den Anschlägen vom 7. Juli 2005 auf den Londoner öffentlichen Nahverkehr floh er in den Libanon, von wo er bis heute mit seinen Anhängern in Großbritannien kommuniziert.[28] Sein Talent fürs Rekrutieren vererbte er seinem Ziehsohn, dem Anwalt Anjem Choudhry (*1967), der Bakris Modus Operandi mittlerweile in ein halbes Dutzend europäischer Länder exportiert hat.[29]

Kognitive Öffnungen

Wiktorowicz beobachtete bei seiner Feldforschung, dass fast alle der jungen Leute, die bei Bakris Gruppe mitmachten, kurz vor ihrer Rekrutierung ein »Krisenerlebnis« hatten. Solche Krisen konnten unterschiedlicher Natur sein:

> ökonomisch (Jobverlust, blockierte Mobilität), sozial/kulturell (Gefühl der kulturellen Schwäche, Rassismus, Erniedrigung), politisch (Repression, Folter, politische Diskriminierung) (...) [oder persönlich/idiosynkratrisch] (...) (Tod in der Familie, Opfer eines Verbrechens, Familienfehden).[30]

Diese Erfahrungen passten gut zur Idee der Entfremdung. Laut Wiktorowicz waren sie Voraussetzung dafür, dass potentielle Rekruten für ein neues, den gesellschaftlichen Normen widersprechendes Wertesystem ansprechbar wurden. Der Begriff, den er hierfür prägte, war »kognitive Öffnung«.

An Bouyeris Beispiel lassen sich Entfremdung und persönliche Krise gut erkennen. Seine Entfremdung vollzog sich als langwieriger Prozess: zuerst die Schließung seines Jugendzentrums, dann das Abdriften in die Kleinkriminalität, Ärger mit der Polizei und drei Monate Aufenthalt im Gefängnis. Nach seiner Freilassung wurde die Situation nicht besser. Wegen der Vorstrafe konnte Bouyeri keine Arbeit finden und schlug sich mit Gelegenheitsjobs durch. In den Augen der holländischen

Gesellschaft galt Bouyeri bereits jetzt als »gescheiterte Existenz«.

Doch die Radikalisierung vollzog sich erst ein Jahr später. Auslöser war der überraschende Tod seiner Mutter – eine persönliche Krise, wie sie Wiktorowicz auch bei Mitgliedern von Bakris Gruppe in London beobachtet hatte. Kurze Zeit später gab sich Bouyeri als Extremist zu erkennen, veröffentlichte dschihadistische Texte, stand jeden Freitag mit hetzerischen Flugblättern vor der Moschee und verbrachte seine gesamte Zeit mit einer Gruppe, aus der ein halbes Dutzend später im Gefängnis landete.[31] Ein halbes Jahr später, im Sommer 2004, verfasste Bouyeri eine Liste mit prominenten Persönlichkeiten, die seiner Meinung nach den Islam beleidigt hatten. Theo van Gogh war sein wichtigstes Ziel.[32]

Auch bei Breivik zog sich die Entfremdung lange hin. In den Jahren zwischen 2002 bis 2006 versuchte er sich als Unternehmer, doch die meisten seiner Projekte scheiterten. Ende 2006 musste er die eigene Wohnung aufgeben und zurück zu seiner Mutter ziehen.

Ob dieser Misserfolg, den er als persönliche Erniedrigung empfand, seine kognitive Öffnung war, ist nach wie vor umstritten. Bereits vor seinen unternehmerischen Pleiten hatte Breivik mit politischen Fragen gehadert und war zur Schlussfolgerung gekommen, dass das existierende System unreformierbar sei. Doch erst nach der Rückkehr zur Mutter – Mitte des Jahres 2007 – begann er mit dem Schreiben seines Manifests. Sein Verhalten änderte sich stark. Und es geschah in dieser Zeit, dass er die Entscheidung traf, als »Märtyrer für Norwegen« zu sterben.[33]

Limits

Die Lebenswege der »Frustrierten«, die in diesem Kapitel beschrieben sind, führten in allen Fällen zum Terrorismus. Doch es wäre falsch, hieraus zu schließen, dass zwischen Frustration und Terrorismus ein direkter, unvermeidbarer Zusammenhang besteht. Wie anfangs erklärt, sind Unmut, Unzufriedenheit und die Frustration, die aus ihnen resultiert, Grundlage für *alle* Formen des politischen Handelns. Auch Smelser, der sich als einer der Ersten mit strukturellen Spannungen und ihren Konsequenzen beschäftigte, macht dies deutlich: »Es gibt keinen direkten Zusammenhang zwischen bestimmten strukturellen Spannungen und bestimmten kollektiven Handlungen.«[34]

Die *eine* Ursache oder »Wurzel« des Terrorismus existiert nicht. Ganz im Gegenteil: Terrorismus wurzelt in denselben politischen Konflikten, Spannungen und Frustrationen, die auch legitime und friedfertige politische Aktionen hervorbringen wie zum Beispiel Boykotte, friedliche Demonstrationen oder das Engagement bei Bürgerinitiativen und politischen Parteien. Für jede Person, deren Frustration über Ausbeutung, Armut, Besetzung oder Unfreiheit zum Terrorismus führt, gibt es Tausende, die die gleiche negative Energie für andere Zwecke nutzen.

Das heißt nicht, dass strukturelle Spannungen, Unmut und Frustration beim Erforschen der Radikalisierung bedeutungslos sind. Ohne Spannungen gibt es keine Konfliktlinien, keine sich gegenseitig blockierenden Erwartungen und Ansprüche und in letzter Konsequenz keinen Grund, die Gesellschaft in die eine oder andere Richtung verändern zu wollen. »Jedem kollektiven Handeln liegt eine strukturelle Spannung zugrunde«, so Smelser, doch »in keinem Fall erklärt diese Spannung allein, weshalb es zu einer bestimmten Handlung kommt.«[35] Kurzum: Strukturelle Spannungen sind eine notwendige, aber keine hinreichende Voraussetzung für politisch motivierte Gewalt.[36]

In allen Fällen, die in diesem Kapitel beschrieben wurden, lassen sich alternative Szenarien konstruieren. Weder Bouyeri noch Breivik wurden allein wegen ihres Frusts zu Terroristen. Viele ihrer Altersgenossen, die mit ähnlichen Problemen und Dilemmas konfrontiert waren, entschieden sich anders. Am deutlichsten zeigt sich das Problem bei Adams. Denn nicht nur Adams, eine ganze Generation junger Katholiken in Nordirland litt unter denselben Bedingungen, und nicht nur Adams, sondern Zehntausende seiner Altersgenossen begriffen die Bürgerrechtsbewegungen in Amerika, Europa und Afrika als Inspiration. Aus Adams' Sicht war »gewaltsamer Widerstand« die logische Antwort: »Für diejenigen, die sich der Unterdrückung nicht beugen wollten«, so Adams, »gab es keine Alternative zum bewaffneten Kampf.«[37] Doch die meisten Katholiken im Nordirland der späten 1960er Jahre sahen das anders. Viele blieben trotz Benachteiligung und Frustration zu Hause, andere beteiligten sich an Demonstrationen der nordirischen Bürgerrechtsbewegung, sangen »We Shall Overcome« und kopierten die gewaltlosen Methoden von Martin Luther King (1929–1968) in Amerika.[38]

Der nordirische Journalist Malachi O'Doherty (*1951) gehörte zur selben Generation wie Adams, wuchs im selben Teil von Belfast auf, stammte ebenfalls aus der Arbeiterklasse und litt unter derselben Diskriminierung. Doch anders als Adams entschied er sich gegen die IRA. Nicht etwa, weil er feige war oder heimlich mit den Protestanten sympathisierte. Im Gegenteil: »Ich hätte der Polizei verraten können, wo sich flüchtige Männer versteckten«, schreibt er in seiner Autobiographie: »Aber ich tat es nicht.«[39] Das bedeutete nicht, dass er mit der

IRA sympathisierte. Gewaltsame IRA-Aktionen, so seine Beobachtung, führten stets zu Vergeltungsschlägen, was die IRA zu noch brutaleren Anschlägen herausforderte: »[Die IRA und die Protestanten] befanden sich in einem symbiotischen Verhältnis« – das Ergebnis war ein Teufelskreis.[40] Seine Schlussfolgerung: »Ich war kein Unterstützer der IRA, ich unterstützte niemanden.«[41]

Frustration gibt es überall: Ihr Vorhandensein ist normal, »gewöhnlich« – und kein Hinweis auf extremistisches Verhalten per se. Mehr noch: Dieselbe Frustration kann zu völlig unterschiedlichen Ergebnissen führen – in einem Fall zum Terrorismus, im anderen zur Passivität. Als Theorie der Radikalisierung – das heißt, als *alleinige* Erklärung dafür, dass junge Menschen als Auslandskämpfer nach Syrien gehen oder sich am Brüsseler Flughafen in die Luft sprengen – taugt sie nicht. Doch zusammen mit anderen Bausteinen ist sie Voraussetzung dafür, dass Radikalisierung stattfindet. Vom zweiten dieser Bausteine, dem Drang, handelt das nächste Kapitel.

3

Drang

Abu Tasnim (*1994), der sich im Internet Jean-Edouard nennt, wurde Anfang 2014 zum Kämpfer des Islamischen Staates. Aber gekämpft hat der 22-jährige Franzose, der in den Vororten von Paris groß geworden ist, noch nie. Er ist groß, dünn, trägt eine dicke Brille und Zahnspange. Auf den Fotos, die er auf Twitter und Facebook veröffentlicht, ist sein rechter Arm bandagiert. Die Verletzung hatte er sich beim Training zugezogen – gleich in der ersten Woche, nachdem er in Syrien angekommen war. Seitdem verbringt er viel Zeit in seinem Wohnheim, unterhält sich mit den Kameraden, hilft beim Kochen und nutzt die Zeit, um seine zu Hause gebliebenen Freunde davon zu überzeugen, ihm nachzufolgen. Internet-Dawa – das Werben für den Islamischen Staat in den sozialen Netzwerken – ist seine neue Mission. »Bloß eine kleine Schramme«, schreibt er über seine Verletzung. Und weiter: »Macht Euch keine Sorgen! Die Brüder kümmern sich um mich.« Trotz gesundheitlicher Probleme scheint Abu Tasnim glücklich. Rakka, die Quasi-Hauptstadt des Islamischen Staates, liegt 3500 Kilometer entfernt von Paris, in einem Land, das Abu Tasnim nie vorher besucht hat und dessen Sprache er nicht spricht. Doch der Islamische Staat ist für ihn jetzt Heimat – der Ort, an dem er sich geborgen und akzeptiert fühlt.[1]

Abu Tasnims Radikalisierung hatte sich lange vor seiner

Ausreise abgezeichnet. Knapp ein Jahr zuvor konvertierte er zum Islam, wurde Mitglied einer salafistischen Gruppe, kappte jeglichen Kontakt zu nichtmuslimischen Freunden, kündigte seinen Job und stellte sein gesamtes Leben auf die strengen Verhaltensregeln der Salafisten um. Es dauerte nur ein paar Monate, bis er sich offen zum bewaffneten Dschihad bekannte. Auf seinem Facebook-Profil finden sich Fotos, die ihn bei der S-Bahn-Fahrt ins Pariser Stadtzentrum zeigen. In ihnen trägt Abu Tasnim das für Salafisten typische lange, knöchelfreie Gewand sowie eine Tarnjacke und einen Turban. Der Turban, so erklärt Abu Tasnim stolz, sei der gleiche, den auch die Kämpfer von al-Qaida im Islamischen Maghreb (AQIM), der al-Qaida-Filiale in Nordafrika und dem Sahel, trügen. Die Kämpfer dort seien Helden, so der junge Franzose, so wie alle anderen, die sich den Feinden Allahs in den Weg stellten.[2] Sein ganzes Leben drehte sich jetzt um den Dschihad und darum, Teil von ihm zu werden. Doch wie kam es dazu? Wie wurde aus dem Sohn evangelikaler Eltern aus Haiti innerhalb von nur einem Jahr ein Dschihad-Kämpfer? Wonach suchte er?

Seitdem Abu Tasnim und Tausende seiner Altersgenossen ihre Heimatländer verlassen haben, um für den Islamischen Staat und andere dschihadistische Gruppen in Syrien zu kämpfen, wird heftig darüber debattiert, was junge Europäer hierzu motiviert. Der amerikanische Journalist Graeme Wood hat als einer der Ersten zu diesem Thema einen langen und sehr gut recherchierten Artikel geschrieben. Sein Argument war, dass der Islamische Staat nicht nur islamisch, sondern »sehr islamisch« sei, und dass seine Rekruten aus Europa die religiöse und ideologische Vision der Gruppe teilten. Was den Islamischen Staat so attraktiv mache, so Wood, sei die absolute Klarheit und Kompromisslosigkeit seiner religiösen Auslegung – bis hin zu den apokalyptischen Prophezeiungen, auf die viele seiner Anhänger häufig Bezug nähmen.[3]

Doch was, wenn es gar nicht um Religion ging? Nach Ansicht der britischen Psychologen Simon Cottee und Keith J. Hayward machen sich die meisten Journalisten, Historiker, Politikwissenschaftler und Soziologen, die die Radikalisierung und das Verhalten von Terroristen studieren, zu viele Gedanken darüber, was ihre Forschungsobjekte »tun« und »denken«, aber beschäftigten sich zu wenig damit, was sie »fühlen«. Wie ich in diesem Kapitel zeige, sind Religion und Ideologie in der Tat nur Teile der Erklärung. Mindestens ebenso wichtig sind emotionale Bedürfnisse, etwa die Suche nach Identität, Gemeinschaft, Bedeutung, Ruhm, Abenteuer.[4] Dass solche Bedürfnisse auch anders ausgedrückt werden können als durch Terrorismus, steht außer Frage. Doch genauso wenig lässt sich bestreiten, dass emotionaler Drang in den Radikalisierungsverläufen vieler Terroristen eine ebenso bedeutende Rolle spielt wie die anderen Bausteine, die ich in diesem Buch beschreibe.

Identität

Eines der vielleicht wichtigsten dieser Bedürfnisse ist das nach einer stabilen und positiven Identität. Bei (sozialer) Identität geht es darum, über welche Merkmale und Eigenschaften wir uns definieren, zu welchen Gruppen wir uns zugehörig fühlen und wodurch wir uns von anderen unterscheiden. Mit anderen Worten: Wer bin ich, wer sind »meine Leute«, und wo gehöre ich hin? Die Sozialpsychologen Henri Tajfel und John Turner haben gezeigt, dass sich hierdurch entscheidet, wer Teil der sogenannten *In-Group* ist und wer zur Fremdgruppe, der *Out-Group*, gehört. Gegenüber der In-Group, so Tajfel und Turner, sind wir häufiger positiv, tolerant und großzügig als gegenüber der Fremdgruppe.[5]

Nach Ansicht des indischen Philosophen Amartya Sen ist es möglich, nicht nur eine, sondern mehrere Identitäten miteinander zu vereinbaren. Je nach Situation definieren sich Menschen zum Beispiel über Geschlecht, Hautfarbe, Sexualität, Religion, Sprache, Kultur, Nation, politische Philosophie, ökonomische Klasse und Beruf – oder mehrere dieser Merkmale gleichzeitig. Sich auf ein einziges Merkmal zu beschränken führt laut Sen zu Polarisierung und Konflikt: Wer sich nur – und ausschließlich – als Mitglied einer bestimmten Rasse oder Religionsgemeinschaft begreife, sehe alle Menschen, die nicht zur selben Rasse oder Religion gehörten, als Fremde, Gegner, Konkurrenten oder sogar Feinde an und ignoriere dabei alle Gemeinsamkeiten.[6]

Der singapurische Politikwissenschaftler Kumar Ramakrishna folgert hieraus, dass Radikalisierung vor allem ein Prozess der »massiven Identitätsreduktion« sei. Was alle Extremisten – egal welcher Couleur – gemeinsam hätten, sei die Ablehnung von Vielfalt und vielschichtiger Identitäten. Für Extremisten bestünde die Welt ausschließlich aus Freunden und Feinden, Schwarz und Weiß, Ariern und Nichtariern, Gläubigen und Nichtgläubigen. Dies sei falsch und verzerre die Realität, so Ramakrishna, doch für Menschen, die zuvor beim Entwickeln einer positiven Identität gescheitert seien, Ablehnung erfahren hätten und sich deshalb auf die Suche nach einer neuen, einfacheren und vermeintlich stabileren Identität gemacht hätten, könnten solche Weltbilder im hohen Maße attraktiv und befriedigend sein.[7]

Für die »Entwurzelten«, die Olivier Roy in seiner These über die Radikalisierung europäischer Muslime beschrieb (siehe Kapitel 2), ging es – so gesehen – nicht primär um die soziale, ökonomische und politische Benachteiligung, die sie in Europa erfahren hatten, sondern ums Dazugehören. Als Kinder der Gastarbeiter, die in den Nachkriegsjahrzehnten nach Europa gekommen waren, waren sie anders als der Rest der Gesellschaften, in denen sie groß wurden: Ihre Namen klangen fremd, sie sahen anders aus und praktizierten eine andere Religion. Selbst wenn sie versuchten, so zu sein wie der Rest, kam es häufig zur Ablehnung – durch den Türsteher, der den Eingang zur Disko verweigerte, den Makler, der plötzlich keine Wohnung mehr im Angebot hatte, oder den Arbeitgeber, der auf eine Bewerbung nicht antwortete. Doch genauso wenig waren sie »echte« Türken, Algerier oder Pakistanis: Die Traditionen ihrer Eltern waren in Europa häufig bedeutungslos, und auf Reisen in die »Heimat« galten sie nicht als Einheimmische, sondern als Europäer. Auch die relativ Erfolgreichen, die es in Europa geschafft hatten, an der Universität studierten und einem sicheren Job nachgingen, fühlten sich in ihren vermeintlichen Heimatländern nicht akzeptiert. Weder hier noch dort gehörten sie wirklich dazu. Doch wohin gehörten sie? Was war ihre Identität?

Abu Tasnim ist typisch. Obwohl er nicht in eine muslimische Familie geboren wurde, machten ihn sein Name, seine Hautfarbe und seine karibische Herkunft zum Außenseiter. Er verstand, dass er nicht Teil Frankreichs war und dass sich die französischen republikanischen Ideale – Gleichheit, Freiheit, Brüderlichkeit – nicht auf ihn bezogen. Frankreich hatte ihm nichts zu bieten. Doch ebenso wenig identifizierte er sich mit der haitianischen Heimat seiner Eltern, die vor dem Bürgerkrieg in den 1990er Jahren geflohen und seitdem niemals zurückgekehrt waren. Ein erster Versuch, seine Identität zu definieren, erfolgte durch Rap und Hip-Hop: Bevor er zum Islam konvertierte, war Abu Tasnim ein leidenschaftlicher Musiker und drückte seine Frustration in Songs aus, von denen er viele auf YouTube postete.[8] Als sich nur wenige für seine Musik interessierten, suchte er nach einer neuen Identität und fand sie im salafistischen Islam – einer Ideologie, die dem gesellschaftlichen Status quo widersprach, ihn herausforderte und gleichzeitig seine Sehnsucht nach Stärke, Macht und Geborgenheit befriedigte. Der Islamische Staat war für ihn nicht bloß eine Kampffront, sondern die Heimat, nach der er in Frankreich vergeblich gesucht hatte: »Hier gibt's Engländer, Bosnier, Somalier, Japaner, sogar Chinesen«, schrieb er auf Facebook. »Wir sind das Euro-Disney der Mudschahedin.«[9]

Gemeinschaft

Eng verbunden mit der Suche nach Identität ist das Bedürfnis nach Gemeinschaft. Auch hier geht es ums Dazugehören – das Gefühl, von einer Gruppe akzeptiert zu werden und sich auf ihre Sympathie, Solidarität und Unterstützung bedingungslos verlassen zu können. In Radikalisierungsverläufen kommt dieses Thema häufig vor: Extremisten reden über ihre Gesinnungsgenossen als Brüder oder Kameraden – als »adoptierte Familie«, in der jeder für die anderen durch dick und dünn geht. Beim Rekrutieren, so der Terrorismusforscher Marc Sageman, spielen solche Gefühle eine genauso große Rolle wie die extremistische Ideologie (mehr dazu in Kapitel 5).[10]

Es ist daher kein Wunder, dass die populärsten Online-Profile der europäischen Auslandskämpfer oft diejenigen sind, die die Gemeinschaftserfahrung besonders betonen. Firas Houidi (*1995) aus Wien etwa wurde so zum »Rockstar« der mittlerweile über 150 österreichischen Auslandskämpfer.[11] Als er im Frühjahr 2014 in den Islamischen Staat ausreiste, war er gerade einmal 18 Jahre alt und weniger als ein Jahr in der salafistischen Szene unterwegs. Unter den österreichischen Kämpfern war er einer der jüngsten und unerfahrensten. Doch innerhalb kürzester Zeit wurde Houidi zu ihrem bekanntesten Gesicht, gab Interviews und sorgte mit Anschlagsdrohungen bei den österreichischen Sicherheitsbehörden für Aufregung.[12]

»Rockstar« und Kumpel: der Österreicher Firas Houidi (rechts)

Der Grund für Houidis »Erfolg« war seine sympathische, kumpelhafte Selbstdarstellung. Nach seiner Ausreise bewohnte der großgewachsene Österreicher ein Haus im syrischen Rakka, wo auch andere deutschsprachige Dschihadisten untergebracht waren.

Ob er ein erfolgreicher Kämpfer war, ist unbekannt, denn die meisten Fotos und Kommentare auf seinem Facebook-Profil dokumentieren nicht seine militärische Rolle, sondern den Alltag im Islamischen Staat. Sie zeigen Houidi beim Füttern von Katzen, »Abhängen« im Schlafsaal oder Essen mit den »Brüdern« (»1 Kilo Kebab!«). Auf vielen Bildern trägt Houidi ein dickes Grinsen und ist umgeben von anderen »Kalifatis«. Die ernsthaften Einträge beschäftigen sich mit dem Kampf gegen die Ungläubigen oder erinnern an gefallene Freunde (»Wie ich dich vermisse, Bruder. Du hast dein Ziel erreicht, und wir warten noch.«).[13] Die Botschaft ist klar: Wer in den Islamischen Staat kommt, wird Teil einer starken, verschworenen Truppe, erfährt Gemeinschaft und Akzeptanz – im Leben wie im Tod.

Bedeutung

Ein weiteres Bedürfnis ist jenes nach Sinn und Bedeutung. Die Psychologen Arie W. Kruglanski und Edward Orehek haben hierauf basierend eine komplette Theorie der Radikalisierung formuliert. Ihre These lautet, dass Menschen deshalb zu Terroristen werden, weil sie versuchen, dadurch persönliche Sinnkrisen zu bewältigen. Wer keinen Erfolg hat oder orientierungslos durchs Leben irrt und wer die Hoffnung darauf verloren hat, durch eigene Leistung etwas Besonderes zu werden, ist überdurchschnittlich häufig für große Ideen und Bewegungen ansprechbar. Sich einer vermeintlich »großen Sache« anzuschließen und für sie Opfer zu bringen ist dann die einzige Möglichkeit, dem eigenen Leben Bedeutung zu verleihen – und dafür zu sorgen, dass sich andere auch nach dem eigenen Tod noch an einen erinnern. Durch das Ankoppeln an eine große Idee wird selbst der scheinbar unbedeutendste Mensch »unsterblich«, so die These von Kruglanski und Orehek.[14]

Besonders stark zeigt sich dieses Motiv bei Konvertiten, die unter den europäischen Auslandskämpfern mit ungefähr 20 Prozent stark vertreten sind. (Ihr Anteil an den Muslimen in Westeuropa beträgt nur etwa zwei Prozent.)[15] Die Geschichte von Nils D. (*1990) aus dem niederrheinischen Dinslaken ist typisch. Wie viele seiner späteren Kampfgenossen war Nils bereits als Teenager polizeibekannt und wurde wegen Einbruch, Diebstahl und Körperverletzung mehrfach verurteilt. Mit 14 Jahren zeugte er ein Kind. Kurze Zeit später verlor er seine Ausbildungsstelle, weil er beim Arbeiten gekifft hatte.[16] Jahrelang führte er ein chaotisches, sinnentleertes Leben, das von zwei Spiegel-Journalisten folgendermaßen beschrieben wurde:

> Er schlief bis gegen mittags, surfte ein bisschen im Internet und traf in einem Café seine Kumpels. Dort nahmen sie Drogen, tranken, spielten Karten. »Party« nannten sie das. [Nils] D. und seine Freunde (…) hatten keine Hobbys, sie begeisterten sich für nichts, sie liebten niemanden außer sich selbst (…). Dabei machte die selbstverschuldete Leere in ihren Leben sie nur fertig.[17]

Im Alter von 21 Jahren entdeckte Nils den Islam. Sein Cousin, der zum Anführer der Auslandskämpfer aus Dinslaken wurde, schenkte ihm salafistische Bücher, debattierte mit ihm über Gott und den Sinn des Lebens und füllte damit sein geistiges und existentielles Vakuum. Zum ersten Mal hatte sein Leben Bedeutung: Er stand früh morgens auf, las und betete, informierte sich über die Welt – ganz besonders über den damals eskalierenden Bürgerkrieg in Syrien – und wollte mit Alkohol und Drogen nichts mehr zu tun haben. Ende des Jahres 2013 entschloss er sich, seinem Verwandten, der schon vorher nach Syrien ausgereist war, nachzufolgen: »Mein Ziel war mein Cousin«, sagte er. »Und der Kampf für die Muslime auf der ganzen Welt.«[18]

Fürs Kämpfen war Nils, der damals 155 Kilo wog, ungeeignet. Doch wegen seiner kriminellen Vergangenheit hatte er ein gutes Gespür für »Übeltäter« und ihre Methoden. Er heuerte beim »Geheimdienst« des Islamischen Staates an und machte schnell Karriere. Sein Job war es, Deserteure und Abtrünnige aufzuspüren. Er war an bis zu 15 Festnahmen und den anschließenden Verhören beteiligt. Auf dem Höhepunkt seiner Laufbahn, Mitte des Jahres 2014, war er einer der wichtigsten Deutschen beim Islamischen Staat.[19] »Das Beste, Allerbeste, was es gibt auf dieser Welt, ist der Märtyrertod«, schrieb er damals.[20] Doch als sich der Cousin bei einem Selbstmordattentat in die Luft sprengte und eine Reihe weiterer Freunde bei Militäreinsätzen starben, verstärkten sich auch bei Nils die Zweifel. Ende 2014 sagte er sich vom Islamischen Staat los und kehrte nach Deutschland zurück.

Ruhm

Eine wichtige Facette des Strebens nach Bedeutung ist laut Cottee und Hayward die Aussicht auf Ruhm. Für Leute wie Nils D., deren frühere Existenz praktisch keine Möglichkeit der Anerkennung bot, ergibt sich durch die Beteiligung am bewaffneten Dschihad die Chance, zur heroischen Figur zu werden – und zwar oftmals unter Einsatz genau derselben Fähigkeiten, die sie vorher für kriminelle Zwecke verwendet hatten (siehe Kapitel 11).[21] Einfach ausgedrückt: Wer aus egoistischen Gründen stiehlt und mordet, kommt ins Gefängnis. Doch wer es für den Islamischen Staat tut, wird dadurch »unsterblich«. Für die Kleinkriminellen und Verlierer, die beim Islamischen Staat mitmachen, ist es der einfachste und in vielen Fällen einzige Weg, zu Siegern zu werden – Leute, von denen »noch in tausend Jahren gesprochen wird«.[22]

Eines der bekanntesten Beispiele ist Kim André Ryding (*1989) aus Oslo – ein athletischer, blonder Norweger, der so aussieht, wie man sich einen Skandinavier vorstellt. Sein Lebenslauf ist mit dem von Nils D. aus Dinslaken nahezu identisch, obwohl sich die beiden nicht kannten und aus unterschiedlichen Ländern kamen. Auch Ryding hatte eine turbulente Jugend und wurde während seiner Teenagerjahre zum Kleinkriminellen. Auch bei ihm drehte sich das Leben hauptsächlich um Drogen, Alkohol und Einbrüche. Wie Nils hatte er häufig Ärger mit der Polizei. Bei einer seiner letzten Aktionen kam es zu einer Verfolgungsjagd quer durch Oslo, bei der er aus dem Fenster seines Sportwagens auf die Polizei schoss – genauso wie in einem amerikanischen Gangsterfilm.[23]

Die Konversion zum Islam passierte, nachdem ihn eine Freundin verlassen hatte. Ryding wurde depressiv, hinterfragte sein gesamtes Leben – und fand die scheinbar passenden Antworten im Salafismus. Er verließ Norwegen fast exakt zur selben Zeit wie Nils Deutschland. Doch anders als sein deutscher Kamerad war Ryding körperlich fit und kannte sich mit Waffen aus. Als Kämpfer und Soldat war er deshalb nützlicher als Nils. Auf seinem Facebook-Profil finden sich Dutzende Fotos von militärischen Einsätzen: Ryding war jetzt kein Gangster mehr, sondern Soldat – jemand, der sein Leben einer großen Sache gewidmet hatte. Viele der Einträge lesen sich wie Gespräche mit seinem früheren Selbst:

> Ich hoffe, ihr seid bereit für das Treffen mit dem Todesengel. Es gibt keinen Weg zurück. Und wenn es so weit ist, werden viele von uns bedauern, dass uns 50 Cent, Eminem, 2Pac, Drake, Fußball, Partys, Frauen, Trinken, Klamotten und Kumpels einst wichtiger waren als der Schöpfer.[24]

Für Ryding war der Weg in den bewaffneten Dschihad nicht nur die Antwort auf persönliche Probleme, sondern seine Chance, vom Gangster zum Helden zu werden.

Abenteuer

Mehr als je zuvor sind Terroristen nicht nur politische, sondern auch – und vor allem – gewalttätige Akteure. Was die meisten Menschen abschreckt – das Töten und die Gefahr für das eigene Leben –, ist für manche Möchtegern-Terroristen der ultimative Kick. Sie lieben die Vorstellung vom Kämpfersein, von Nervenkitzel, Spannung und emotionaler Intensität. Sie phantasieren von der ultimativen Macht – der Macht über

Leben und Tod – und einem Dasein außerhalb akzeptierter Normen, im Untergrund und auf geheimer Mission.[25] Es ist deshalb kein Zufall, so der irische Psychologe Andrew Silke, dass politisch motivierte Gewalttäter überproportional häufig jung und männlich sind, denn »junge Männer sind impulsiver, haben ein höheres Selbstbewusstsein und sind bereit, größere Risiken einzugehen«.[26] Für einen Teil von ihnen ist Terrorismus nicht das Ergebnis einer komplizierten Suche nach Identität und Bedeutung, sondern – schlicht und einfach – das größte Abenteuer ihres Lebens.

Deutlich zu erkennen war dies bei Rayat al-Tawheed (»Flagge des Monotheismus«), einem Netzwerk Londoner Dschihadisten, die im Laufe der Jahre 2013 und 2014 in den syrischen Bürgerkrieg zogen. Obwohl sich Rayat Ende 2013 dem Islamischen Staat anschloss, behielt die Gruppe einige Monate lang ihren Namen, besaß Facebook- und Instagram-Accounts, veröffentlichte Videos und Poster und stellte sich auf Ask.fm den Fragen ihrer Anhänger. Anfangs war Rayat in Großbritannien deshalb bekannter als der Islamische Staat und bestimmte mit ihren Statements und medialen Produkten die öffentliche Wahrnehmung des Syrienkämpfer-Phänomens.

Am bekanntesten waren die professionell gestalteten Poster, die aussahen wie Anzeigen für ein Computerspiel oder den neuesten Actionfilm. Sie machten den Dschihad »cool« und waren fester Bestandteil der Online-Popkultur, die sich im Laufe der Jahre 2012 und 2013 entwickelte. Die Kämpfer, die auf ihnen abgebildet waren, symbolisierten Stärke und Entschlossenheit. Sie waren die »Löwen des Dschihad«, die ihren Feinden Angst und Schrecken einjagten und sich vor niemandem fürchteten. Auf jedem Poster waren Gewehre oder Pistolen zu sehen. »Eine Kugel entfernt vom Paradies«, proklamierte eines der bekanntesten. Auf einem anderen hieß es: »Das ist der Stift, mit dem wir Geschichte schreiben.«

Dass der Dschihad riskant und gefährlich ist, wurde von Rayat nicht verheimlicht. Im Gegenteil: Viele der Poster glorifizierten das Leiden der Kämpfer und stellten es als notwendigen Teil der Dschihad-Erfahrung dar. »Verhöhne keinen Schmerz, den du nicht selbst erfahren hast!«, sagte eines. Und ein anderes: »Echte Männer erkennt man in harten Zeiten.« Für die Leute von Rayat schien klar, dass die Warnung vor Schmerz und Leiden nicht Abschreckung, sondern Teil der Attraktion war: Wer zu uns kommt, so die Botschaft, hat die härteste und gleichzeitig beste Zeit seines Lebens vor sich.[27]

Maskulinität

Die Vorstellungen von Macht, Abenteuer, Waffen und Gewalt, die Rayat in seinen Postern artikulierte, waren so offensichtlich »männlich«, dass es nicht schwerfällt, einen Zusammenhang zwischen Terrorismus und Maskulinität herzustellen. Das Thema wurde bereits in unzähligen wissenschaftlichen Artikeln und Büchern diskutiert und hat durch den Aufstieg des Islamischen Staates – mit seiner Verbindung von mittelalterlichen Gesellschaftsnormen und extremer, nahezu sadistischer Brutalität – nochmals an Schub gewonnen.[28] Doch es braucht keiner rückwärtsgewandten Ideologie, um die Anziehungskraft des Terrorismus auf die männliche Psyche zu begründen. Selbst Bewegungen mit vermeintlich progressiven, sogar feministisch orientierten Gesellschaftsvorstellungen – wie etwa die Neue Linke in den 1960er und 1970er Jahren – haben hierdurch Anhänger gewonnen.

Nur so lässt sich erklären, wie ein notorischer Macho und Adrenalinjunkie wie Andreas Baader (1943–1977) bei einer linksrevolutionären Gruppe wie der Roten Armee Fraktion (RAF) landete. Baader, der aus München stammte, war vor seiner Wandlung zum politischen Revolutionär vor allem ein Hochstapler und Kleinkrimineller. Er flog von mehreren Schulen, prügelte sich mit Mitschülern und beendete seine Bildungslaufbahn ohne Abschluss. Noch bevor er Mitte der 1960er Jahre nach Berlin zog, hatte er Vorstrafen für Autodiebstähle, Fälschungen und Dokumentenmissbrauch verbüßt. Obwohl er Autos liebte, besaß er keinen Führerschein. Er arbeitete als Bauarbeiter, Boulevardjournalist und ließ sich von einem Ehepaar aushalten, mit dessen Frau er eine Affäre hatte. Als die 68er-Revolution ihren Höhepunkt erreichte und Zehntausende in Berlin und in westdeutschen Universitätsstädten auf die Straße gingen, bezeichnete er den Sozialistischen Deutschen Studentenbund (SDS), der die Demonstrationen organisierte, als einen »lahmen Verein«.[29]

An Politik, Ideologie und den scheinbar endlosen Debatten, für die die 68er berühmt wurden, hatte Baader kein Interesse. Auch musste ihm klar gewesen sein, dass er intellektuell nicht mithalten konnte, denn fürs Lesen begann er sich erst zu interessieren, als er hinter Schloss und Riegel saß. Dass er trotzdem Teil dieser Bewegung sein wollte, hatte damit zu tun, dass hier »was los war«.[30] Die Gründung der RAF gab ihm die Möglichkeit, seinen Narzissmus und Hang zur Gewalt, die Faszination im Umgang mit Waffen und seine antiautoritäre Grundeinstellung in ein neues, vermeintlich altruistisches Projekt zu lenken. Ohne sein Verhalten grundlegend zu ändern, wurde aus Baader, dem Ganoven und »Gangsterboss«, quasi über Nacht ein Revolutionär, so die Politikwissenschaftlerin Karin Wieland:

> Als Chef des »Terroristenvereins« (…) hatte Baader so gelebt, wie es ihm gefiel: Keiner aus seiner Truppe traute sich, ihm zu widersprechen, er verprasste Geld, raste mit schnellen Autos durch die Lande, hatte viele Frauen um sich geschart, und alle fürchteten ihn. Gewalt, Geld und Geschwindigkeit waren

die Elixiere seines Lebens. Die Liebe zur Höchstgeschwindigkeit begleitet ihn von seinen ersten kriminellen Delikten bis zu seiner Festnahme als »Staatsfeind Nummer eins«. Das Rasen vermittelte ihm das Gefühl, ziellos und potent zu sein. Baader war ein Waffen- und Autonarr. Zu den wenigen Dingen, die er in seinem Leben gelernt hatte, gehörte es, extrem schnell eine Waffe auseinander- bzw. zusammenzubauen. Er bewunderte die Technik ihrer Beherrschbarkeit, Intensität und Energie wegen. Fast alles außer der Beschleunigung und dem Unfall langweilte ihn.[31]

Macho und Adrenalinjunkie: Andreas Baader, Mitbegründer der Roten Armee Fraktion (RAF)

Dass jemand wie er zum Mitbegründer einer Organisation wurde, die sich der Frauenbefreiung verpflichtet hatte und viele sehr emanzipierte Frauen als Mitglieder hatte,[32] ist nur auf den ersten Blick ein Paradox, denn der genaue Inhalt und die Ideologie, für die er zu kämpfen vorgab, waren nie der entscheidende Faktor. Für Baader waren die RAF und der linke Terrorismus vor allem ein massiver Egotrip: die beste Möglichkeit, die er jemals bekommen würde, seine fundamental maskulinen Bedürfnisse – inklusive seiner Sexualität – zu befriedigen und sich gleichzeitig gut dabei zu fühlen. Hätte es damals den Islamischen Staat gegeben, wer weiß, ob er sich stattdessen einen langen Bart hätte wachsen lassen und mit einem gestohlenen Sportwagen nach Rakka gerast wäre?

Limits

Egal wie plausibel und interessant, eine hinreichende Erklärung für Radikalisierung und Terrorismus ist Drang nicht. Denn Extremisten haben kein Monopol auf die persönlichen emotionalen Bedürfnisse, die in diesem Kapitel beschrieben sind. Im Gegenteil: Die Suche nach Identität, Bedeutung und Abenteuer sind so universell und allgegenwärtig, dass sie, auf sich allein gestellt, als Terrorismus-Indikatoren praktisch unbrauchbar sind. Fragen nach der eigenen Rolle, dem Sinn des Lebens und Zweifel an der Identität sind nicht zwangsläufig Hinweise auf Radikalisierung, sondern völlig normale und »gewöhnliche« Begleiterscheinungen des Erwachsenwerdens. Für jeden pubertierenden Europäer, der sich über die eigene Identität und die Bedeutung seines Lebens den Kopf zerbricht und deshalb beim Islamischen Staat landet, gibt es Millionen, die sich aus denselben Gründen tätowieren lassen, extravagante Haarschnitte zulegen oder damit anfangen, ein

Tagebuch zu führen. Sich von anderen zu unterscheiden und eine eigenständige Persönlichkeit zu entwickeln kann im Extremismus enden, muss es aber nicht.

Hinzu kommt, dass extremistische Gruppen nicht die einzigen sind, die versprechen, solche Bedürfnisse zu erfüllen. Als ich vor fünf Jahren in Los Angeles war, konnte ich ein Dutzend ehemaliger Mitglieder krimineller Gangs interviewen. Obwohl die Männer, die ich traf, schon seit Jahren nicht mehr aktiv waren, hatte sie das Leben im Untergrund gezeichnet. Viele waren im Gesicht und am Hals tätowiert, einer saß im Rollstuhl – das tragische Ergebnis einer Schießerei mit einer rivalisierenden Gang. Als ich fragte, warum sie Mitglied geworden seien, hörte ich ähnliche Geschichten wie die, die in diesem Kapitel beschrieben sind. »Als ich bei den *Crips* [eine der ältesten Gangs in Los Angeles] mitmachte, war ich plötzlich wer«, sagte der Mann im Rollstuhl. Die Anekdoten, die ich erzählt bekam, deckten sich mit den Erkenntnissen aus zahlreichen wissenschaftlichen Studien, die zu dem Schluss, kamen, dass für Jugendliche aus den Gettos die Mitgliedschaft in einer Gang der einfachste Weg sei, ihr Bedürfnis nach Status und Anerkennung zu befriedigen.[33]

Eine weitere Institution, die sich auf das Stillen von jugendlichem Drang spezialisiert, ist das Militär. Militärische Rekrutierungskampagnen sind häufig dort zu finden, wo es außer einer militärischen Laufbahn nur wenige Möglichkeiten zum wirtschaftlichen und gesellschaftlichen Aufstieg gibt und wo Jugendliche nach einem Ventil für ihre sozialen und emotionalen Bedürfnisse suchen. In den Werbespots der britischen Armee wimmelt es von Panzern, Hubschraubern, Gewehren und jungen Männern im Einsatz. Soldat zu sein, so die Botschaft, bedeutet Gemeinschaft, Teamwork, Abenteuer und Einsatz. Wer mitmacht, kann zeigen, was in ihm steckt (offizieller Slogan: »Be the Best«) und hat eine Chance auf Ruhm,

Anerkennung und eine bezahlte Ausbildung.[34] Der Zweck ist ein anderer – und vermutlich legitimerer – als bei Gangs oder extremistischen Gruppen, doch die Ansprache ist im Prinzip dieselbe: »Komm zu uns, und wir machen was aus dir!« Auch die Dschihadisten von Rayat al-Tawheed hatten das erkannt: In einem ihrer Poster benutzten sie ein Plakat der britischen Armee und änderten nur ein einziges Wort. Statt »Helft unseren Helden: Unterstützt die Armee!« hieß es bei Rayat: »Helft unseren Helden: Unterstützt die Mudschahedin!«.[35]

Drang allein erklärt also nicht, weshalb ein junger, frustrierter Mann, der mit existentiellen Fragen kämpft, beim Islamischen Staat landet und nicht bei seiner lokalen Gang – oder gar dem Militär. Denn sie alle bieten Struktur, Bedeutung, Gemeinschaft, Abenteuer und Heldentum. Doch genauso wie die anderen Bausteine, die in diesem Teil des Buches diskutiert werden, ist Drang beim Verstehen von Radikalisierungsverläufen nicht irrelevant oder bedeutungslos. Drang erklärt, weshalb sich vor allem junge Leute – und speziell junge Männer – für extremistische Gruppen interessieren. Er ist notwendige Voraussetzung dafür, dass Radikalisierung stattfindet – aber ebenso wie die anderen Bausteine ist er, auf sich allein gestellt, nicht hinreichend. Wie aus Frust und Drang politisch motivierte Gewalt wird, erkläre ich im nächsten Kapitel.

4

Ideen

Auf den ersten Blick liest sich die Geschichte von Harry S. (*1988), einem 28-jährigen Syrienkämpfer aus Bremen, wie viele andere, die in diesem Buch beschrieben sind. Harry hat ein rundes, schwarzes Gesicht, ist groß gewachsen und muskulös – ein attraktiver, selbstbewusster Typ. Seine Eltern stammen aus Ghana und kamen nach Deutschland, noch bevor Harry geboren wurde. Doch der Traum vom Leben im Westen platzte schnell. Weniger als zwei Jahre nach der Ankunft in Bremen trennten sich die Eltern, Harry blieb bei der Mutter und wuchs in ärmlichen Verhältnissen auf. Bereits als Teenager die ersten Straftaten, Ärger mit der Polizei, Drogen, Alkohol und Jugendvollzug: Die strenggläubige Mutter, eine evangelikale Christin, war so verzweifelt, dass sie Hals über Kopf ihre Sachen packte und mit ihm nach London zog. Harry ging dort auf eine Berufsschule und begann, sich grundsätzliche Fragen zu stellen. Fast alle seine Freunde waren Muslime, und so konvertierte er zum Islam.[1]

Harrys Mutter war von seiner Konversion so geschockt, dass sie ihn aus dem Haus warf. Für Harry blieb nur der Weg zurück nach Bremen, wo er sich mit den alten Freunden zusammentat und nach einem missglückten Überfall im Gefängnis landete. Doch Harry war nicht wie die anderen »Loser« und Gescheiterten, die sich für den Islam nur deshalb interessierten, weil er ihnen Halt und Achtung gab und weil er ihren Hass auf die Gesellschaft in eine vermeintlich positive Richtung lenkte. Nein – Harry war aufgeweckt, er las und interessierte sich für theologische Fragen. Im Gefängnis traf er auf Renee Marc S. (*1980), einen bekannten deutschen Dschihadisten, der Kontakte zu al-Qaida hatte. Die beiden verabredeten sich täglich, verbrachten Zeit miteinander, unterhielten sich über den Islam. Harry war bis dahin einer moderaten Interpretation gefolgt, doch Renee Marc erklärte ihm, nichts davon sei richtig. Er gab ihm salafistische Bücher, die Harry in den langen Stunden in seiner Zelle verschlang. Für Harry war das eine Offenbarung: »[Die Bücher erklärten] sehr viel über den Islam. Aber ganz kurz und knapp. Aus dem Koran und aus der Sunna, also aus dem Leben des Propheten und von den Gelehrten Und ich habe gedacht, krass, das wusste ich alles gar nicht. Ich habe kein Wissen sozusagen gehabt.«[2]

Mit Hilfe der Bücher und durch lange Gespräche mit Renee Marc S. erarbeitete sich Harry Schritt für Schritt die salafistische Glaubensdoktrin. Die Salafisten behaupten, sie würden die einzige unverfälschte Version des Islams praktizieren – streng orientiert daran, was im Koran und der Sunna steht, und damit genau so, wie der Islam vom Propheten Mohammed und seinen engsten Weggefährten gelebt wurde. Das wichtigste ihrer Prinzipien ist *tawheed*, der unbedingte Glaube an den einen Gott und die Ablehnung jeder anderen Autorität. Alle durch Menschen geschaffenen politischen Systeme – wie etwa Demokratie, Sozialismus oder Kapitalismus – sind ihrer Ansicht nach »Götzentum«, denn sie ersetzen Gottes Autorität durch eine weltliche. Ein zweites Konzept ist *takfir*, das Exkommunizieren von Muslimen, die sich Muslime nennen, aber die strengen Regeln des Salafismus nicht befolgen. Aus Sicht der Salafisten sind nur die Salafisten selbst – also nicht mehr als zwei bis drei Prozent aller Muslime weltweit – tatsächlich Muslime, der Rest Abtrünnige. Damit verbunden ist das Prinzip der »Loyalität und Lossagung« *al-wala wal bara*, das die Salafisten so deuten, dass Glaubensbrüder mit Liebe und Freundschaft behandelt werden und Nichtgläubige mit Feindschaft und Hass.[3] »Die [salafistische] Ideologie ist unglaublich einfach«, meint der amerikanische Islamwissenschaftler Bernard Haykel. »Du kannst sie an einem Nachmittag lernen.«[4]

Harry jedoch nahm sich Zeit. Er genoss die Lektüre, verlangte theologische Beweise, wenn er etwas nicht verstand, und grübelte über vermeintliche Widersprüche. Nach seiner Entlassung aus dem Gefängnis wurde er zum Dauergast beim Islamischen Kultur- und Familienverein (KUF), einer mittlerweile verbotenen Minimoschee in einem Bremer Gewerbegebiet. Die Salafisten dort galten selbst innerhalb der salafistischen Bewegung als extrem – und sie redeten ständig vom

Suchte nach theologischen Antworten und Rechtfertigungen: Harry S. aus Bremen

bewaffneten Kampf. Im Gegensatz zu den »quietistischen« Salafisten, die ihre Ziele mit friedlichen Mitteln verfolgen (siehe unten), ging es beim KUF um Dschihad.

Für Harry, der sich bis dahin über Gewalt und Kämpfen wenig Gedanken gemacht hatte, war das eine Überraschung. Aber es dauerte nicht lange, bis ihn die Brüder auf ihre Seite gebracht hatten. Schwierig war das nicht, so Harry nach seinem Ausstieg, denn die Progression zum Dschihadismus war eine logische Konsequenz dessen, was er im Gefängnis gelernt hatte:

> Am Ende steht der Dschihad. Wenn du diese Ideologie verfolgst, kommst du am Ende zum Kampf. Das geht ja gar nicht anders Du hast den Hass gegen Andersgläubige. Hass gegen Christen. Hass gegen Juden. Hass gegen Jesiden. Hass gegen Schiiten (…). Du kannst nicht in Deutschland leben, weil, du bist ja (…) in einer Demokratie. Du kannst Demokratie nicht akzeptieren, weil du die Scharia akzeptieren musst. Und du kannst nicht mit Leuten leben, die gegen Allah [Krieg führen] (…). Der Dschihad, ob du willst oder nicht, er verpflichtet dich.[5]

Ebenso logisch und konsequent war aus Harrys Sicht auch der Weg zum Islamischen Staat. Dass es irgendwann einen islamischen Staat geben sollte, in dem Salafisten nach ihren Prinzipien leben können, war für ihn und die anderen Salafisten, mit denen er zu tun hatte, selbstverständlich. Doch war der Staat, der sich ab dem Frühjahr 2013 Islamischer Staat nannte, legitim? War es *der* Islamische Staat, auf den er und seine Glaubensbrüder gewartet hatten?

> Ich hab mir immer wieder Gedanken (…) gemacht über diese Sache. Ich habe mir Vorträge angehört. Meinungsverschiedenheiten von Gelehrten, was die über den Islamischen

> Staat sagen (…). Ich war total durch den Wind. War nicht mehr normal, war nicht mehr ansprechbar. Mein Kopf, Tag und Nacht habe ich gedacht: Ist es richtig, ist es falsch?[6]

Doch am Ende gelang es einem seiner Freunde, ihn zu überzeugen:

> [Mein Freund Adnan S.] hat Beweise erbracht, und wir dachten, vielleicht hat er recht (…). Die haben Versorgung für Muslime. Die Muslime leben in Ehre, jeder hat Essen, jeder hat Trinken. Das Kalifat ist da.[7]

Wenige Tage später machte sich Harry auf den Weg ins »gelobte Land«. Zusammen mit seinen Freunden aus dem Bremer KUF (mehr als zwanzig waren bereits gereist) wurde er zu einem der bekanntesten Deutschen im Islamischen Staat. In einem Propagandavideo, das kurz nach seiner Ankunft produziert wurde, schwenkte Harry die schwarze Fahne des Islamischen Staates, während seine Kameraden ein halbes Dutzend Gefangene erschossen.

Harrys Geschichte zeigt, dass Ideen – und Ideologie – nicht so unwichtig sind, wie viele Psychologen gern behaupten.[8] Terrorismus ist politisch motivierte Gewalt und kann nicht ohne politische Ideen erklärt werden. Ohne politischen oder religiösen Inhalt ist keinem klar, wer Feind und Freund ist, wofür gekämpft wird und warum sich das Kämpfen lohnt. Auch wenn nicht jeder Extremist ein Intellektueller ist, der Bücher liest und sich mit politischen Ideen auseinandersetzt, sind politische Ideen notwendig, um Radikalisierung zu begründen: Sie liefern die Rechtfertigung, Richtung und den Anstoß für politisches (und gewalttätiges) Handeln.

Doch wie ich in diesem Kapitel zeige, sind Ideen allein nicht genug. Sie existieren nicht in einem gesellschaftlichen Vakuum. Ob es eine Ideologie schafft, Anhänger zu mobilisieren, hängt letztlich davon ab, ob sie attraktiv präsentiert wird, persönliche und gesellschaftliche Konflikte plausibel artikuliert und glaubwürdige Botschafter hat.

Ideologie

Als Ideologe bezeichnet zu werden, ist in aller Regel kein Kompliment. Ideologien gelten als schwierig und komplex, ihre Anhänger als rigide und dogmatisch.

Dabei hat praktisch jeder, der politisch denkt, eine Reihe von Grundannahmen und Zielvorstellungen, die das eigene Handeln beeinflussen. Wie bewusst man sich dieser Annahmen ist und wie viel Zeit und Energie man darauf verwendet, sich mit ihren Grundlagen vertraut zu machen, kann sehr unterschiedlich sein. Nicht jeder, der sich Marxist nennt, hat die gesammelten Werke von Karl Marx gelesen. Doch selbst krude Slogans wie »Enteignet die Millionäre« oder »Ausländer raus« basieren auf einem Ideensystem – auf einer Weltanschauung, die das (politische) Denken und Handeln einer Person erklären.[9]

Alle derartigen politischen »Ideensysteme« funktionieren auf ähnliche Weise. Die erste Funktion ist *Diagnose:* Was ist das Problem, und wer ist daran schuld? Die zweite ist *Prognose:* Woraus besteht die Lösung? Die dritte ist *Motivation:* Warum soll ich mitmachen? Was ist meine Rolle?[10] Hieraus erklärt sich, weshalb Ideologien beim Verstehen von Radikalisierungsverläufen so wichtig sind: Sie reduzieren Komplexität, kanalisieren Frust, lenken diesen in eine politische Richtung, artikulieren eine Vision und liefern eine Handlungsanleitung.

Dschihadismus

Der Salafismus, wie er von Harry praktiziert wurde, ist im europäischen Kontext eine extremistische, nicht aber zwangsläufig eine gewalttätige Ideologie. Entgegen dem, was Harry behauptet, gibt es jede Menge Salafisten, die ihre (sehr strikte) Interpretation des Islams friedlich auslegen und sich weltlichen Herrschern unterordnen.[11] Doch daneben gibt es auch politische und oppositionelle Tendenzen. Diese kombinieren die harsche, salafistische Theologie, die die Schaffung einer »reinen«, am Vorbild der islamischen »Vorväter« orientierten Gesellschaft fordert, mit dem revolutionären politischen Islam (oder Islamismus) der ägyptischen Muslimbrüder – einer politischen Bewegung, die in der ersten Hälfte des 20. Jahrhunderts entstand, sich gegen westliche Einflüsse wehrt und einen Staat schaffen will, der nach der Scharia, dem islamischen Recht, regiert wird.[12]

Der Ausgangspunkt für die oppositionellen Salafisten und alle anderen Strömungen des politischen Islams ist, was der amerikanische Islamforscher Bernard Lewis als »Krise des Islams« bezeichnet: die Schwäche und das Zurückfallen der mehrheitlich muslimischen Welt hinter den Westen.[13] Am deutlichsten erkennbar wurde das zur Zeit des Kolonialismus im 19. und frühen 20. Jahrhundert, als Länder wie Frankreich und Großbritannien den Nahen Osten beherrschten und nach Gutsherrenart unter sich aufteilten. Dies sei nur deshalb möglich gewesen, so die Meinung vieler Islamisten, weil sich die Muslime vom Islam abgewandt hätten und weil der Islam im Laufe der Zeit verwässert und korrumpiert worden sei. Die Muslime, so das vernichtende Urteil, seien zu zweitklassigen Kopien ihrer westlichen Kolonialherren geworden.[14]

Die Schuldigen waren schnell benannt: zum einen die westlichen »Kreuzzügler« (und, seit der Gründung Israels, die »Zionisten«), deren Absicht es sei, die Muslime zu unterdrücken und eine Rückkehr des Islams zu verhindern; zum anderen die Muslime selbst, die vom wahren Glauben abgefallen seien und sich von den Reizen des Westens hätten verführen lassen.

Hieraus folgte das politische Programm: Westliche Einflüsse müssten zurückgedrängt, die Spaltung der Muslime überwunden und die Korruption und Verwässerung des Islams beendet werden. »Islam ist die Lösung«, so das Motto der Muslimbrüder. Für die revolutionären Salafisten, die in den 1970er Jahren an Einfluss gewannen, bedeutete das: Kampf gegen Amerika, Israel und den Westen insgesamt sowie gegen »falsche« Muslime, »Abtrünnige« und autoritäre Herrscher in Ländern wie Ägypten und Syrien. Ultimatives Ziel war – und ist – die »Wiederherstellung« eines vereinten islamischen Weltreichs, des Kalifats, in dem einzig und allein nach islamischen – das heißt: salafistischen – Regeln regiert wird.[15]

Was die Dschihadisten von anderen Salafisten unterscheidet, ist nicht die Diagnose des Problems oder die Vision eines Kalifats, sondern sind die (gewaltsamen) Mittel, die zu seiner Durchsetzung verwendet werden. Im Gegensatz zur großen Mehrheit der Muslime erlauben die Dschihadisten keine andere Interpretation des Dschihad-Begriffs als den bewaffneten Kampf und argumentieren, dieser sei für alle Männer verpflichtend, solange sich »die Muslime« im Kriegszustand mit ihren westlichen und inner-muslimischen Feinden befänden. »Motivation« besteht für die Dschihadisten aus der Aufforderung, einer religiösen Pflicht nachzukommen, die ihrer Meinung nach ebenso wichtig ist wie das tägliche Gebet oder die Wallfahrt nach Mekka.[16] Einfach ausgedrückt: Wer nicht kämpft, kommt nicht in den Himmel.

Counter-Jihad

Die Ideologie des *Counter-Jihad*, die von rechten Protestbewegungen (zum Beispiel die deutsche PEGIDA), populistischen Parteien und Terroristen wie Anders Breivik (siehe Kapitel 2) vertreten wird, ähnelt dem Dschihadismus nicht nur strukturell, sondern ist sein Spiegelbild. Ihr argumentativer Ausgangspunkt ist nicht die Dominanz des Westens, sondern seine vermutliche Schwäche – vor allem gegenüber dem Islam, der kulturell, politisch und, nicht zuletzt, demographisch auf dem Vormarsch sei. Genauso wie die Dschihadisten verstehen die Anhänger des Counter-Jihad ihre Gegner als einheitlichen Block. Alle Mittel würden eingesetzt, um den Westen zurückzudrängen, seine Werte zu zerstören und sie durch islamische zu ersetzen. Dabei geht es nicht bloß um Terrorismus und Gewalt: Ebenso wichtig seien der rechtliche, politische und kulturelle »Dschihad« (die schrittweise Islamisierung westlicher Gesellschaften) sowie das »Austauschen« westlicher Bevölkerungen durch islamische, vor allem mittels Zuwanderung und einer höheren Geburtenrate. Selbst Dönerimbisse sind angeblich Teil der islamischen Verschwörung.[17]

Genauso wie bei den Dschihadisten gibt es für die Counter-Jihadisten einen äußeren und einen inneren Feind. Der äußere Feind ist der Islam, der keine Religion sei, sondern eine aggressive, allumfassende, totalitäre Ideologie. Beim inneren Feind handelt es sich um sogenannte kulturelle Marxisten und linke »Gutmenschen«, die – teils aus guter Absicht, teils aus Hass auf die eigene Gesellschaft – die Verwässerung der eigenen Werte betrieben. Für die Anhänger des Counter-Jihad gehören hierzu die gesamten Eliten westlicher Staaten: die Politiker der großen Parteien, die Mainstream-Presse, Universitätsprofessoren, Lehrer, Künstler und alle, die sich falscher

Toleranz und »politischer Korrektheit« verdächtig machen. Wie Breivik sind viele davon überzeugt, dass die muslimische Einwanderung eine vorsätzliche Strategie der Kulturmarxisten sei, um die eigene Gesellschaft zu zerstören.[18]

Auch wenn sich die Unterstützer des Counter-Jihad gern als Kämpfer für Menschenrechte, Demokratie und die Aufklärung darstellen, gehören sie ins rechte Spektrum. Doch es wäre falsch, sie generell als Neonazis oder klassische Rechtsradikale zu bezeichnen. Nicht alle sind Rassisten, und auch der Antisemitismus spielt beim Counter-Jihad keine so dominante Rolle wie bei den Neonazis. Die Vision, die sie propagieren, lässt sich am besten als »kultureller Nationalismus« beschreiben.[19] Ihre Utopie ist ein Europa, wie es vor fünfzig Jahren existiert hat: vor der 68er-Revolution, dem Aufstieg der linken und liberalen Eliten und dem Beginn der Einwanderung aus muslimischen Staaten. Auch wenn sich viele Anhänger als Christen beschreiben und die Symbole der Kreuzfahrer verwenden, ist der Counter-Jihad keine religiöse, sondern eine politische Doktrin. Breiviks Manifest forderte zwar lautstark ein christliches Europa, doch selbst religiös war er nie.[20]

Das motivierende Element ist ein angeblich drohender Bürgerkrieg, der unvermeidlich sei, wenn sich die Islamisierung Europas ungehindert fortsetze. Eine wichtige Rolle spielt hierbei die Demographie: Basierend auf völlig übertriebenen Annahmen prophezeien die Anhänger des Counter-Jihad, dass viele europäische Länder bereits in einer, spätestens in zwei Generationen mehrheitlich islamisch würden und dass es dann zu spät sei, den »kulturellen Genozid« Europas zu verhindern. Der Kampf gegen den Vormarsch des Islams sei dringend, ja existentiell, und jeder, dem seine Menschenrechte und europäische Identität etwas wert seien, müsse sich daran beteiligen.[21] Wenn nicht jetzt, wann dann?

Frames

Eine der wichtigsten Kritiken am Ideologiebegriff ist, er suggeriere, politische Ideen oder Ideensysteme seien statisch. Doch selbst die scheinbar rigidesten Ideologien, wie zum Beispiel der Salafismus, haben sich im Laufe der Zeit geändert – auch wenn ihre Anhänger oft behaupten, alles sei stets beim Alten geblieben. Genauso richtig ist der Einwand, dass Ideologien nur dann als Instrument der Radikalisierung funktionieren, wenn sie effektiv kommuniziert werden. Mit anderen Worten: Was entscheidet, ob eine Ideologie Anhänger findet, ist nicht ihr eigentlicher Inhalt, sondern die Art und Weise, wie dieser aufgenommen und interpretiert wird. Der amerikanische Soziologe Erving Goffman schuf hierfür Anfang der 1970er Jahre den Ausdruck *Frame* (wörtlich »Rahmen« oder, laut Goffmans Definition, »Interpretationsschema«). Er argumentierte, dass die genaue Wortstelle oder Wiedergabe eines ideologischen Textes unerheblich seien, solange nicht auch ihr Kontext, ihre Präsentation und Interpretation stimmig seien.[22] Für die meisten Forscher, die sich mit Radikalisierung beschäftigen, ist das Verstehen von Frames, ihrer praktischen Funktion und Verwendung, deshalb wichtiger als das Lesen der ideologischen Texte, auf die sie sich stützen.

Die dschihadistische Ideologie zum Beispiel hat sich seit Bin Ladens Zeiten wenig geändert, aber wurde immer neu und anders kommuniziert. Als Bin Laden seine Gruppe al-Qaida gegründet hatte und dabei war, sich international einen Namen zu machen, wusste er, dass es notwendig sein würde, seine Aktionen theologisch und ideologisch zu begründen. Bin Laden war selbst kein Gelehrter oder Intellektueller, doch er veröffentlichte zwei sogenannte Kriegserklärungen, mit denen er potentielle Anhänger davon überzeugen wollte, dass seine Art von Dschihad richtig und notwendig war und jeder junge Muslim die Pflicht hatte, ihn zu unterstützen. Das erste dieser Statements erschien im Sommer 1996 und nannte sich »Kriegserklärung an die Amerikaner, die das Land der zwei heiligen Orte besetzen«. Das Land, auf das sich Bin Laden bezog, war seine Heimat Saudi-Arabien und die »zwei heiligen Orte« waren Mekka und Medina. Auf dreißig langen Seiten erklärte er, weshalb die Amerikaner kein Recht hätten, in Saudi-Arabien Truppenstützpunkte zu unterhalten, und warum das saudische Königshaus, das dies erlaubt hätte, korrupt und unislamisch sei.[23] Die ideologische Botschaft war klar und konsistent: Der Westen führt einen Krieg gegen den Islam, und das saudische Königshaus ist nicht aufseiten der Muslime, sondern ein Komplize Amerikas; wer sich Muslim nennt und will, dass der Islam in all seinem Ruhm und seiner Stärke wiederaufersteht, muss gegen Amerika und seine Verbündeten kämpfen. Doch der Text war so langatmig und schlecht geschrieben, dass er selbst unter saudischen Oppositionellen, die mit Bin Laden sympathisierten, praktisch keine Beachtung fand. Außerhalb des Landes war das Interesse noch geringer: Eine einzige Zeitung erwähnte die Erklärung, und das mit nur wenigen Zeilen.[24] Für junge Europäer war das, was der Anführer al-Qaidas zu sagen hatte, völlig irrelevant.

Weniger als zwei Jahre später hatte Bin Laden seine Lektion gelernt. Die zweite Kriegserklärung, die er im Februar 1998 veröffentlichte, war nicht dreißig, sondern drei Seiten lang. Und obwohl sich Bin Laden nach wie vor für die Situation in seinem Heimatland interessierte, das Königshaus für korrupt hielt und die Präsenz amerikanischer Truppen als Demütigung empfand, war in dem zweiten Text hiervon kaum noch die Rede. Bin Laden hatte offensichtlich verstanden, dass er als Möchtegern-Anführer einer globalen Bewegung die Sorgen und Probleme eines globalen Publikums artikulieren musste.

Und so prangerte Bin Laden in der zweiten Erklärung nicht nur die Situation in Saudi-Arabien an, sondern auch die damaligen Sanktionen gegen den Irak, den Konflikt zwischen Israel und den Palästinensern, die Ausbeutung »muslimischer« Ressourcen durch den Westen und die vom Westen unterstützten Diktatoren in Ländern wie Ägypten.[25] Die ideologische Botschaft war genau dieselbe wie zwei Jahre zuvor: Der Westen führt einen Krieg gegen den Islam, und jeder Muslim hat die Pflicht, für seinen Glauben zu kämpfen. Aber die Präsentation, Verpackung und das *Framing* waren völlig anders: Zum ersten Mal war es Bin Laden gelungen, aus den verschiedenen Konflikten in der arabischen Welt ein weltumgreifendes Narrativ zu spinnen – und sich selbst als globalen, nicht bloß saudischen Anführer einer revolutionären Bewegung zu präsentieren. Von Europa war nach wie vor keine Rede, doch für europäische Muslime war Bin Ladens zweite Kriegserklärung zweifellos ansprechender als die erste.

Noch weiter entwickelt hatte sich al-Qaidas Framing gegen Ende der 2000er Jahre, als Bin Ladens Gruppe mit *Inspire* zum ersten Mal ein Online-Magazin in englischer Sprache veröffentlichte, das sich gezielt – und ausschließlich – an junge Europäer und Amerikaner richtete.[26] Jede Ausgabe enthielt zwei Dutzend Artikel, in denen es vor allem um Politik, Glaube und den bewaffneten Kampf ging. Hinzu kamen praktische Ratgeber und Anleitungen – etwa »Was du für den Dschihad packen musst« oder »Wie man eine Bombe in Mamas Küche baut«. Die Sprache war nicht abgehoben, sondern kumpelhaft, und die Gestaltung mit zahlreichen Fotos, Grafiken und Zitatboxen so aufwendig, dass *Inspire* von einem kommerziellen Magazin kaum zu unterscheiden war. Mehr noch: *Inspire* schaffte es, die Konflikte im Irak, in Afghanistan und anderswo mit den persönlichen Frustrationen junger Muslime im Westen zu verknüpfen und ihnen dadurch das Gefühl zu geben, sie alle seien Opfer derselben globalen Verschwörung. Verglichen mit Bin Ladens Kriegserklärungen war die Botschaft – der inhaltliche Kern – abermals identisch: Es ging nach wie vor um den Krieg des Westens gegen den Islam und die Pflicht, gegen Amerika und seine Verbündeten zu kämpfen. Doch mit *Inspire* bekam diese Botschaft einen westlichen Klang.

Resonanz

Ein weiteres Konzept, das erklärt, wie und unter welchen Umständen Ideologie zur Radikalisierung beiträgt, ist das der Resonanz. Keine Ideologie gewinnt Unterstützung, ohne dass sie Antworten auf die persönlichen und politischen Fragen gibt, die sich ihre Anhänger stellen. Heutzutage ist das wichtiger denn je, denn das Internet hat den »Markt« für politische Ideen revolutioniert. Niemals zuvor war es einfacher und günstiger, politische Ideen zu formulieren und sie zu verbreiten. Wer nach einer Ideologie sucht, findet auf YouTube oder Wikipedia das komplette Angebot: von extrem links bis extrem rechts, alle Schattierungen des religiösen Fundamentalismus, Feministen, Libertäre, Liberale, Ökologen und Esoteriker. Was entscheidet, welches dieser Ideensysteme sich »durchsetzt«, hängt nicht nur vom Framing ab. Selbst die obskursten Ideen haben Unterstützer, die gut kommunizieren können und wissen, wie man ein ansprechendes Video produziert. Um Resonanz zu erzeugen, muss eine Ideologie in sich stimmig und glaubwürdig sein, vor allem aber muss sie es schaffen, aus den Konflikten und Frustrationen ihrer potentiellen Anhänger Sinn zu erzeugen.[27]

Für Harry zum Beispiel war der Dschihadismus nicht bloß eine intellektuelle Faszination. Dass er zum Salafisten und Anhänger des Islamischen Staates wurde, hatte genauso viel mit seiner jeweiligen Lebenssituation zu tun und – mehr noch – mit dem Gleichklang zwischen seiner Situation und der salafistischen Ideologie. Als er zum ersten Mal mit dem Salafismus in Berührung kam, war er am Tiefpunkt seines Lebens angelangt – von der Mutter aus dem Haus geworfen, zurück in Bremen, aber ohne jegliche Aussicht und Perspektive:

> Ich habe mich gehen lassen, ich habe mich nicht mehr um mich selber gekümmert, habe mich nicht um Arbeit gekümmert, habe auch wenig mit meiner Familie am Hut gehabt, ich habe zugenommen, ich war einfach ein Wrack (…). Bin feiern gegangen, habe angefangen, wieder zu trinken.[28]

Harry war so unzufrieden mit seinem Leben, dass er die Gefängnisstrafe nicht als Bestrafung, sondern als Chance begriff:

> Ich habe irgendwann dann gedacht, ja vielleicht ist [das] gut so. Da gehe ich lieber ein Jahr rein, vielleicht kommst du dann zur Vernunft, vielleicht ändert sich was in dir, und du kommst wieder zur Besinnung und versuchst noch mal, dein Leben in gerade Bahnen zu leiten.[29]

Der Salafismus, den er im Gefängnis kennenlernte, gab ihm, was er am meisten brauchte: Orientierung, Struktur und eine klare Ordnung. Zum ersten Mal hatte er das Gefühl, sein Leben habe Sinn und Bedeutung. Die Ideologie, die er so enthusiastisch annahm, lieferte konkrete Antworten auf die Fragen und Probleme, die sich ihm stellten. Kurzum: Sie erzeugte Resonanz.

Auch die spätere Entscheidung, zum Auslandskämpfer zu werden, fiel nicht im Vakuum. Harry galt bereits vor seiner Ausreise als »Gefährder« und war den Sicherheitsbehörden bekannt. Nach den Anschlägen auf die Satirezeitschrift *Char-*

lie Hebdo im Januar 2015 nahm ihn die Polizei noch stärker ins Visier. Innerhalb weniger Wochen wurde Harry mehrmals gestoppt und musste seinen Reisepass abgeben: »Meine Frau hat nur gesagt: krass. Die denken, du bist der heftigste Terrorist der Muslime.«[30] Nach einer Hausdurchsuchung platzte ihm der Kragen:

> Ich bin fast explodiert. Habe ich gesagt, Junge, was soll ich noch machen, mein Leben ist zerstört. Ich kann hier nicht mehr leben. Das hat keinen Sinn mehr. Ich kann nicht weggehen, ich darf nicht ausreisen, ich bin gefangen. Was soll ich mit meiner Frau machen, meine arme Frau. Was für ein Leben kann ich ihr bieten?[31]

Die Ausreise ins Kalifat, die der Islamische Staat von seinen Anhängern gefordert hatte, war die Lösung: »Die Antwort ist klar (…). Wir Muslime gehören zum Islamischen Staat.«[32] Genauso wie drei Jahre zuvor, als er im Gefängnis zum Salafismus konvertierte, war es nicht die Ideologie allein, sondern der Gleichklang zwischen Idee und persönlicher Lebenssituation, der ihn dazu brachte, die Verpflichtung zum Dschihad zu akzeptieren.

Limits

Der Prozess, durch den sich Menschen politische Ideen zu eigen machen, ist fast überall ähnlich: Alle Ideologien und Ideensysteme enthalten diagnostische, prognostische und motivierende Elemente, die so kommuniziert werden müssen, dass sie von potentiellen Anhängern als plausibel, glaubwürdig und für die eigene Situation relevant begriffen werden. Die Dynamiken und Konzepte, die ich in diesem Kapitel beschrieben habe, unterscheiden sich von anderen Formen der Ideen- und Ideologievermittlung durch ihren Inhalt, nicht aber durch ihre Logik. Ebenso wie Frust und Drang sind politische Ideen – und der Prozess, durch den sie kommuniziert und angenommen werden – »gewöhnlich«.

Dass politische Ideen erforderlich sind, um Frust und Drang in politischen Extremismus zu verwandeln, bezweifeln nur wenige. Doch der Grad der Politisierung, der notwendig ist, damit eine Person zum Extremisten wird, ist umstritten. Während zum Beispiel der amerikanische Wissenschaftler Daveed Gartenstein-Ross argumentiert, die Bedeutung von Ideologie und politischen Ideen in Radikalisierungsverläufen werde häufig unterschätzt, behaupten seine Kollegen John Horgan und Marc Sageman, dass sich die meisten Extremisten erst im Nachhinein um eine ideologische Rechtfertigung bemühten und dass politische Ideen bei der eigentlichen Radikalisierung praktisch keine Bedeutung hätten.[33]

Nach den Anschlägen in Paris im November 2015 gab es in Frankreich eine ähnliche Debatte. Die zwei Protagonisten waren der Arabist Gilles Kepel und der Politikwissenschaftler Olivier Roy, die sich beide seit Jahrzehnten mit den Themen Islamismus und Dschihadismus beschäftigen. Kepels Position war, dass es sich beim Islamischen Staat um ein politisches und religiöses Phänomen handle und dass politische und religiöse Ideen bei der Radikalisierung seiner Anhänger eine wichtige Rolle spielten.[34] Aus Roys Perspektive war es genau andersherum: Nicht der Dschihadismus habe sich radikalisiert, sondern der Radikalismus dschihadisiert. Was er damit meinte, war, dass es in offenen Gesellschaften in jeder Generation eine radikale Bewegung gibt, der sich junge Menschen auf der Suche nach Sinn, Bedeutung und einer Möglichkeit, sich gegen die Eltern und gegen bestehende Strukturen aufzulehnen, anschließen. Genauso wie die 68er sei der Dschihadismus nicht bloß eine politische Bewegung, sondern vor allem eine Jugendbewegung, die die Frustrationen und den Drang der aktuellen Generation in ein politisches Projekt lenke.

Gäbe es den Dschihadismus nicht, so Roy, würden wir uns wahrscheinlich über eine andere Ideologie den Kopf zerbrechen. Mehr noch: Wären die derzeitigen Extremisten statt heute in den 1960er oder 1970er Jahren aufgewachsen, wären sie vermutlich nicht zu Dschihadisten, sondern zu Kommunisten geworden. Mit anderen Worten: Nach Roy sind die politischen Ideen, die die jungen Kämpfer in Rakka oder Mosul artikulieren, zum Zeitpunkt ihrer Radikalisierung austauschbar.[35]

Welcher der beiden Wissenschaftler recht hat, wird sich empirisch niemals eindeutig klären lassen, denn in jeder politischen Bewegung gibt es Leute, die mehr an politischen Ideen interessiert sind als andere. Jeder Soziologe weiß, dass es verschiedene – und völlig unterschiedliche – Gründe dafür gibt, sich einer politischen Bewegung anzuschließen, und dass nicht jeder Anhänger »ideologisch« oder »intellektuell« orientiert ist. Das heißt nicht, dass solche Bewegungen insgesamt »unpolitisch« sind, keine politischen Ziele verfolgen oder dass Ideologie bei der politischen Sozialisierung keine Rolle spielt. Im Gegenteil: Diejenigen, die sich für politische Ideen interessieren, beeinflussen häufig die Meinungen und Einstellungen derer, die es weniger tun.[36] Und dies wiederum bedeutet, dass Ideen- und Ideologievermittlung eine soziale Dimension besitzen, die in wissenschaftlichen Debatten – wie zum Beispiel in der zwischen Kepel und Roy – oftmals untergeht.

Quintan Wiktorowicz, der amerikanische Soziologe, der die Idee der kognitiven Öffnung formulierte (siehe Kapitel 2), ist einer der wenigen Radikalisierungsforscher, die den starken Zusammenhang zwischen Botschaft und Botschafter betont haben. Während seiner Feldforschung bei der dschihadistischen Gruppe al-Muhajiroun in London hatte er beobachtet, dass deren Anhänger eher dazu bereit waren, eine neue politische oder religiöse Idee zu akzeptieren, wenn sie von Omar Bakri, dem Anführer der Gruppe, artikuliert wurde. Es machte praktisch keinen Unterschied, was die Botschaft beinhaltete und wie clever und ansprechend sie kommuniziert wurde. Worauf es ankam, so Wiktorowicz, war die Glaubwürdigkeit Bakris.[37] Laut Wiktorowicz kann die Wirkung von Ideen deshalb niemals isoliert oder auf sich allein gestellt beurteilt werden: Zu jeder Ideologie gehört ein Ideologe, und beim Prozess der Radikalisierung sind Leute genauso wichtig wie der Inhalt der Ideen, die sie kommunizieren. Welchen Einfluss soziale Prozesse haben, ist das Thema des nächsten Kapitels.

5

Leute

Als mein Forschungsteam Anfang 2013 damit anfing, sich für syrische Auslandskämpfer zu interessieren, fiel uns schnell auf, wie ungleich die bereits bekannten Fälle verteilt waren. In praktisch allen europäischen Ländern, aus denen Auslandskämpfer gemeldet wurden, kamen diese aus wenigen, relativ kleinen Orten, die im Zusammenhang mit Dschihadismus und dem islamistischen Terror noch nie in Erscheinung getreten waren. In Belgien, dem europäischen Land mit der im Vergleich höchsten Anzahl von Auslandskämpfern, rekrutierte sich die erste »Welle« aus nur drei Städten. Fast dreißig kamen allein aus Vilvoorde, einem Vorort von Brüssel mit 40 000 Einwohnern. Dasselbe Bild in Großbritannien: Dutzende von Kämpfern stammten aus Portsmouth, Cardiff und Brighton, aber nur wenige aus größeren Städten wie Birmingham oder Bradford. In Deutschland gerieten Orte wie Solingen und Dinslaken in die Schlagzeilen, vor allem aber Wolfsburg, eine mittelgroße Stadt in Niedersachsen, die bis dahin vor allem wegen Volkswagen und ihres Fußballvereins bekannt war. Hier gab es keine Gettos, keine nennenswerten Spannungen, keine Verarmung. Doch hier war »Deutschlands größte ISIS-Zelle« zu Hause: insgesamt 25 junge Männer, die – einer nach dem anderen – nach Syrien reisten, um sich dem Islamischen Staat anzuschließen.[1] Wie kam es dazu?

Dank journalistischer Recherchen und einem Gerichtsprozess, bei dem mehrere der zurückgekehrten Kämpfer verurteilt wurden, ist das Entstehen der »Wolfsburger Zelle« relativ gut dokumentiert. Einer der Angeklagten, der 28-jährige Ebrahim B. (*1988), ein untersetzter und nahezu glatzköpfiger Sohn tunesischer Einwanderer, war der erste deutsche Syrienkämpfer, der nach seiner Rückkehr ein ausführliches Fernsehinterview gab. Seine Geschichte ist typisch für viele der Mitläufer, deren Motivation nicht religiös oder politisch war, sondern sozial. Aus Ebrahims Sicht ging es vor allem darum, Teil der Gruppe zu sein: Heimat war für ihn dort, wo seine Kumpels waren – und das bedeutete, in letzter Konsequenz, dass er ihnen bis nach Syrien folgte.

Ebrahim war keiner der typischen »Loser« oder »Taugenichtse«, die in die Fänge des Islamischen Staates geraten, weil ihnen der Salafismus Halt, Struktur und Ordnung gibt. Er hatte einen sicheren Job bei einem Autozulieferer, ein regelmäßiges Einkommen, eine eigene Wohnung und wollte sich noch wenige Monate vor seiner Ausreise mit einer Frau aus Wolfsburg verheiraten.[2] Doch Mitte des Jahres 2014 tauchte in Wolfsburg ein salafistischer Prediger auf, der Ebrahims Freunde in seinen Bann zog. Der Mann, der von seinen Anhängern »wissender Bruder«[3] genannt wurde, stellte seinen Zuhörern Fragen über Leben und Tod, erzählte vom Leiden der Muslime in Syrien und erinnerte sie an ihre Pflicht, ihre Glaubensbrüder zu verteidigen. Die Einstellung von Ebrahims Freunden änderte sich dramatisch. Innerhalb kurzer Zeit wurden viele zu Salafisten, beteten fünfmal am Tag und trafen sich allabendlich in einem Café, wo sie über Politik und Religion diskutierten und sich gemeinsam die neuesten Videos aus Syrien anschauten.[4]

Auch für Ebrahim, der noch nie in seinem Leben religiös gewesen war, wurde der Islam wichtiger. Doch anders als bei seinen Kameraden war die Konversion zum Salafismus oberflächlich. Was zählte, war die Gruppe:

> Das waren nicht irgendwelche fremde Leute, die waren alte Schulkameraden, alte Freunde. [Früher] war die Mode, dass jeder einen Boxerschnitt und Bushido auf dem Handy hatte. Wenn du das gemacht hast, dann gehörtest du dazu. Und 2014 war es dann so, dass man auf Bart machte, sich anders anzog, auf irgendwelche Veranstaltungen ging. Dann gehörtest du zur Gruppe. Genau so war das.[5]

Was ihn davon überzeugte, nach Syrien zu gehen, waren die Versprechungen des »wissenden Bruders« (»Wer möchte keine vier Frauen haben?«) und die Tatsache, dass mehrere seiner Freunde bereits gegangen waren. Ebrahim hatte ein schlechtes Gewissen, denn er war nach wie vor in Wolfsburg, »mit voller Heizung [und vollem] Bauch«, während seine Freunde in Syrien ihr Leben für die vermeintlich gute Sache riskierten. »Wenn du unser Bruder bist, wenn du zu uns gehörst, musst du mitkommen«, so der »wissende Bruder«, der ihn fast täglich bearbeitete.[6] Am Ende tat Ebrahim das, was seine Freunde von ihm erwarteten: Er packte seine Sachen und machte sich auf den Weg nach Syrien.

Es ist schwer vorstellbar, dass sich Ebrahim ohne den Einfluss seiner Freunde oder des »wissenden Bruders« ähnlich entschieden hätte. Er war nicht frustriert, verspürte weder Drang, noch hatte er Interesse an Politik oder Religion. Seine Radikalisierung war vor allem Ergebnis der Leute, mit denen er sich umgab.

Diese Beobachtung ist weder Entschuldigung noch Rechtfertigung: Sie basiert auf der grundlegenden Einsicht, dass sich unser Verhalten daran orientiert, wen wir kennen und was andere von uns denken und erwarten. Bereits in den

1980er Jahren fand die Soziologin Donatella della Porta heraus, dass sich linke italienische Terroristen, die in der öffentlichen Wahrnehmung als hochideologisch galten, häufig aus Freundes- und Bekanntenkreisen rekrutierten und dass die enge persönliche Verbindung zu einem Mitglied eine bessere Erklärung dafür war, weshalb sich eine Person der Gruppe anschloss, als deren politische Einstellung.[7] Mehr noch: Lange vor della Porta hatte der amerikanische Soziologe Douglas McAdam am Beispiel der schwarzen Bürgerrechtsbewegung in den 1960er Jahren gezeigt, dass gefährliche und/oder illegale Aktionen – sogenannter Hochrisiko-Aktivismus – viele solcher persönlichen Verbindungen erforderten: Je gefährlicher die Tat, desto wichtiger die Gruppe.[8] Kein Wunder, dass sich in den dschihadistischen Netzwerken so viele Brüder, Cousins und enge Freunde tummelten.

In diesem Kapitel versuche ich, die soziale Dimension der Radikalisierung zu erklären. Menschen, die uns wichtig sind, beeinflussen, was wir denken und wie wir handeln – im Positiven durch Liebe, Verpflichtung und Attraktion; im Negativen durch Zwang, Furcht und Druck. Auch wenn ein Kapitel nicht ausreicht, um all diese Phänomene und Prozesse angemessen zu beschreiben, sind mir drei hiervon wichtig: die Netzwerke und Gegenkulturen, aus denen extremistische und terroristische Gruppen ihre Mitglieder rekrutieren; die Kleingruppen und Cliquen, in denen sich Zusammenhalt und der Wille zum Handeln bilden; und die charismatischen Anführer, die neue Unterstützer an sich binden und die Autorität besitzen, um gewalttätige Aktionen religiös und ideologisch zu legitimieren. Wie alle anderen Bausteine sind soziale Prozesse keine vollständige oder hinreichende Erklärung dafür, dass Menschen zu Extremisten werden. Doch fast überall spielen sie eine wichtige Rolle.

Gegenkulturen

Terroristische Gruppen entstehen nicht im Vakuum, sondern sind stets mit politischen und sozialen Bewegungen verbunden. Fast immer manifestieren sich diese in sogenannten Gegenkulturen (*countercultures*), deren Mitglieder sich als Opposition zum Mainstream definieren, den gesellschaftlichen Status quo ablehnen und für eine neue Ordnung eintreten.[9] Solche Gegenkulturen – die von Forschern auch als »Szenen« oder »radikale Milieus« bezeichnet werden[10] – bestehen aus einer Vielzahl von Akteuren und Organisationen. Sie haben keinen Anführer, keine strikte Hierarchie und kein einheitliches Programm. Es gibt zwar gemeinsame Prinzipien, aber genauso viele Differenzen – nicht zuletzt, wenn es darum geht, mit welchen Mitteln das bestehende System zu verändern sei. Genauso wichtig ist der kulturelle Aspekt, denn Gegenkulturen sind nicht nur politische Bewegungen, sondern kulturelle Ökosysteme – mit eigener Sprache, Ritualen, Musik, Cafés, Buchläden, Webseiten und Kleidung.[11]

Zwischen terroristischen Gruppen und ihrer jeweiligen Gegenkultur besteht ein enges, aber oft kompliziertes Verhältnis. Auf der einen Seite sind Terroristen lediglich der militanteste Ausdruck einer Gegenkultur und unterscheiden sich von ihren »Brüdern«, »Kameraden« oder »Genossen« nicht primär ideologisch, sondern vor allem durch die Wahl ihrer Mittel. Ein Dschihadist ist nach wie vor Salafist und ein gewalttätiger Neonazi nicht unbedingt weniger ausländerfeindlich oder rassistischer als einer, der sich aufs Demonstrieren beschränkt. Doch andererseits ist die Wahl gewaltsamer und/oder terroristischer Mittel eine so dramatische Entscheidung, dass sie innerhalb einer Gegenkultur zu Brüchen führen kann: Während sich einige distanzieren und terroristische Aktionen verurteilen, zeigen sich andere solidarisch und gewähren ihren militanten Kameraden Unterstützung und Unterschlupf.[12]

Für Polizei und Nachrichtendienste ist die Existenz von Gegenkulturen und ihr enges (wenn auch ambivalentes) Verhältnis zu politisch motivierten Gewalttätern ein zweischneidiges Schwert. Es macht das Finden und Identifizieren von Terroristen leichter, denn praktisch alle, die später gewalttätig werden, waren vorher Teil einer Gegenkultur, haben sich dort sozialisiert und sind über persönliche Netzwerke und Verbindungen (im Polizeijargon: Kennverhältnisse) in den Terrorismus gelangt.[13] Wenn terroristische Gruppen neue Mitglieder rekrutieren, dann häufig (und zuallererst) aus ihrer jeweiligen Gegenkultur, denn dort finden sie Leute, die von ihrer Sache überzeugt sind und zahlreiche, oftmals persönliche Verbindungen zu ihnen haben.[14] Auf der anderen Seite sind auch innerhalb der radikalsten Gegenkultur nicht alle Mitglieder für Gewalt oder Terrorismus ansprechbar, und wer gegen friedfertige Teile einer Gegenkultur mit zu harschen Mitteln vorgeht, riskiert ihre Radikalisierung und treibt den Terroristen dadurch neue Unterstützer in die Arme (siehe nächstes Kapitel).

Die Studentenbewegung

Die Terroristen der sogenannten Neuen Linken, die in Westeuropa und Nordamerika in den 1970er und 1980er Jahren Anschläge verübten, kamen aus der Studentenbewegung der 1960er Jahre, einer klassischen Gegenkultur, die politische und kulturelle Elemente miteinander verband. Wie andere Gegenkulturen wurzelte sie in der Auflehnung gegen die Elterngeneration, althergebrachte Normen, Zwänge und Hierarchien. Den sogenannten Hippies ging es um Freiheit und Selbstbestimmung, das Experimentieren mit neuen Formen des Zusammenlebens, Musik, Drogen und der eigenen Sexualität (»*Sex, drugs and Rock 'n' Roll*«). Dazu kamen politische Themen: der Vietnamkrieg und die Rassentrennung in den Vereinigten Staaten, die unbewältigte Nazivergangenheit in Deutschland und praktisch überall der Kampf gegen »Imperialismus« und die Ausbeutung der »Dritten Welt«. Als im Mai 1968 in Paris mehr als eine Million Menschen auf die Straßen gingen, erreichte die Bewegung ihren Höhepunkt. Doch die erhoffte Revolution blieb aus.

Im Laufe der 1970er Jahre fiel die Bewegung auseinander. Während die Mehrheit den »langen Marsch durch die Institutionen« antrat, entschied sich eine Minderheit für den bewaffneten Kampf. Das Ergebnis waren terroristische Gruppen wie die Rote Armee Fraktion (RAF) in Deutschland, die Roten Brigaden in Italien oder die *Weathermen* in den Vereinigten Staaten. Für diejenigen, die nach wie vor zur Szene gehörten, war das ein Dilemma, denn viele sympathisierten mit den Zielen der Terroristen und wussten genau, wer sie waren und woher sie kamen, aber hielten ihre Strategie für falsch und kontraproduktiv.

Zu ihnen gehörte zum Beispiel der spätere deutsche Außenminister Joschka Fischer (*1948), der sich Ende der 1960er Jahre der Studentenbewegung anschloss, obwohl er keinen Schulabschluss besaß und deshalb nie an einer Universität eingeschrieben war. Aber Fischer war clever, dynamisch und rhetorisch brillant und stieg innerhalb kurzer Zeit zu einer wichtigen Figur innerhalb der Frankfurter Szene auf. Er sprach bei unzähligen Demonstrationen, organisierte Sit-ins und arbeitete in einem linken Buchladen. Das meiste, an dem Fischer sich beteiligte, war legal, doch als Teil einer sogenannten Spontigruppe kam es auch zu illegalen und gewalttätigen Aktionen. Fischer warf Molotowcocktails und beteiligte sich an Straßenschlachten. Ein Foto aus dem Jahr 1973 zeigt ihn beim Verprügeln eines Polizisten.[15]

Mit der RAF hatte Fischer nichts zu tun. Er wollte niemals in den »Untergrund« und hielt den Terrorismus für eine falsche Strategie. Doch das bedeutet nicht, dass er nicht verstand, was die linken Terroristen motivierte, wer sie waren, dass er ihre Ziele ablehnte oder ihnen die Freundschaft verweigerte. In einer Ansprache aus dem Jahr 1976 brachte er das ambivalente Verhältnis der linken Szene zum linken Terrorismus auf den Punkt: »Wir können uns nicht einfach von den Genossen der Stadtguerilla distanzieren, weil wir uns dann von uns selbst distanzieren müssten.«[16]

Londonistan

Ähnlich, wenn auch unter anderen Vorzeichen, funktionierte die salafistische Szene, die während der 1990er Jahre in London entstand. Eine Reihe von Salafisten, die in ihren Heimatländern im Nahen Osten und Nordafrika politisch verfolgt wurden, bekamen damals in Großbritannien Asyl und begannen damit, auch in Europa für ihre Auffassungen zu werben. Der Salafismus, der bis dahin in Großbritannien nahezu unbekannt war, verbreitete sich schnell und gewann vor allem in London viele Anhänger. Omar Bakri, der in anderen Kapiteln bereits erwähnt wurde, war einer der Ersten, der sich auf junge britische Muslime aus der »zweiten Generation« konzentrierte – also die Kinder derjenigen, die in den 1950er und 1960er Jahren als Gastarbeiter nach Europa gekommen waren. Noch erfolgreicher war Abu Hamza (*1958), ein ungepflegt wirkender Ägypter, der in Afghanistan gekämpft und bei einer Explosion beide Arme verloren hatte. Im Jahr 1997 putschte er sich an die Spitze der Finsbury-Park-Moschee im Norden von London, wohin fortan jede Woche mehr als tausend seiner Anhänger zum Beten kamen. Hamzas Ansprachen waren plump und aggressiv, verherrlichten Gewalt und riefen offen

Forderte von seinen Anhängern Opfer: der Londoner Imam Abu Hamza

zum Dschihad auf. Seine Kernbotschaft: »Es ist an der Zeit, dass ihr Opfer bringt.«[17]

Zwischen Dschihadisten wie Hamza und der Mehrheit der quietistisch und politisch orientierten Salafisten gab es heftige Auseinandersetzungen – nicht zuletzt, weil Hamzas Auftreten von vielen als schädlich und abschreckend empfunden wurde. Doch die Trennungslinie war nicht so deutlich, wie es schien. Egal welche Strömung, die Salafisten praktizierten alle dieselbe rigide Interpretation ihres Glaubens, folgten denselben Kleidungsvorschriften, lehnten Musik ab, trafen sich bei Sammlungen und Hilfsveranstaltungen und sprachen den gleichen salafistischen Slang, der englische und arabische Wörter miteinander vermischt. Ähnlich wie heutzutage in Deutschland existierte ein dichtes Netz aus salafistischen Vereinen und Organisationen, die die verschiedenen Strömungen über gemeinsame Interessen oder Bedürfnisse – etwa Halal-Fleisch oder islamisch korrekte Kleidung – zusammenbrachten.[18] Es gab zwar Meinungsverschiedenheiten, aber genauso häufig beteuerte man sich Liebe und Freundschaft. Während des Bosnienkriegs Mitte der 1990er Jahre kam es zum Schulterschluss: Salafisten aller Strömungen bildeten eine einheitliche Front, denn jeder war geschockt vom Leiden der bosnischen Muslime und wollte helfen – die einen mit Geld und Kleidung, die anderen mit Kalaschnikows und dem eigenen Körper.[19]

Dass Hamza in der Finsbury-Park-Moschee jahrelang sein Unwesen treiben konnte, hatte vor allem damit zu tun, dass er sich hinter der salafistischen Gegenkultur versteckte, die von ausländischen Geheimdiensten »Londonistan« getauft wurde.[20] Die britischen Behörden hatten panische Angst davor, dass repressive Aktionen als islamfeindlich interpretiert und die Dschihadisten dadurch noch stärker würden. Dies führte zu einem genauso schweren Fehler, nämlich gar nichts zu tun. Es dauerte sieben Jahre, bis sich der damalige britische Innenminister dazu durchringen konnte, die Moschee zu schließen. Bei der anschließenden Durchsuchung fand die Polizei nicht nur falsche Pässe und Dutzende von Empfehlungsschreiben, mit denen Hamza ausgewählte Anhänger nach Afghanistan geschickt hatte, sondern auch Waffen.[21] Im Schatten der Gegenkultur war – mitten in Europa – ein terroristisches Trainingslager entstanden.

Cliquen

Wann immer die Polizei mutmaßliche Terroristen festnimmt, ist in der Berichterstattung von »Zellen« – kleinen Gruppen mit vier, sechs oder zehn Mitgliedern – die Rede. Der Begriff suggeriert, dass hier eine Art »Team« oder militärisches »Kommando« zusammengestellt wurde, um einen bestimmten Auftrag auszuführen. Was dabei untergeht, ist, dass solche Kleingruppen in den meisten Fällen bereits lange vor ihrer Verwicklung in einen Anschlagsplan existierten und sich ihre Mitglieder oft seit Jahren kannten. Häufig sind solche vermeintlichen Kommandos in Wirklichkeit enge Freundschaftsgruppen oder Cliquen – ein Phänomen, das Terrorismusforschern seit Jahrzehnten bekannt ist.

Wie zu Anfang des Kapitels erwähnt, entdeckte Donatella della Porta in den 1980er Jahren, wie wichtig Freundschaftsverhältnisse bei der Rekrutierung in den Terrorismus sind. Von den mehr als 1200 italienischen Linksterroristen, deren Lebensläufe sie untersuchte, hatten mehr als zwei Drittel vor ihrem Beitritt mindestens Kontakt mit einer Person, die bereits Mitglied der Roten Brigaden oder ähnlicher Gruppen war. Bei über 40 Prozent waren es sogar sieben oder mehr Kontakte. Diese Verbindungen, so della Porta, waren in vielen Fällen sehr eng: Bei einem Viertel waren es nicht Freundschafts-, sondern Verwandtschaftsverhältnisse, meist Geschwister oder Ehepartner, über die eine Person in den Terrorismus »sozialisiert« wurde. Vertrauen und gegenseitige Zuneigung, so ihre Schlussfolgerung, seien beim Beitritt zu einer terroristischen Organisation genauso wichtig wie deren politische Orientierung. Häufig, so della Porta, war »die Motivation (…) die Zustimmung und/oder Anerkennung durch eine Freundesgruppe«.[22]

Der Amerikaner Marc Sageman ging noch einen Schritt weiter: Er hielt Cliquen für so bedeutend, dass er sie zum Dreh- und Angelpunkt seiner gesamten Radikalisierungstheorie machte. Aus Sicht der Clique, so Sageman, sei die treibende Kraft hinter dem Radikalisierungsprozess nicht der Hass auf Außenstehende, sondern die immer stärker werdende »Loyalität, Hingabe, Aufopferung und Intimität« der Freunde füreinander. Dies erkläre, weshalb Mitglieder bereit seien, Dinge zu tun, die gefährlich seien oder den eigenen, egoistischen Interessen zuwiderliefen – im Extremfall: das eigene Leben zu opfern. »Die Begründung [dafür, dass sich Menschen in die Luft sprengen]«, so Sageman, »ist die Liebe zur Gruppe, nicht der Hass auf andere.«[23] Ebenso wie bei religiösen Sekten beinhaltet die Bildung von Cliquen laut Sageman einen Prozess der sozialen Abschottung. Nach Sageman wird die Clique Schritt für Schritt zur einzigen Quelle sozialer Identität (siehe Kapitel 3), die Beziehungen zu alten Freunden, Kollegen oder Verwandten würden gekappt, und am Ende existieren keinerlei »mäßigenden Einflüsse« mehr, die die »Radikalisierungsspirale« stoppen könnten. Wenn Mitglieder der Clique zu diesem Zeitpunkt in der Lage seien, sich an ein Terrornetzwerk anzudocken, zum Beispiel durch Kontakte in der Gegenkultur, stehe ihrer »Aktivierung« nichts mehr im Wege: Aus einem harmlosen »Haufen Kerle« würde so innerhalb kurzer Zeit eine gefährliche Terrorzelle.[24]

Die Hamburger Terrorzelle

Das wohl bedeutendste Beispiel ist die sogenannte Hamburger Terrorzelle, aus der mehrere der Attentäter vom 11. September 2001 hervorgingen. Die »Zelle« bestand aus acht jungen Arabern, die im Laufe der späten 1990er Jahre in Hamburg lebten. Ihr wichtigstes Mitglied war Mohammed Atta, der ägyptische Stadtplaner und Anführer der Hijacker vom 11. September 2001. Er war Anfang der 1990er Jahre zum Studieren nach Hamburg gekommen und hatte sich einer Korangruppe an der salafistischen al-Quds-Moschee angeschlossen, wo er die anderen kennenlernte. Spätestens Mitte 1998 war hieraus ein enger Freundeskreis entstanden, der nach strengen salafistischen Glaubensregeln lebte und vom Dschihad fantasierte. Doch mit al-Qaida und den Anschlagsplänen vom 11. September hatten die acht Studenten bis Ende 1999 nichts zu tun: Sie waren zunächst – und zuallererst – eine Clique, die sich bereits vor dem Kontakt mit al-Qaida radikalisiert hatte.

Der Prozess der sozialen Abschottung, den Sageman in seinen Untersuchungen beschrieb, begann, als Atta mit zwei anderen Mitgliedern der Gruppe in eine Wohnung in der Hamburger Marienstraße zog. Atta benannte die Wohnung nach einem »Gästehaus« im pakistanischen Peshawar, von dem aus arabische Auslandskämpfer während der 1980er Jahre nach Afghanistan in den Kampf zogen. Viermal pro Woche trafen sich die arabischen Studenten hier und verbrachten viele Stunden mit Beten, Diskutieren und Teetrinken. Die Beziehung wurde so eng, dass sie Bankkonten und Autos miteinander teilten. Ständiges Thema waren der Dschihad und die »jüdische Weltverschwörung«, die die Männer hinter allem vermuteten, was zu Lasten der Muslime ging. Zum öffentlichen Eklat kam es bei einer Hochzeit, bei der sich die Gruppe weigerte, mit nichtmuslimischen Gästen zu sprechen und stattdessen dschihadistische Parolen skandierte.[25] Der Bericht der amerikanischen 9/11-Kommission, der die Vorbereitungen für die Anschläge mit großer Sorgfalt rekonstruierte, beschrieb die Hamburger Zelle als »eine Art Sekte, (...) deren Mitglieder sich nur mit sich selbst beschäftigten«.[26]

Ende 1999 entschied sich die Clique, in den Kampf zu ziehen. Ihr ursprüngliches Ziel war Tschetschenien, wo Dschihadisten einen Krieg gegen die russischen »Besatzer« führten – ein Konflikt, der in vielen Videos dokumentiert war, die damals in der Szene kursierten. Verzweifelt versuchten Atta und seine Freunde, über Kontakte in der Gegenkultur einen Weg in den Kaukasus zu finden. Doch die einzige Person, die bereit war, ihnen zu helfen, war ein al-Qaida-Mann, der sie stattdessen auf die Reise nach Afghanistan schickte.

Nach ihrer Ankunft dort empfing sie al-Qaidas Chefplaner

Khalid Sheikh Mohammed mit offenen Armen, denn die Studenten aus Hamburg passten genau in das Profil, nach dem er händeringend gesucht hatte: hochintelligent, fließend Englisch sprechend und vertraut mit dem Leben im Westen. Nach drei Monaten im al-Qaida-Trainingslager schworen sie Bin Laden die Treue und wurden zum Kern der Terrorzelle, die die Anschläge am 11. September durchführte.[27]

Anführer

Eine weitere Facette sozialer Prozesse ist die Rolle von Anführern oder Führungsfiguren. Bei den Dschihadisten sind das häufig Personen wie der »wissende Bruder«, der die Wolfsburger Zelle rekrutierte. Laut Ebrahim verschaffte sich der »weise Bruder« Zugang, indem er seine Rekruten mit existentiellen Fragen konfrontierte, über die sich keiner der jungen Männer bis dahin Gedanken gemacht hatte. Dass er mindestens 15 Jahre älter war und mit großer Sicherheit und Selbstbewusstsein über Glaubensfragen sprach, gab ihm Autorität: »Bei uns in der Schule [gab's keinen Prediger, der] so was geklärt hat. Da waren so viele Fragen, die offen waren, und die hat dieser ›falsche Prediger‹ beantwortet.«[28] Passend zu den theologischen Antworten lieferte er die praktische Lösung – ein islamisches Leben, was hieß: ein Leben im Islamischen Staat. Der »weise Bruder« gab vor, wichtige Leute in Syrien zu kennen, und wusste angeblich genau, was im Islamischen Staat vor sich ging: »Ich war dort, ich weiß, wie das ist. Ich erzähle dir, wie das ist.«[29] Aus der Sicht Ebrahims und seiner Freunde gab es keinen Grund, ihm nicht zu trauen: Der »weise Bruder« hatte Wissen, Glaubwürdigkeit, Erfahrung – und bot noch dazu an, die Ausreise in den Islamischen Staat zu organisieren.

Das Phänomen des sogenannten charismatischen Anführrers ist kein neues. Abu Hamza aus London war dem »weisen Bruder« in vielerlei Hinsicht ähnlich: Auch er galt als glaubwürdig und erfahren – und was ihm an theologischem Wissen fehlte, machte er mit seinen Armstümpfen wett, die als Beweis dafür galten, dass er für den Islam gekämpft und gelitten hatte. Omar Bakri, der andere wichtige Prediger aus »Londonistan«, hatte keine Armstümpfe, aber galt als Autorität in Glaubensfragen, konnte theologische »Beweise« erbringen und hatte bereits in zwei arabischen Ländern im Gefängnis gesessen. Hinzu kam, dass er von seinen Anhängern als eine Art Vaterfigur gesehen wurde. Für Wiktorowicz, der ihn über Monate hinweg beobachtete, war seine attraktive Persönlichkeit der wichtigste Faktor:

> Er unternahm große Anstrengungen, um seinen Anhängern zu zeigen, dass er sich für sie interessierte (…). Er erinnerte sich an Namen, Gesichter und persönliche Details, stellte Leuten persönliche Fragen, schüttelte Hände und strahlte Wärme und Aufrichtigkeit aus. Er war gesellig und sympathisch (…) und machte sogar Witze.[30]

Die (radikale) Botschaft, die er vermittelte, verlor dadurch nicht an Glaubwürdigkeit. Ganz im Gegenteil: Seine Persönlichkeit verstärkte sie.

Beim Typus des sogenannten Entrepreneurs, den der norwegische Soziologe Petter Nesser beschrieben hat, liegt die Betonung mehr auf der praktischen, operationellen Seite. Auch Entrepeneure interessieren sich für Politik und Glaubensfragen, sind belesen, intelligent und typischerweise etwas älter als diejenigen, die sie rekrutieren. Doch ihre Glaubwürdigkeit und Anziehungskraft erklärt sich vor allem durch ihren Aktivismus – das heißt, ihre Leidenschaft, Energie und die scheinbar totale Hingabe für die gemeinsame Sache.[31] Eines der Beispiele, die Nesser nennt, ist Djamel Beghal (*1965), ein Franzose algerischer Herkunft, der den Behörden bereits während der 1990er Jahre als Dschihadist bekannt war, dann nach London flüchtete und von dort aus mit Hilfe von Abu Hamza und anderen radikalen Predigern versuchte, französischstämmige Muslime für den Dschihad zu rekrutieren. Beghal war kein Intellektueller, aber besaß ausreichend Wissen, war rastlos und kannte so viele Leute, dass es ihm gelang, innerhalb der Szene als Führungsfigur anerkannt zu werden.[32] Beghals Einfluss ist bis heute spürbar: Während er in Frankreich im Gefängnis saß, traf und radikalisierte er die Attentäter, die die Pariser Anschläge vom Januar 2015 durchführten (siehe Kapitel 11).

Jean-Louis Denis

Ein gutes Beispiel für beide Typen – charismatischer Anführer und Entrepreneur – ist Jean-Louis Denis (*1975), ein kräftiger, dynamischer Belgier mit wallendem Haar und freundlichem Gesicht, der vor seiner Konversion zum Islam auf einem Bauernhof arbeitete. Als er nach Brüssel zog, tauchte er in die salafistische Szene ein und entdeckte sein Talent als Prediger. Ähnlich wie der deutsche Salafist Pierre Vogel (*1978) gab sich Denis kumpelhaft, thematisierte die Probleme und Sorgen junger Leute, machte Witze und sprach fließend und mit scheinbar großer Autorität über den Glauben, den er erst im Alter von 30 Jahren entdeckt hatte. Seine Präsentation war locker, doch die Botschaft kompromisslos: Wer den Glauben nicht annimmt, endet im Höllenfeuer.[33]

Denis verbrachte die meiste Zeit in den ärmsten Vierteln Brüssels – darunter das mittlerweile bekannte Molenbeek, woher einige der Attentäter vom März 2016 stammten. Sein Publikum waren junge Belgier marokkanischer Herkunft, die

Sozialarbeiter mit salafistischer Mission: der Belgier Jean-Louis Denis

kaum Perspektiven hatten und oftmals wegen Drogen, Diebstahl oder Körperverletzung vorbestraft waren. Für sie war Denis eine Art älterer Bruder, zu dem sie aufschauten und der ihnen Orientierung und einen moralischen Kompass gab. Mitte 2012 eröffnete er eine Suppenküche, die sich *Resto du Tawhid* (»Restaurant des Monotheismus«) nannte und Lebensmittel an Bedürftige verteilte. Die Aktion war so populär, dass Denis dadurch Dutzende neuer Anhänger gewann, die mit ihm durch Brüssel zogen. Innerhalb weniger Monate war er in den Migrantenvierteln der Stadt bekannt wie ein bunter Hund. Einer seiner Anhänger beschrieb ihn als »muslimischen Superhelden« – stark, mit großer Ausstrahlung und großem Herz.[34]

Mehr noch als die anderen Anführer und Führungsfiguren,

die in diesem Kapitel beschrieben sind, begriff sich Denis als eine Art Sozialarbeiter. Er suchte sich Orte, für die sich weder Staat noch Zivilgesellschaft interessierten. Er ging gezielt auf diejenigen zu, mit denen keiner zu tun haben wollte, nahm sie ernst, beschäftigte sich mit ihren Problemen und gab ihnen eine Aufgabe – die Chance, aus ihrem Leben etwas zu machen. Doch statt zu produktiven Bürgern wurden seine Anhänger zu Salafisten, die die eigene Gesellschaft hassten und ihre (ungläubigen) Mitbürger verachteten. Selbst die Suppenküche diente letztlich nicht der Versorgung Bedürftiger, sondern der Rekrutierung für den Dschihad: Vor Denis' Verhaftung im Dezember 2013 machten sich elf seiner Unterstützer sowie weitere dreißig, die mit ihnen vernetzt waren, auf den Weg nach Syrien.[35]

Limits

Leute wie Denis spielen eine wichtige Rolle in Radikalisierungsverläufen. Doch soziale Prozesse allein können nicht erklären, weshalb sich Menschen radikalisieren. Für jede Clique, die zur »Terrorzelle« wird, gibt es Tausende, die ihre soziale Energie und Verbundenheit für friedfertige Zwecke nutzen. Und für jeden charismatischen Anführer, der um Anhänger für den Dschihad wirbt, gibt es Leute mit ähnlicher Attraktivität und Anziehungskraft, die sich für andere (und sozial produktivere) Anliegen engagieren. Auch die Idee der Gehirnwäsche, die häufig in Zeitungsberichten auftaucht, basiert auf keiner empirischen Grundlage. Selbst Sageman, der den Einfluss sozialer Faktoren stärker betont als viele seiner Kollegen, weist sie zurück: In keinem der 171 Profile, die er untersucht hat, gab es irgendeinen Hinweis darauf, dass spätere al-Qaida-Mitglieder »verführt« oder »manipuliert« wurden.[36]

Hinzu kommt, dass einige der aktuell am häufigsten diskutierten Trends die Bedeutung sozialer Prozesse in Frage stellen. Am wichtigsten ist dabei die Rolle des Internets. Terroristische Gruppen wie der Islamische Staat nutzen das Internet, um neue Anhänger zu erreichen und für ihre Ideologie zu werben. Statt direktem Kontakt und persönlicher Rekrutierung durch Führungsfiguren oder Freunde setzen sie verstärkt auf Videos, elektronische Botschaften und die hieraus resultierende »Selbstrekrutierung«. Inwieweit das stimmt und in welchem Maße das Internet den direkten, persönlichen Kontakt mit anderen Menschen ersetzt, ist nach wie vor umstritten (siehe Kapitel 8). Aber niemand bezweifelt, dass sich hierdurch die Dynamik sozialer Prozesse geändert hat.

Eine zweite, oft diskutierte Entwicklung ist das Aufkommen sogenannter einsamer Wölfe – also von Einzeltätern, die scheinbar ohne sozialen Zusammenhang zu Terroristen wurden. Dieser Trend ist eng mit der zunehmenden Bedeutung des Internets verbunden, denn viele einsame Wölfe haben sich mit Hilfe des Internets radikalisiert. Auch hier stellt sich die Frage, ob soziale Prozesse so wichtig sind, wie sie auf den ersten Blick scheinen, oder ob es Wege und Möglichkeiten gibt, sie zu umgehen. Einsame Wölfe sind nach wie vor nicht die Norm, und viele Experten bezweifeln, dass sie tatsächlich so »einsam« sind, wie der Begriff suggeriert (siehe Kapitel 9). Doch dass es eine größere Zahl von ihnen gibt und dass sie mit selbst gebastelten Bomben und einfachen Waffen mehr Schaden anrichten können als je zuvor, steht außer Zweifel – und stellt die traditionellen Annahmen über die Wichtigkeit sozialer Prozesse in Frage.

Wie alle anderen Faktoren, die in den vorangegangenen Kapiteln beschrieben wurden, sind soziale Prozesse nicht die eine, einfache Erklärung dafür, dass Menschen zu Extremisten werden. Teil einer Gegenkultur zu sein kann im Gefängnis enden, doch genauso wahrscheinlich ist der »Marsch durch die Institutionen«. Wer zu einer radikalen Clique gehört oder einem salafistischen Prediger folgt, landet nicht automatisch in Syrien, beim Islamischen Staat oder begeht einen terroristischen Anschlag. Einer der wichtigsten Faktoren, der beim Fokus auf solche »gewöhnlichen« sozialen Prozesse unberücksichtigt bleibt, ist Gewalt – und von ihr handelt das nächste Kapitel.

6

Gewalt

Mohammed Emwazi (1988–2015) war nicht irgendein Syrienkämpfer. Der schlanke, groß gewachsene Brite wurde im August 2014 weltbekannt, denn er war »Jihadi John« – der Henker des Islamischen Staates, der seinen Opfern die Kehle durchschnitt. Dem amerikanischen Journalisten James Foley (1973–2014) folgten vier weitere westliche Geiseln und eine Massenenthauptung syrischer Soldaten, bei der Emwazi die Befehle gab. In seinem letzten Video, das zwei Monate vor seiner Tötung veröffentlicht wurde, drohte er damit, nach Großbritannien zurückzukehren: »Wir werden die Ungläubigen töten (…). [Und ich] werde weiter Köpfe abschneiden.«[1]

In seiner britischen Heimat wurde Emwazi zum Synonym für Grausamkeit und Sadismus. Unzählige Artikel analysierten seine Herkunft und seinen Werdegang in London, doch keinem gelang es, die Frage zu beantworten, die sich alle stellten: Wie konnte es sein, dass ein Mensch aus der Mitte der Gesellschaft – einer, der in London aufgewachsen und zur Schule gegangen war – zu solchen Gräueltaten fähig war?

Emwazi war nicht geisteskrank, kein sadistischer Brutalo, und niemand hatte sein »Gehirn gewaschen«. Seine Lehrer sagten, er sei ein angenehmer Schüler und talentierter Fußballer gewesen, der davon geträumt habe, für Manchester United zu spielen. Als Student war er unauffällig, besuchte seine Kurse in Wirtschaftsinformatik und machte einen ordentlichen Abschluss. Als er danach für eine Computerfirma in der kuwaitischen Heimat seiner Eltern arbeitete, beschrieb ihn sein Chef als den »besten Angestellten, den ich jemals hatte«.[2] Anders als viele seiner Mitkämpfer in Syrien hatte Emwazi keine Vergangenheit als Straßenkämpfer, keine Vorstrafen wegen Körperverletzung und galt allen, die mit ihm zu tun hatten, als schüchtern und bescheiden – »ein wunderschöner junger Mann«, so die (umstrittenen) Worte eines Aktivisten, der ihn seit Jahren kannte.[3] Was war passiert?

Der Fehler, den viele Journalisten in ihren Nachforschungen machten, war, dass sie den Auslöser für Emwazis Brutalität in seiner Zeit in London suchten. In Wirklichkeit geschah Emwazis Transformation nicht über Nacht und war nicht bereits in London abgeschlossen. »Jihadi John« – das brutale Monster, das seinen Opfern die Köpfe abschnitt – entstand schrittweise, im Laufe vieler Jahre und an verschiedenen Orten. Natürlich spielte auch London eine Rolle, denn hier radikalisierte sich Emwazi als Teil einer Gruppe von Freunden, die miteinander Fußball spielten und sich anschließend Videos vom Konflikt in Somalia anschauten. Bereits im Jahr 2009, kurz nach Abschluss seines Studiums, wollte Emwazi mit zwei »Brüdern« nach Ostafrika. Schon damals war er Teil der dschihadistischen Szene, tauchte bei Demonstrationen mit schwarzer Flagge auf und träumte davon, Kämpfer zu werden.[4] Es besteht kein Zweifel, dass er bereits in London die Gewalt von Gruppen wie al-Qaida oder – später – des Islamischen Staates für legitim und richtig hielt.

Doch der Schlüssel zu der extremen Gewalt, die Emwazi in seinen Videos praktizierte, lag nicht in London, sondern in Syrien. Als er im Oktober 2012 im Norden des Landes eintraf, gehörte er zur ersten Welle europäischer Auslandskämpfer. Anders als viele seiner europäischen Kameraden war Emwazi

Henker des Islamischen Staates: Mohamed Emwazi, der als »Jihadi John« bekannt wurde

ein guter Kämpfer. Er beteiligte sich an wichtigen Schlachten und erfuhr die Brutalität des Konflikts aus nächster Nähe. Als Teil des Sicherheitsdienstes nahm er täglich an Verhören und Folter teil. Nicht nur tötete er selbst, sondern er sah, wie seine »Brüder« und Mitkämpfer getötet wurden.[5] Innerhalb kurzer Zeit wurde so aus einem Londoner Szene-Dschihadisten, der (noch) keiner Fliege etwas zuleide getan hatte, ein hartgesottener Kämpfer, der Grausamkeit erlebte und bereit war, sie anderen zuzufügen. Selbst das Enthaupten hatte er bereits in Dutzenden von Scheinhinrichtungen »geübt«.[6] Als er für die Bewachung westlicher Geiseln zuständig wurde, war extreme Gewalt für ihn zur Normalität geworden. Ihnen den Kopf abzuschneiden war nur noch ein kleiner Schritt.

Und dennoch ist Gewalt in den Augen vieler Forscher lediglich Konsequenz, nicht Ursache von Radikalisierung.[7] Emwazis Beispiel zeigt, wie irreführend diese Logik ist. Der Entschluss, nach Syrien zu gehen, war Beweis für seine kognitive Radikalisierung, doch seine Brutalisierung – die Radikalisierung seiner Handlungen – fand in Syrien statt und war Ergebnis der Gewalt, die er dort erlebte und anderen zufügte. Einerseits dient Gewalt der Legitimation, denn wer Gewalt ausübt, rechtfertigt sie mit der Gewalt, die von anderen zugefügt wurde: Aus Sicht der Gewalttätigen ist die eigene Gewalt (fast) niemals Aggression, sondern stets Verteidigung oder Revanche. Andererseits wird Gewalt durch ihre Erfahrung, Praxis und Wiederholung »normalisiert«. Die Brutalisierung, die in Emwazis Fall stattfand, war ein langwieriger und schrittweiser Prozess – nicht Veranlagung, Schock oder Gehirnwäsche.

Mehr noch als in anderen Kapiteln reicht der Platz nicht aus, um diese Prozesse umfassend zu beschreiben. Doch genauso wie bei den vorgenannten »Bausteinen« möchte ich drei Aspekte besonders herausheben. Beim ersten geht es um den Prozess der Gewöhnung, durch den die Gewalt normalisiert wird – sei es durch gewaltsame Prägung, Übung oder Imitationsverhalten. Der zweite Bereich ist die staatliche Gewalt, die ich als Repression bezeichne und die zur Rechtfertigung der terroristischen Gewalt dienen kann – egal ob eine Person oder Gruppe hiervon direkt oder mittelbar betroffen ist. Der letzte Aspekt ist Gewalt in organisierten, großflächigen Konflikten wie zum Beispiel dem syrischen Bürgerkrieg, wo sich Gewalt im Laufe der Zeit kulturell verankert, Gewaltökonomien entstehen und es zu Spiralen der Gewalt kommt. Wie das Auslandskämpferphänomen zeigt, macht sich die Brutalisierung, die hieraus resultiert, auch an Orten bemerkbar, die von solchen Konflikten nicht direkt betroffen sind.

Gewöhnung

Einer der wichtigsten Mechanismen, durch den Gewalt zur Radikalisierung beiträgt, ist die Gewöhnung. Hierbei geht es um das »Normalisieren« von Gewalt, zum Beispiel durch Gewalterfahrungen vor Beginn der Radikalisierung oder im Kontext einer gewalttätigen Gruppe. Ein zweiter Aspekt ist das »Einüben« von Gewalt – beispielsweise durch quasi-militärisches Training, Schießübungen, Computerspiele oder anderes Verhalten, das Gewalt ähnelt, sie vorbereitet oder imitiert. In beiden Fällen hat Gewöhnung zur Konsequenz, dass Hemmschwellen abgebaut und Zweifel seltener werden und dass sich hierdurch die Härte und Häufigkeit gewaltsamer Auseinandersetzungen steigern.

Am umstrittensten ist, inwiefern gewaltprägende Erfahrungen, die lange vor der kognitiven Radikalisierung stattgefunden haben, mit Gewaltbereitschaft während der Radikalisierung zusammenhängen. So ist beispielsweise bekannt, dass Missbrauch während der Kindheit mit einer Reihe von sozial negativen Verhalten wie etwa Kriminalität und häuslicher Gewalt korreliert.[8] Doch gilt dieser Zusammenhang auch für politisch motivierte Gewalt? Nach dem Anschlag von Orlando im Juni 2016 berichteten viele Medien, dass der Attentäter Omar Mateen (1986–2016) seine Frau geschlagen habe.[9] Ähnliches gilt für den Attentäter von Nizza, Mohamed Lahouaiej-Bouhlel (1985–2016), der wegen häuslicher Gewalt vorbestraft war. Aber hatte dies einen Einfluss auf ihre Taten? Wurde es hierdurch »einfacher« oder »normaler«, 50 Besucher eines Nachtklubs zu erschießen beziehungsweise 85 Teilnehmer eines Festivals mit einem Lastwagen zu überfahren? Die empirische Beweislage für solche Hypothesen ist nach wie vor dünn.

Am plausibelsten scheint die häufig diskutierte Idee einer

»Konvergenz« zwischen terroristischen und kriminellen Milieus. Viele der europäischen Rekruten beim Islamischen Staat haben Vorstrafen, oft wegen Körperverletzung, und bewegen sich seit Jahren in kriminellen Umfeldern, in denen Gewalt nicht nur akzeptiert, sondern verherrlicht wird. Brutalität ist für sie bereits vor der Radikalisierung und ihrem Beitritt zum Islamischen Staat »normal«. Dass sie nun die Möglichkeit bekommen, ihre »Fähigkeiten« und gewalttätigen Tendenzen für einen vermeintlich guten, gar »heiligen« Zweck zu verwenden, erleichtert den Übergang in ein anderes Milieu und ist für einige vermutlich ein Ansporn (siehe Kapitel 11).

Hassgewalt

Noch offensichtlicher ist der Zusammenhang bei Szene-Straftaten, die während der Radikalisierung stattfinden. Hierzu gehört die sogenannte Hassgewalt, zu der es häufig bei rechtsextremen Gruppen kommt. Bei Hassgewalt handelt es sich um meist spontane, aus Demonstrationen oder Kundgebungen hervorgehende Angriffe auf Mitglieder von Minderheiten oder politische Gegner. Nur drei Prozent solcher Angriffe sind geplant oder »orchestriert«, und besonders bei Rechtsextremisten steht ein hoher Anteil der Täter unter dem Einfluss von Alkohol und illegalen Drogen.[10] Ob es sich hierbei bereits um Terrorismus im Sinne gesetzlicher Definitionen handelt, ist umstritten. Doch zweifellos trägt solche Gewalt zur Einübung und Routinisierung der Gewalt bei, dehumanisiert ihre Opfer und senkt so die Hemmschwelle für noch schwerwiegendere und gezieltere Anschläge.

Praktisch alle rechtsextremen Terroristen waren vorher aktive Mitglieder rechter Milieus und hatten sich vor dem Terrorismus bereits an Akten der Hassgewalt beteiligt. Das gilt beispielsweise für den Nationalsozialistischen Untergrund (NSU),

»Lustig, clever – und brutal«: der deutsche Neonazi Uwe Böhnhardt

eine deutsche Terrorgruppe, die aus drei eng miteinander verschworenen Mitgliedern bestand und in den Jahren 2000 bis 2006 für mindestens zehn Morde verantwortlich war. Alle drei stammten aus dem thüringischen Jena und waren seit den frühen 1990ern in der rechten Szene aktiv. Als Mitglieder von Kameradschaften und Skinhead-Gruppen nahmen sie an unzähligen Aufmärschen und Straßenschlachten teil. Ihr jüngstes Mitglied, Uwe Böhnhardt (1977–2011), war bereits als Schüler mehrmals wegen Diebstählen und Körperverletzungen verurteilt worden. Als er zum Skinhead wurde, beteiligte er sich an Schlägereien mit der linken Antifa und galt unter Freunden als »lustig, clever – und brutal«.[11] Die Banküberfälle und Morde, die er in den darauffolgenden Jahren als Mitglied der NSU verübte, waren kein radikaler Schnitt. Im Gegenteil: Sie lenkten die spontanen, scheinbar ziellosen Konfrontationen in eine vermeintlich strategische und politisch »sinnvollere« Richtung.

Imitation

Eine weitere Facette der Gewöhnung ist das Imitieren militärischer und gewaltähnlicher Handlungen. Beispiele dafür gibt es zuhauf. Anders Breivik, der norwegische Rechtsterrorist, verwendete das Computerspiel *Call of Duty: Modern Warfare*, um die Erschießung seiner Opfer zu simulieren. Es half ihm dabei, die Situation immer wieder durchzuspielen und sich so für den Anschlag zu desensibilisieren, was heißt: das Aufkommen »emotionaler« Reaktionen zu verhindern. Ganz nebenbei konnte er den Einsatz des holographischen Zielsystems üben, das er bei seinem Anschlag benutzte: »Das Spiel«, so Breivik vor Gericht, »besteht aus Hunderten von Aufgaben, wovon viele mit einer echten Operation vergleichbar sind«.[12] Auch bei den Dschihadisten ist *Call of Duty* aus genau diesem Grund beliebt. Viele der Videos und Propagandaposter des Islamischen Staates, die sich an westliche Rekruten richten, ähneln *Call of Duty*: Beteiligung am Dschihad wird so buchstäblich zum Spiel – ein Prozess, den Experten als »Gamifizierung« bezeichnen.[13]

Abu Hamza, der radikale Prediger aus London, ging noch einen Schritt weiter. Er unterzog seine Anhänger einem quasimilitärischen Trainingsprogramm, zu dem Kampfübungen im Keller seiner Moschee, Wildwasserkanufahrten in Wales und Paintball-Schießereien in den Wäldern außerhalb Londons gehörten. Die zum Teil physisch anstrengenden Aufgaben ermöglichten es Hamza, schwache oder mental instabile Rekruten »auszusortieren«.[14] Seine Absicht war dieselbe wie beim Training in einer »regulären« Armee, nämlich aus einem Haufen dahergelaufener Unterstützer »echte Soldaten« zu machen: diszipliniert, entschlossen – und zum Töten bereit.

Repression

Für die meisten oppositionellen und extremistischen Bewegungen ist der Staat der Hauptgegner. Seine Handlungen werden von ihren Mitgliedern ständig analysiert und beeinflussen das eigene Verhalten.

Wenn Staaten gegen solche Bewegungen mit exzessiver Gewalt – oder mit Repression – vorgehen, hat dies typischerweise zwei Konsequenzen. Erstens verfestigt sich bei Unterstützern der Eindruck, dass friedliche Opposition und »gewaltloser Widerstand« zwecklos seien und dass das bestehende System niemals im Sinne der Ziele der Bewegung reformiert werden könne. Das stärkt die Position derer, die den »bewaffneten Kampf« befürworten, und erzeugt Solidarisierungseffekte, was heißt: Selbst die »Moderaten« innerhalb einer radikalen Bewegung sehen sich dazu gezwungen, ihre militanten Kameraden zu unterstützen.[15]

Zweitens können die Militanten die eigene Gewalt fortan als »Verteidigung« und bloße Reaktion auf die Gewalt des Staates darstellen. Damit gewinnen sie an Glaubwürdigkeit, werden in den Augen ihrer Unterstützer zu »Opfern« und entziehen sich dem Vorwurf, sie selbst seien die Aggressoren und hätten die Auseinandersetzung mit dem Staat begonnen. Einer der wichtigsten Strategen des Terrorismus, der brasilianische Kommunist Carlos Marighella (1911–1969), argumentierte, dies sei der ultimative Zweck terroristischer Gewalt: den Staat zu einer Überreaktion zu provozieren und die hieraus resultierende Repression zur Radikalisierung der eigenen Anhänger zu nutzen. »Die politische Situation des Landes verwandelt sich [durch erfolgreiche Provokation] in eine militärische«, prophezeite er in seinem *Minihandbuch des Stadtguerilleros* (1970), »[und die staatlichen Sicherheitsorgane] kristallisieren sich mehr und mehr als die Verantwortlichen für die Fehlschläge und die Anwendung von Gewalt heraus.«[16]

Natürlich ist die Lage im Brasilien der 1960er und 1970er Jahre, wo Folter, staatlich sanktionierter Mord und das »Verschwinden« von Oppositionellen an der Tagesordnung waren, nicht mit dem Verhalten europäischer Sicherheitsbehörden gleichzusetzen.[17] Doch selbst in Europa gab es Situationen, in denen die Wahrnehmung exzessiver staatlicher Gewalt zur Radikalisierung beitrug. Eine der bekanntesten sind die Ereignisse am sogenannten *Bloody Sunday*, dem 30. Januar 1972, als britische Fallschirmjäger dreizehn unbewaffnete katholische Demonstranten in der nordirischen Stadt Londonderry erschossen. Das Vorgehen der Soldaten war so willkürlich und brutal, dass es der IRA leichtfiel, die Briten als »Unterdrücker« darzustellen, unter denen es niemals Gerechtigkeit geben würde. Der *Bloody Sunday* bescherte der Gruppe Dutzende, wenn nicht gar Hunderte neue Rekruten.[18] Selbst der Chef der moderaten Katholiken, die bis dahin einen Ausgleich mit der britischen Regierung gesucht hatten, schlug sich auf die Seite der IRA. Bei einer Demonstration wenige Tage später erklärte er: »Jetzt geht's um ein vereintes Irland – oder gar nichts.«[19]

In Deutschland gab es in den späten 1960er Jahren ein ähnliches Ereignis, wenn auch mit weit weniger Opfern. Bei einer Demonstration gegen den Besuch des Schahs von Persien erschoss ein (West-)Berliner Polizist am 2. Juni 1967 den Studenten Benno Ohnesorg (1940–1967). Die Umstände sind nach wie vor nicht vollständig geklärt,[20] doch Notwehr, wie von der Polizei behauptet, galt den meisten, die mit der Bewegung sympathisierten, als lächerlich und unglaubwürdig. Aus Sicht der Studenten war die Erschießung ein bewusster »Akt des Terrors«, mit der die Bewegung eingeschüchtert werden sollte.[21] Ohnesorgs Tod gilt bis heute als »Zäsur [für die] bis dahin friedliche Studentenbewegung«,[22] aus der in den darauffolgenden Jahren terroristische Gruppen wie zum Beispiel die RAF hervorgingen. Ihre Kampfgenossen in West-Berlin nannten sich »Bewegung 2. Juni« – und erinnerten damit an den Tag, an dem Ohnesorg sein Leben verlor.

Mitempfundene Demütigung

Dass Repression auch von Menschen empfunden wird, die nicht direkt von ihr betroffen sind, ist ein seit langem bekanntes Phänomen. Der französische Soziologe Farhad Khosrokhavar formulierte hierfür den Begriff der »mitempfundenen Demütigung« (*vicarious humiliation*), mit dem er Situationen beschreibt, in denen sich die Konsequenzen staatlicher Gewalt auf alle übertragen, die die religiöse, nationale oder politische Identität ihrer Opfer teilen. Hierdurch, so Khosrokhavar, lasse sich erklären, weshalb staatliche Gewalt, die in weit entfernten Ländern stattfinde und mit der Lebenssituation der (späteren) Terroristen nichts zu tun habe, dennoch als »relevant« und »schockierend« wahrgenommen werde und als Motivation und Rechtfertigung für die eigene Gewalt dienen könne.[23]

Die prominentesten Beispiele für dieses Phänomen stammen aus dem »Krieg gegen den Terror«, den der amerikanische Präsident George W. Bush nach den Anschlägen vom 11. September 2001 ausrief. Kurz nach dem Einmarsch in Afghanistan, der wenige Wochen nach den Anschlägen vom 11. September stattfand, eröffnete das amerikanische Militär ein Lager auf seinem kubanischen Stützpunkt in der Bucht von Guantánamo, wo Gefangene, die in Afghanistan oder Pakistan festgenommen worden waren, ohne Prozess und Aussicht auf Freilassung festgehalten werden. Viele Muslime empfanden die Bilder von muslimischen Häftlingen, die alle dieselben orangefarbenen Overalls trugen und in Käfigen leben mussten, als erniedrigend.

Genauso traumatisch war der Folterskandal, der sich zwei Jahre später im irakischen Gefängnis Abu Ghuraib nahe Bagdad abspielte. Die amerikanischen Soldaten, die dort für die Bewachung der Gefangenen zuständig waren, hatten ihre muslimischen Opfer malträtiert, geschlagen, Hunde auf sie gehetzt und sie dabei fotografiert. Ebenso wie in Guantánamo war der Eindruck verheerend, und bis heute gehören beide Episoden zu den am häufigsten zitierten Rechtfertigungen für dschihadistische Gewalt. Keiner versteht das besser als der Islamische Staat: Als Jihadi John seine Geiseln vor laufender Kamera enthauptete, trugen seine Opfer orangefarbene Overalls – die gleichen, die auch die muslimischen Gefangenen in Guantánamo anhatten.

Natürlich ist es oftmals schwer, zwischen Motivation und (anschließender) Rechtfertigung zu unterscheiden. Doch die Häufigkeit und Intensität, mit der sich Dschihadisten aus aller Welt auf Repression und dieselben Akte staatlicher Gewalt als Legitimation und Grund für die eigene Gewalt berufen, legen nahe, dass es sich hierbei nicht bloß um Propaganda handelt. Für die sogenannte Sauerland-Zelle, eine Gruppe deutscher Dschihadisten, die Mitte 2007 geplant hatte, die amerikanische Militärbasis im rheinland-pfälzischen Rammstein anzugreifen, waren die Geschehnisse in Guantánamo und Abu Ghuraib so schändlich, dass sie gerächt werden mussten. Eines der Mitglieder gab an, die geplanten Anschläge seien als eine Form der »gezielten Vergeltung« für Abu Ghuraib gedacht gewesen. Ein anderer wollte sie explizit den »Brüdern in Afghanistan, im Irak und Guantánamo« widmen. Allen war wichtig, dass durch ihre Aktion die Demütigung, die ihren »Brüdern« widerfahren war, geahndet wurde.[24]

Krieg

Entgegen der öffentlichen Wahrnehmung findet der meiste Terrorismus nicht in europäischen Hauptstädten statt, sondern weitab von westlichen Fernsehkameras als Teil von Kriegen und kriegerischen Auseinandersetzungen in Afrika, Asien und dem Nahen Osten. In den Jahren 2000 bis 2013 ereigneten sich mehr als 80 Prozent der Anschläge, die von der Universität Maryland in ihrer globalen Terrordatei erfasst wurden, in nur fünf Ländern: Afghanistan, Pakistan, dem Irak, Syrien und Nigeria.[25] In diesen Ländern lässt sich Terrorismus – und die Gründe, weshalb sich Menschen an ihm beteiligen – nicht von den Kriegen trennen, die ihn verursachen. Anders ausgedrückt: Kriege entfalten ihre eigene politische, ökonomische und kulturelle Dynamik, die Terrorismus und Radikalisierung begünstigt.

Das beste Beispiel in Europa ist der Konflikt in Nordirland – ein Bürgerkrieg, der in drei Jahrzehnten mehr als 3500 Opfer gefordert hat und die Gesellschaft dort noch immer prägt. Obwohl seit dem Friedensabkommen im Jahr 1998 die Waffen ruhen, besteht in Nordirland nach wie vor ein »Märtyrerkult«, der die Gewalt und »Blutopfer« der jeweils eigenen Seite verherrlicht. Vormalige »Kämpfer« gelten in ihren »Communities« als Helden. Kinder lassen sich mit Kampfanzug und Kalaschnikow fotografieren. Und überall in der Provinz findet man Graffiti und Gedenktafeln, die nicht an die Opfer des Konflikts erinnern, sondern an seine Täter.[26] Gewalt gegen die jeweils »anderen« ist bis heute relativ »normal«, von weiten Teilen der Gesellschaft akzeptiert und für manche ein erstrebenswertes Ideal.

Der Konflikt hatte auch eine ökonomische Logik. Um den »bewaffneten Kampf« zu finanzieren, schufen die Terrorgruppen kleine wirtschaftliche Imperien, die sich durch Schutzgelderpressung, Trinkhallen, Raubüberfälle, Steuerbetrug, Benzin- und Zigarettenschmuggel und Handel mit Drogen und gefälschten Produkten finanzierten. Für junge Männer aus ihren Hochburgen – oftmals Orte mit hoher Arbeitslosigkeit und geringen Perspektiven – konnte eine »Karriere« bei den sogenannten Paramilitärs finanziell attraktiv sein. Neben Status, Anerkennung und Abenteuer gab es ein regelmäßiges Gehalt und – in vielen Fällen – die Möglichkeit, sich persönlich zu bereichern.[27] Umso schwerer war die Entscheidung, den Konflikt zu beenden: Frieden brachte für viele der am Konflikt beteiligten nicht nur einen Verlust an Macht, sondern auch an Einkommen.

Am problematischsten waren »Teufelskreise der Gewalt«, in denen der jeweils letzte Mord den nächsten provozierte. Die irische Wissenschaftlerin Louise Richardson hält das Bedürfnis nach Rache deshalb für eine der wichtigsten Triebfedern des Terrorismus. Mehr noch:

> Rache hört mit dem Beitritt zu einer terroristischen Organisation nicht auf. Sobald sich eine Person an Gewalt beteiligt, vervielfacht sich das Bedürfnis nach Vergeltung – und gleichzeitig die Möglichkeiten und Mittel, um sie zu realisieren.[28]

Beispiele hierfür gab es in Nordirland zuhauf:

> Genauso wie der *Bloody Sunday* die IRA stärkte, stärkten die Anschläge, die die IRA als Vergeltung hierfür ausführte – etwa den *Bloody Friday*, als die IRA im Zentrum von Belfast 22 Bomben zur Explosion brachte –, die protestantischen Paramilitärs. Statt um ein vereintes Irland oder ein königstreues Nordirland ging es den Tätern um Rache.[29]

Dass Konflikte wie der in Nordirland überhaupt jemals enden, erscheint angesichts solcher Vorzeichen wie ein Wunder.

Veteranen

Die Gefahr, dass sich Konflikte auf andere Länder ausbreiten, ist bei rein ethnisch motivierten Konflikten wie in Nordirland geringer. Die IRA wollte Nordirland mit dem Rest der Insel vereinen, und ihr Operationsgebiet beschränkte sich konsequenterweise auf Nordirland, England und eine Handvoll britischer Ziele im Rest Europas. Das ändert sich, wenn die Ideologie nicht ethnisch, sondern transnational begründet ist. Für die dschihadistische Bewegung ist das ultimative Ziel nicht die »Befreiung« eines einzelnen Landes, sondern die Errichtung eines globalen Kalifats, das die gesamte Welt umspannen soll. Ihre Operations- und Rekrutierungsbasis ist überall. Das ist der Grund, weshalb der Krieg gegen die sowjetischen Besatzer von Afghanistan in den 1980er Jahren so viele ausländische Kämpfer anlockte. Und es erklärt, warum dieselben Leute, die in Afghanistan gegen die Sowjets kämpften, in den nachfolgenden Jahrzehnten in anderen Konflikten auftauchten.

Einfach ausgedrückt: Durch den Afghanistankonflikt entstand eine »dschihadistische Internationale«, deren Mitglieder ihre Kriegserfahrung in andere Konflikte exportierten. Die Dschihad-Veteranen aus Afghanistan waren gute, erfahrene Kämpfer und deshalb an vielen Orten begehrt. Doch wo immer sie auftauchten – ob in Bosnien, den Philippinen, in Tschetschenien oder Algerien –, machten sie die jeweiligen Konflikte brutaler und politisch unlösbar, denn ihre Forderung nach einem salafistischen Gottesstaat war für keine der Regierungen, gegen die sie kämpften, verhandelbar. Das Auftauchen der Afghanistan-Veteranen führte deshalb an vielen Orten zu Verrohung, militärischer Eskalation und ideologischer Verhärtung. Für Europa und den Westen entstand durch sie die dschihadistische Terrorgefahr, denn Osama Bin Laden, der fromme Sohn eines saudischen Baulöwen, der im Jahr 1984 nach Afghanistan gekommen war, wollte nach der einen Supermacht – der Sowjetunion – nun die andere – die USA – bezwingen und gründete ein internationales Terrornetzwerk, das sich al-Qaida nannte.[30]

Verschiedene Studien haben gezeigt, dass nur eine Minderheit der Dschihad-Veteranen nach ihrem Kriegseinsatz zu Terroristen wird. Doch diese Minderheit – je nach Untersuchung 11 bis 25 Prozent – ist besonders gefährlich, denn sie ist aufgrund ihrer Auslandserfahrung kampferfahren, verroht und international vernetzt.[31] Selbst Veteranen, die es vorziehen, nach ihrem Kampfeinsatz keine aktive militärische Rolle mehr zu spielen, können zur Verbreitung der Bewegung beitragen, zum Beispiel durch gezielten Einsatz ihres »Heldenstatus«, um neue Rekruten zu gewinnen. Wer wie Abu Hamza in London (siehe voriges Kapitel) beweisen kann, dass er für die Bewegung Opfer erbracht hat, gewinnt nicht nur Bewunderer, sondern oftmals auch politische und religiöse Argumente. Ausländische Konflikte, die weit entfernt scheinen und zunächst niemanden interessieren, tragen so zur Radikalisierung in Europa bei.

Limits

Dieses Kapitel hat gezeigt, dass Gewalt nicht nur das Ergebnis von Radikalisierung ist, sondern sie auch verursachen kann. Dass dieser Zusammenhang in vielen wissenschaftlichen Modellen nicht stärker berücksichtigt wird, ist kurios, denn der Einfluss von Gewalt auf Radikalisierungsverläufe scheint offensichtlich – sei es durch individuelle Gewöhnung und Imitation, staatliche Gewalt oder die Konsequenzen von Kriegen und kriegerischen Auseinandersetzungen. Auch komplexere und indirekte Prozesse – wie etwa das Phänomen der »mitempfundenen Demütigung« oder die Auslandskämpfer, die ihre Kriegs- und Gewalterfahrungen in andere Länder exportieren – sind leicht belegbar.

Mehr noch: Gewalt ist der »ungewöhnlichste« der fünf Bausteine, denn im Gegensatz zu den anderen spielt er bei der Mobilisierung für friedliche Zwecke – etwa politische Parteien oder Bürgerinitiativen – keine Rolle. Der Umkehrschluss – dass Gewalterfahrung immer oder mit großer Wahrscheinlichkeit zur (gewaltsamen) Radikalisierung führt – ist dennoch falsch. Selbst bei den dschihadistischen Auslandskämpfern wird nur eine Minderheit zu Terroristen. Die Mehrheit zieht sich nach dem Kampfeinsatz ins Private zurück, agitiert friedlich, wartet auf den nächsten Konflikt oder wendet sich völlig von der Bewegung ab. In der Tat: Berichte über »desillusionierte« Kämpfer zeigen, dass Gewalterfahrung auch zur umgekehrten Schlussfolgerung führen kann, nämlich der Gewalt abzuschwören. Keiner weiß genau, unter welchen Bedingungen sich Auslandskämpfer nach ihrer Rückkehr für oder gegen Gewalt entscheiden. Auch die Sicherheitsbehörden verfügen über keine präzise Methodik, um zwischen gefährlichen und weniger gefährlichen »Rückkehrern« zu unterscheiden. Genauso wie bei den anderen Bausteinen ist Gewalterfahrung deshalb ein Risikofaktor, vielleicht sogar der wichtigste,[32] aber noch lange keine Garantie dafür, dass eine Person zum extremistischen Gewalttäter wird.

Die fünf Faktoren, die ich in diesem Teil des Buches vorgestellt habe – Frust, Drang, Ideen, Leute, Gewalt –, sind keine vollständige Theorie, denn dazu müsste ich erklären, wie sie miteinander zusammenhängen, welche Faktoren wichtiger sind als andere und in welcher Reihenfolge sie auftreten. Doch diese Art von universell gültiger Formel gibt es nicht. Zu behaupten, dass sich Neonazis in Deutschland auf die gleiche Weise radikalisieren wie Tierschützer in England oder Dschihadisten in den Vororten von Paris, wäre absurd. Radikalisierungsverläufe differenzieren sich je nach Ort, Ideologie, Zeitpunkt und Situation. Und selbst in derselben Bewegung, am selben Ort und zum selben Zeitpunkt können sich individuelle Prozesse stark voneinander unterscheiden. Die vier Attentäter, die die Londoner Anschläge vom 7. Juli 2005 ausführten, hatten sich zur selben Zeit im selben Dorf im Norden Englands getroffen, doch ihre Hintergründe und Motivationen waren völlig unterschiedlich: Frust, Drang, Ideen, Leute und Gewalt spielten für jedes Mitglied der Zelle eine andere Rolle.[33] Was sich verallgemeinern lässt, ist nicht der exakte Weg, der sie zu ihrem Ziel führte, sondern die Elemente, aus denen er bestand. Sie sind deshalb nicht mehr – und nicht weniger – als der Inhalt eines Baukastens. Wie sich ein bestimmter Radikalisierungsverlauf zusammensetzt, erklärt keine Formel, sondern nur die genaue Analyse einer Person und ihrer Umstände.

Doch damit ist noch lange nicht alles gesagt. Keiner der Bausteine ist unumstritten, und gerade seit Aufkommen des Islamischen Staates und angesichts der vielen Tausend Europäer, die sich seither auf den Weg nach Syrien und in den Irak gemacht haben, stehen einige der Vorstellungen, die bis dahin als sicher galten, auf dem Prüfstand. Zum einen betrifft das die Art von Leuten, die von Radikalisierung betroffen sind, denn die steigende Zahl von Frauen, Kleinkriminellen und sozial isolierten Menschen, die sich extremistischen Gruppen anschließen, stellt gängige Annahmen über die Wichtigkeit von Maskulinität, Gruppenprozessen und politischem Bewusstsein in Frage. Zum anderen betrifft es die gewachsene Bedeutung des Internets, das Extremisten intensiver nutzen denn je, und die stärker gewordene Rolle von Religion, die Gruppen wie der Islamische Staat mit großem Selbstbewusstsein für sich in Anspruch nehmen. Auf keine dieser Entwicklungen haben Wissenschaftler bislang definitive Antworten gefunden, doch es gibt zahlreiche Erkenntnisse und Debatten, die dabei helfen können, diese (neuen) Themen besser zu verstehen. Von ihnen handelt der zweite Teil dieses Buches.

TEIL 2

TRENDS

7

Religion

> Ihr sollt nicht meinen, dass ich gekommen bin, Frieden zu bringen auf die Erde. Ich bin nicht gekommen, Frieden zu bringen, sondern das Schwert.[1]

Dieses Zitat stammt nicht, wie man vermuten könnte, aus dem Koran, sondern aus der Bibel, und gesagt hat es laut Matthäus-Evangelium kein geringerer als Jesus Christus. Ich entdeckte es während einer Busfahrt im Jahr 2010 in Washington. Damals hatte die Humanistische Vereinigung von Amerika gerade eine Plakatkampagne gestartet, in der sie Zitate aus den heiligen Büchern verschiedener Religion einander gegenüberstellte. Dass im Koran die sogenannten Schwertverse existierten, mit denen die Dschihadisten ihre Gewalt rechtfertigten, war bereits vielen bekannt. Doch dass es ähnliche Verse auch in der Bibel gab, wussten die wenigsten – mich eingeschlossen.

In der Tat: Jede Grausamkeit, die seit dem Jahr 2013 vom Islamischen Staat verbrochen wurde, lässt sich durch Zitate aus der Bibel genauso rechtfertigten wie durch solche aus dem Koran. Besonders das Alte Testament liest sich streckenweise wie eine Gebrauchsanleitung zum Völkermord. So zum Beispiel das fünfte Buch Mose (Deuteronomium), das innerhalb weniger Verse Enthauptungen, Sklaverei und Vergewaltigungen allesamt für legitim erklärt:

> Wenn du vor eine Stadt ziehst, um gegen sie zu kämpfen, so sollst du ihr zuerst den Frieden anbieten.
> Antwortet sie dir friedlich und tut dir ihre Tore auf, so soll das ganze Volk, das darin gefunden wird, dir fronpflichtig sein und dir dienen.
> Will sie aber nicht Frieden machen mit dir, sondern mit dir Krieg führen, so belagere sie.
> Und wenn sie der HERR, dein Gott, dir in die Hand gibt, so sollst du alles, was männlich darin ist, mit der Schärfe des Schwerts erschlagen.
> Nur die Frauen, die Kinder und das Vieh und alles, was in der Stadt ist, und alle Beute sollst du unter dir austeilen und sollst essen von der Beute deiner Feinde, die dir der HERR, dein Gott, gegeben hat.[2]

Für die Humanisten, die die Plakate bezahlt hatten, war die Botschaft klar: Religion ist bestenfalls Aberglaube; im schlimmsten Fall ist sie die Ursache von Gewalt, Konflikten und Terrorismus. Einfacher ausgedrückt: Nicht nur der Islam, sondern religiöse Ideen insgesamt sind die Wurzel allen Übels.

Dass auch säkulare Ideologen Millionen von Menschen auf dem Gewissen haben, erfuhr man auf den Plakaten nicht. Ebenso wenig, dass bei weitem nicht alle Terroristen ihre Gewalt religiös begründen.

Womit die Humanisten allerdings recht hatten, war die Tatsache, dass religiös motivierte Gewalt in den vergangenen Jahrzehnten häufiger geworden war. Bereits Anfang der 1990er Jahre bemerkten Forscher auf beiden Seiten des Atlantiks, dass die Zahl »religiös-fundamentalistischer« Bewegungen in den vorangegangenen Jahrzehnten – und von vielen zunächst unbemerkt – deutlich zugenommen hatte. Der amerikanische Terrorismusforscher Bruce Hoffman zeigte in einem Aufsatz mit dem Titel »Holy Terror« (Heiliger Terror), dass sich bereits jede fünfte Terrorgruppe auf ein explizit religiöses Programm berief.[3] Zur gleichen Zeit schrieben der französische Arabist Gilles Kepel und der amerikanische Religionswissenschaftler Mark Juergensmeyer Bücher, die das Wiederaufleben des Fundamentalismus in den drei großen Weltreligionen – Christentum, Islam und Judentum – beschrieben.[4] Und der Politikwissenschaftler Samuel Huntington formulierte seine provokante These vom Konflikt der Zivilisationen, von denen die meisten mit Religionen identisch waren.[5]

Die vielleicht griffigste These stammte von dem amerikanischen Historiker David Rapoport, der Ende der 1990er Jahre von einer neuen »religiösen Welle« sprach, die mindestens eine Generation lang dauern würde. Genauso wie Kepel und Juergensmeyer bezog sich Rapoport auf alle Religionen und beschäftigte sich mit radikalen Sikhs im indischen Punjab, jüdischen Extremisten in Israel und der buddhistisch angehauchten Endzeitsekte Aum Shinrikyo in Japan ebenso wie mit dem Islam. Doch sowohl Rapoport als auch Hoffman machten klar, dass islamisch motivierte Gruppen eine herausgehobene Rolle spielten: Laut Rapoport seien diese für die »wichtigsten und tödlichsten« Anschläge verantwortlich und hätten sich international am besten vernetzt.[6]

Basierend auf den Ideen und Erkenntnissen dieser Forscher versuche ich in diesem Kapitel, ein nuanciertes Verständnis dafür zu entwickeln, welche Rolle Religion in Radikalisierungsverläufen und – speziell – beim dschihadistisch motivierten Terrorismus spielt. Meine These ist, dass die Funktion von Religion nahezu identisch mit der von anderen »Protestideologien« ist: Sie artikuliert Frust und Drang, lenkt sie in ein politisches und/oder religiöses Projekt und bietet Anreize, sich hierfür zu engagieren. Religion ist deshalb nicht, wie von den Humanisten behauptet, »das Problem«, aber sie besitzt durchaus Eigenschaften, die »problematisch« sind. Der Islam ist in diesem Zusammenhang nicht schlechter (oder besser) als andere Religionen: Praktisch jede Religion kann sowohl für positive als auch für negative Zwecke – für Krieg wie für Frieden – mobilisiert werden, und gerade Großreligionen wie das Christentum oder der Islam sind in sich so vielfältig, dass es nur selten Sinn hat, sie auf »gute« oder »schlechte« Eigenschaften zu reduzieren.

Dass der Islam mehr denn je im Blickpunkt steht, hat nicht mit dem Inhalt islamischer Theologie zu tun, sondern mit der »Krise« der mehrheitlich islamischen Welt, die seit geraumer Zeit politisch, kulturell und ökonomisch stagniert und im politischen Islam – dem Islamismus – eine Protestideologie gefunden hat, die dies zum Ausdruck bringt. Der dschihadistische Salafismus von Gruppen wie al-Qaida und dem Islamischen Staat ist deshalb zweifellos islamisch, aber es wäre ein Fehler, ihn mit »dem Islam« gleichzusetzen – nicht zuletzt, weil bei weitem nicht alle seiner Anhänger so religiös sind, wie es die Gruppe behauptet.

Problem oder problematisch?

Die öffentliche Debatte über den Zusammenhang zwischen Religion und Gewalt ist oftmals platt und irreführend. Auf der einen Seite stehen dabei Humanisten und »neue Atheisten« wie zum Beispiel der englische Genetiker Richard Dawkins, die behaupten, Religion sei grundsätzlich schlecht und für nahezu alle Verbrechen der Menschheitsgeschichte verantwortlich. Als Beleg zitieren sie religiöse Texte, die Gewalt entschuldigen oder verherrlichen, sowie die Rechtfertigungen, auf die sich religiöse Gewalttäter berufen.[7] Auf der anderen Seite finden sich religiöse »Gutmenschen« und Würdenträger, die argumentieren, Religion sei grundsätzlich gut und schaffe nicht Krieg, sondern Frieden. Ihrer Meinung nach ist Religion stets unschuldig, wird von anderen »missbraucht«, »missverstanden« oder für politische Zwecke »instrumentalisiert«. Die »wahre Religion«, so ein typisches Argument, sei völlig anders als das, was in Statements extremistischer Gruppen zu lesen sei.[8]

Dass bei solchen Debatten außer Geschrei und Konfrontation wenig herauskommt, sollte niemanden wundern, denn die »eine Religion«, die entweder gut oder schlecht ist, gibt es nicht. Selbst innerhalb großer Religionen existieren so viele verschiedene Strömungen und Traditionen, dass es wenig zielführend ist, vom Islam, Christentum oder Judentum – geschweige denn von Religion als solcher – zu sprechen. Hinzu kommt, dass Religion für Menschen individuell völlig unterschiedliche Bedeutungen hat. Wer beispielsweise einer religiösen Minderheit angehört – etwa Muslime in Europa oder Christen im Nahen Osten –, verfügt häufig über eine starke religiöse Identität und praktiziert religiöse Traditionen, ohne sich dabei notwendigerweise für Theologie – den eigentlichen Glauben – zu interessieren. Anderen ist genau das wichtig: Sie studieren religiöse Texte, sind auf der Suche nach der »wahren« Botschaft und versuchen, ihr Leben danach zu gestalten. In beiden Fällen ist Religion ein starker, subjektiv »echter« Einfluss, der für alle möglichen Zwecke – »gut« wie »schlecht« – mobilisiert werden kann.

Dass Religion eine starke Kraft besitzt, das Leben von Menschen nachhaltig zu beeinflussen, steht außer Frage. Nach einer Umfrage der britischen BBC sind religiöse Menschen großzügiger und engagieren sich häufiger für karitative Zwecke.[9] Eine Studie der Universität Manchester zeigt, dass Gläubige weniger Verbrechen begehen und seltener Drogen konsumieren.[10] Doch neben solchen »positiven« Auswirkungen gibt es auch »negative«: Praktisch jede Religion legitimiert – unter bestimmten Umständen – Gewalt, und im Namen jeder Religion wurden Kriege geführt und Verbrechen begangen. Die Sklaverei wurde nicht nur vom Islamischen Staat, sondern auch von Christen gerechtfertigt. Märtyrer gibt es nicht nur im Islam, sondern in fast allen religiösen Traditionslinien. Nicht nur die Dschihadisten haben blutige Angriffskriege geführt, sondern auch die Kreuzzügler. Selbst die vermeintlich pazifistischste aller Religionen – der Buddhismus – hat in Burma eine quasi-genozidale Bewegung und in Japan eine terroristische Gruppe hervorgebracht.[11]

Für die Religionsverteidiger sind das Abweichungen und Verirrungen. Doch in Wahrheit steckt dieselbe Kraft, die Leute dazu bringt, sich für Kranke und Behinderte einzusetzen, auch hinter den Verbrechen, die im Namen von Religion begangen wurden. Religion an sich ist deshalb weder gut noch schlecht. Sie ist nicht »das Problem«, aber Aspekte von ihr sind, wie Juergensmeyer argumentiert, »problematisch«.

Fundamentalismus

Einer dieser potentiell »problematischen« Aspekte ist der sogenannte Fundamentalismus. Seit Ende der 1970er Jahre haben Wissenschaftler in nahezu allen Religionen ein Erstarken von Bewegungen beobachtet, die sich vom säkularen Staat und liberalen Strömungen innerhalb ihrer eigenen Traditionen abgewendet haben und stattdessen eine Rückkehr zu den vermeintlichen Wurzeln propagieren. Trotz aller Unterschiede sind sich evangelikale Christen, ultraorthodoxe Juden und islamische Salafisten darin einig, dass heilige Schriften nicht interpretiert, sondern wortwörtlich gelesen, geglaubt und befolgt werden müssen. Jahrhunderte der Auslegung und Manipulation hätten zur Verwässerung und Korrumpierung der religiösen Botschaft geführt. Ultimatives Ziel ist die Wiederherstellung eines vermeintlich »Goldenen Zeitalters«, zu dem nicht weltliche, sondern geistige Herrscher an der Macht waren, die ihre religiösen Vorstellungen auf die gesamte Gesellschaft übertrugen.[12]

Bei weitem nicht alle Fundamentalisten sind offen politisch oder gar gewalttätig. Ähnlich den »quietistischen« Salafisten, die in Kapitel 4 erwähnt wurden, suchen viele nicht die Konfrontation mit der Gesellschaft, sondern ziehen sich aus ihr zurück. Im Extremfall führt das dazu, dass Fundamentalisten ihre eigenen Kommunen gründen, ihre Kinder zu Hause unterrichten und abgeschottet vom Rest der Welt nach den eigenen Regeln leben. Andere wollen die Auseinandersetzung mit dem Staat und engagieren sich politisch – sei es in Basisorganisationen, Lobbygruppen oder Parteien wie zum Beispiel die Evangelikalen in den Vereinigten Staaten, die seit der Präsidentschaft Ronald Reagans eine wichtige Rolle innerhalb der Republikanischen Partei spielen. Für eine Minderheit ist die gewaltsame Auseinandersetzung mit Staat und Gesellschaft unvermeidbar: Ihrer Ansicht nach ist der Staat so korrupt und das Engagement mit ihm so zwecklos, dass es keine Alternative dazu gibt, ihn mit allen Mitteln zu bekämpfen. Religiöse Ideen geben ihnen hierfür nicht nur Legitimation, sondern eine politische Vision und einen göttlichen Auftrag.

Kosmische Schlachten

Auch kann Religion dazu beitragen, Konflikte zu verschärfen. Im Gegensatz zu rein säkularen Ideensystemen enthält Religion ein sogenanntes Erlösungsversprechen, was heißt: Die Belohnung für das strikte Einhalten religiöser Regeln, Vorschriften und Gesetze ist nicht bloß ein gutes Leben und eine bessere Welt, sondern die Gunst Gottes und – je nach Religion – das

Paradies, ewiges Leben oder die Wiedergeburt als eine höherwertigere Person. Für viele Gläubige ist das ein stärkerer Anreiz als jede weltliche Belohnung. Das Erlösungsversprechen ist ein wichtiger Grund, weshalb religiöse Menschen bereit sind, gute Taten zu vollbringen und sich für andere aufzuopfern. Aber genauso erklärt es, weshalb sie »Schlechtes« tun – zumindest solange sie davon überzeugt sind, dies sei Gottes Wille. Selbst extreme Gewalt wird hierdurch zur »guten Tat«.[13]

Das Erlösungsversprechen ist von besonders großer Bedeutung, wenn es darum geht, das eigene Leben zu opfern: Selbstmord ist in allen Religionen eine schwere Sünde, doch wer sich für Gott und die eigene Religion opfert, ist kein Selbstmörder, sondern wird zum Märtyrer, dessen Platz im Paradies sicher ist. Entgegen der quantitativen Studie des amerikanischen Politikwissenschaftlers Robert Pape, der Mitte der 2000er Jahre behauptete, Selbstmordattentate hätten keine »religiöse Dimension«,[14] zeigen viele qualitative Studien, dass bei Mitgliedern religiös motivierter terroristischer Gruppen das Erlösungsversprechen eine zentrale Rolle spielt. »Alle Freiwilligen [die auf Selbstmordmissionen gingen] überzeugten sich zunächst von der religiösen Legitimität ihres Handelns«, erklärt zum Beispiel die UN-Beamtin Nasra Hassan, die Ende der 1990er Jahre in Pakistan und Palästina 250 »Kandidaten« für Selbstmordoperationen interviewte.[15]

Hiermit verwandt ist die Neigung von Religion, Konflikte spirituell zu überhöhen. Juergensmeyer beschreibt dieses Phänomen als »kosmische Schlacht« und meint damit die Überzeugung vieler Gläubiger, dass Konflikte nicht bloß Auseinandersetzungen um Interessen oder Territorium sind, sondern eine Konfrontation zwischen Gut und Böse. Diejenigen, die an ihnen teilnehmen, sehen sich als Teil von Gottes Plan, werden zu Gottes Soldaten und bekämpfen nicht weltliche Gegner, sondern den Satan selbst. Damit wird praktisch jede Form von

Gewalt legitimiert, und es lohnt sich, auch in scheinbar hoffnungslosen Situationen bis zum Letzten zu kämpfen.

Im äußersten Fall geht es bei »kosmischen Schlachten« nicht um einen wie auch immer gearteten Sieg, sondern um das Herbeibringen der Apokalypse und die Wiederkehr des Messias.[16] Dass diese Art von Motivation auch für den Islamischen Staat wichtig ist, zeigt seine Obsession im Zusammenhang mit dem kleinen Örtchen Dabiq im Norden Syriens, wo nach einer Prophezeiung die finale Schlacht zwischen den Armeen des Islams und der Armee Roms stattfinden soll. »Die Flamme, die wir im Irak entfacht haben«, so bereits der Gründer der Gruppe, die dem Islamischen Staat vorausging, »wird größer und mächtiger, bis die Kreuzzügler in Dabiq an ihr verbrennen.«[17]

Islam

Neben den Humanisten und Atheisten, die jegliche Form von Religion verurteilen, gibt es auch Religionsgegner, die sich ausschließlich auf den Islam fixieren. Solche sogenannten Islamkritiker, wie zum Beispiel der Amerikaner Robert Spencer, behaupten, der Islam sei fundamental anders als Christen- oder Judentum. Zu den am häufigsten genannten Unterschieden gehört die Idee, dass der Koran das »Wort Gottes« sei und deshalb wortwörtlich befolgt werden müsse, dass es im Islam keine strikte Trennung zwischen Religion und Staat gebe und dass der Prophet Mohammed, im Gegensatz zu Jesus Christus, sowohl religiöser als auch militärischer Anführer gewesen sei und deshalb gewaltsame Eroberung von Anfang an zum Wesen der Religion gehört habe. Zusammen mit den bereits erwähnten Schwertversen, die gewaltsamen Dschihad verpflichtend machen und die Unterdrückung Andersgläubiger legitimieren, bedeute dies, dass der Islam der Dschihadisten nicht Fehlinterpretation oder Abweichung sei, sondern – im Gegenteil – die »wahre Religion«.[18]

Wenn auch populär, so hat die Islamkritik viele Schwächen. Das fängt damit an, dass sie den Islam als monolithischen Block behandelt, obwohl er – mehr noch als andere Religionen – aus einer Vielzahl von unterschiedlichen Konfessionen und Strömungen besteht. Eines der wesentlichen Merkmale des sunnitischen Islams, dem ungefähr 85 Prozent aller Muslime weltweit angehören, ist, dass es keine zentrale Autorität gibt, die festlegen könnte, was »islamisch« ist – und dass es deswegen den einen, angeblich wahren Islam, den die Islamkritiker für seine gewaltsamen Tendenzen verurteilen, gar nicht gibt. Wie bei allen anderen etablierten Religionen sind innerhalb des Islams immer wieder fundamentalistische Strömungen entstanden, die vorgeben, dem Koran und der Hadith (den überlieferten Traditionen aus dem Leben des Propheten) wortwörtlich zu folgen, doch die große Mehrheit der (nichtfundamentalistischen) Muslime hat kein Problem damit, ihre heiligen Schriften zu interpretieren. Entscheidend ist deshalb nicht, ob es sich beim Koran um das Wort Gottes handelt, sondern wie gegensätzliche Aussagen zu gewichten und miteinander zu vereinbaren sind. Und hierfür müssen selbst die scheinbar strengsten Fundamentalisten zur Interpretation greifen, denn kein religiöser Text ist so klar und eindeutig, dass er ohne Deutung auskommt.[19]

Noch weniger überzeugend ist die Behauptung, dass nur der Islam keine Trennung zwischen göttlicher und weltlicher Herrschaft kenne. Die europäische Geschichte war über weite Strecken ein Machtkampf zwischen Kirche und weltlichen Herrschern, wobei christliche Herrscher oftmals nicht weniger militaristisch waren und religiöse Minderheiten noch rücksichtsloser unterdrückten als zur gleichen Zeit die islamischen

Kalifen. Das Argument, die Dschihadisten – und speziell der Islamische Staat – repräsentierten den »wahren Islam«, ist vor diesem Hintergrund wenig einleuchtend, denn es würde ja bedeuten, dass die verschiedenen muslimischen Herrscher, die 1400 Jahre lang in Ländern wie Syrien und dem Irak das Sagen hatten (und dabei meist toleranter mit religiösen Minderheiten umgingen als zur gleichen Zeit die Europäer), ihren Glauben allesamt nicht richtig verstanden oder praktiziert hätten. Die Frage lautet deshalb nicht »Warum ist der Islam gewalttätiger als andere Religionen?«, sondern vielmehr: »Warum ist er das *jetzt*?« Die Antwort hierauf liegt nicht, wie von den Islamkritikern behauptet, in der islamischen Theologie, sondern vor allem in der Geschichte und Politik der islamischen Welt sowie den Umständen, in denen Muslime ihre Religion wahrgenommen und interpretiert haben.

Krise des Islams

Auch wenn Bernard Lewis nach Erscheinen seines Buches dafür kritisiert wurde, dass er den Islam zu stark vereinfacht habe, liefert seine These von der »Krise des Islams« (siehe Kapitel 4) eine nach wie vor plausible Antwort auf die »Warum jetzt«-Frage. Es ist unbestreitbar, dass mehrheitlich islamische Länder – besonders in der arabischen Welt – seit der Ära des Kolonialismus in der Defensive sind: wirtschaftlich schwach, von außen dominiert und im Innern lethargisch und gespalten. Wo auch immer man hinkommt: Vom großen Stolz, Selbstbewusstsein und der Kraft, die die islamische Welt während der Zeit der großen Kalifate ausstrahlten, ist nur wenig übrig. Weder Kommunismus noch Kapitalismus konnten während der Jahrzehnte des Kalten Kriegs ihren ökonomischen, politischen und kulturellen Niedergang aufhalten. Mehr noch: Ihr Scheitern verschärfte die kollektive Sinnkrise und schaffte ein

Vakuum, das vom Islam – der scheinbar einzigen Identität, die nicht aus dem Westen importiert wurde – gefüllt wurde.[20]

Bereits in der zweiten Hälfte des 19. Jahrhunderts entstanden in Ägypten und Indien fundamentalistische Bewegungen, die sich als Gegenentwurf zum Einfluss des Westens verstanden und eine Rückbesinnung auf »islamische Werte« propagierten. Eine Gruppe von Gelehrten an der Kairoer al-Azhar-Universität berief sich explizit auf einen Islam, wie er angeblich zur Zeit der »frommen Vorväter« – des Propheten und seiner unmittelbaren Nachfolger (arabisch: *salaf*) – existiert hatte. Ein halbes Jahrhundert später, im Jahr 1928, gründete der ägyptische Lehrer Hassan al-Banna (1906–1949) die wohl bedeutendste islamistische Organisation, die Muslimbrüderschaft, deren Ziel es war, mehrheitlich muslimische Gesellschaften zu »re-islamisieren« und das islamische Recht, die Scharia, einzuführen. Innerhalb eines Jahrzehnts hatte die Gruppe überall in der islamischen Welt Anhänger und bedrohte säkulare Herrscher, die die Muslimbrüder im Gegenzug einsperrten, folterten und henkten. Mitte der 1960er Jahre flüchteten die führenden Köpfe der Bewegung deshalb nach Saudi-Arabien, wo sich ihr revolutionärer Ansatz und die ultrakonservative saudische Gesellschaftsdoktrin gegenseitig befruchteten.[21]

Ergebnis war der dschihadistische Salafismus (kurz: Dschihadismus), der durch die weltweite Mobilisierung von Kämpfern während des Afghanistankriegs in den 1980er Jahren zu einer globalen Bewegung wurde. Aus theologischer Sicht repräsentierten die Dschihadisten keineswegs »den Islam«, sondern nur eine sehr kleine Strömung: die (dschihadistische) Minderheit innerhalb der (salafistischen) Minderheit – und damit weit weniger als ein Prozent der Muslime weltweit. Doch ihre ständigen Rufe nach einer Rückkehr des Kalifats und dem Wiederherstellen verlorener Größe erfuhren auch bei Muslimen, die nicht zu ihren Anhängern gehörten, eine gewisse Resonanz, denn sie reflektierten dieselbe Frustration und waren Produkt derselben politischen, ökonomischen und kulturellen Malaise, die weite Teile der islamischen Welt prägte.

Protestideologie

Europa und die westliche Welt waren von der »Krise des Islams« nicht direkt betroffen. Doch die Präsenz einer wachsenden muslimischen Bevölkerung, deren Eltern nach dem Zweiten Weltkrieg als Gastarbeiter gekommen waren, sorgte auch hierzulande für Konflikt und Spannungen und verursachte Europas eigene »Krise des Islams«. Die »zweite Generation« sprach europäische Sprachen, war hier geboren, aufgewachsen und zur Schule gegangen, aber ihre Zugehörigkeit war unklar, denn trotz europäischer Pässe fühlten sich viele in Europa nicht zu Hause, wurden als Ausländer beschimpft und diskriminiert. Wohin gehörten sie? Was war ihre Identität? Der Salafismus, der ab den 1990er Jahren in europäischen Hauptstädten wie London und Paris florierte, hatte nichts mit dem Islam der Eltern zu tun – und war genau deshalb so attraktiv. Er bot Gemeinschaft, Sinn, Struktur und gab sich radikal anders – ein Gegenentwurf zur europäischen Gesellschaft, aus der sich die jungen Muslime ausgeschlossen fühlten, und zugleich völlig anders als der langweilige, angepasste und kulturell geprägte Islam der Eltern.[22] Für die europäischen Muslime, die sich salafistischen Predigern wie Abu Hamza, Omar Bakri oder Pierre Vogel anschlossen, war ihre neue Religion eine bewusste Provokation.

Auch außerhalb muslimischer Milieus fanden die Salafisten deshalb viele Anhänger. Sie boten nicht nur Religion, sondern eine Art Gegenkultur, die aus den Widersprüchen moderner europäischer Gesellschaften einen Sinn entwickelte und den

Gestrandeten und Orientierungslosen ein neues Zuhause gab. Wer sich zum Salafismus bekannte, wendete sich vom Mainstream ab, schockierte Eltern und Lehrer und hatte gleichzeitig das Gefühl, ihnen überlegen zu sein. Jeder war willkommen, jeder wurde aufgenommen: Muslim zu werden erforderte kein Wissen und keine Vorbereitung, sondern lediglich das aufrichtige Bekenntnis zum Glauben. Kein Wunder, dass von den europäischen Salafisten mittlerweile schätzungsweise 20 Prozent Konvertiten sind – zehnmal so viele wie in der muslimischen Bevölkerung insgesamt.[23] Für sie ist der (salafistische) Islam nicht nur Glaube, Ausweg und Antwort, sondern auch – und vor allem – Protestideologie.

Islamischer Staat

Die Diskussion über den Islamischen Staat ist ein Spiegelbild der Debatte über den Islam. Auf der einen Seite finden sich Islamkritiker, die mit Koranversen und Statements des Islamischen Staates zu beweisen versuchen, dass der Islamische Staat nicht nur islamisch sei, sondern die »wahre Religion« repräsentiere.[24] Auf der anderen Seite stehen muslimische Würdenträger und auch Politiker wie zum Beispiel US-Präsident Barack Obama, die argumentieren, der Islamische Staat habe nichts mit dem Islam zu tun.[25] Eine interessante Spielart dieses Arguments kommt von islamischen Theologen, die behaupten, der Islamische Staat sei das moderne Äquivalent der sogenannten Charidschiten, einer Gruppe ideologischer Eiferer aus der Frühzeit des Islams, die sich im Streit um die Nachfolge des Propheten gegen die Mehrheit wendeten, jeden Kompromiss ablehnten, Andersdenkende zu Ungläubigen erklärten und sie mit Gewalt bekämpften. Bis heute gelten die Charidschiten selbst konservativen Muslimen als »Spalter«

und »Extremisten«, die Zwietracht und Misstrauen säten, den guten Namen des Islams beschädigten und sich damit aus der Gemeinschaft der Gläubigen ausschlossen. Sogar Dschihadisten begründen damit ihre Feindschaft zum Islamischen Staat. Der geistige Anführer der syrischen al-Qaida-Filiale erklärte Ende des Jahres 2014, es gebe »klare Beweise«, dass es sich bei der Führung des Islamischen Staates um Charidschiten handle. Seine Schlussfolgerung: »Sie zu töten ist eine religiöse Pflicht.«[26]

Für den Islamischen Staat ist es einfach, solche Einschätzungen und Gutachten zurückzuweisen, denn wie bereits erwähnt gibt es im sunnitischen Islam – zu dem sich auch der Islamische Staat zählt – keine zentrale religiöse Autorität, die in Glaubensfragen das letzte Wort hätte. Aus Sicht des Islamischen Staates ist nicht er »unislamisch«, sondern es sind diejenigen, die ihm seine Gefolgschaft verweigern. Mehr noch: Zu sagen, der Islamische Staat sei unislamisch, ignoriert, dass er die Grundprinzipien des Glaubens anerkennt, sich auf denselben Propheten bezieht, seine Handlungen mit Verweis auf dieselben Quellen begründet und dieselben Rituale praktiziert wie alle anderen Muslime. Seine Auslegung des salafistischen Gesellschaftsprogramms ist harscher, die Strafen sind brutaler, und die Toleranz für Abweichler ist geringer, doch die theologische Basis ist klar erkennbar. Wer die salafistische Glaubensdoktrin des saudischen Staates als islamisch anerkennt, muss dies konsequenterweise auch beim Islamischen Staat tun – egal wie radikal und umstritten seine Auslegung ist.

Dass der Islamische Staat »islamisch« ist, bedeutet jedoch nicht, dass die Islamkritiker recht haben. Die theologische Position des Islamischen Staates kann zwar auf dem islamischen Spektrum verortet werden, aber sie befindet sich so weit am Rand, dass sie von praktisch allen anderen Muslimen abgelehnt wird. Zu argumentieren, der Islam des Islamischen

Staates sei der »wahre Islam«, ist deshalb genauso plausibel wie die Behauptung, dass gewaltbereite Neonazis die »wahren Deutschen« seien. Es impliziert nämlich, dass die 99 Prozent der Muslime, die den Islamischen Staat *nicht* unterstützen, ihn ablehnen oder – wie im Fall der Kurden – sogar gegen ihn kämpfen, keine richtigen Muslime seien oder ihren Glauben nicht richtig verstünden. Wie irreführend und absurd diese Logik ist, zeigt die Tatsache, dass es neben den Islamkritikern nur eine einzige weitere Gruppe gibt, die den Islamischen Staat für die »wahre Religion« hält – und das ist der Islamische Staat selbst.

Leute

Hinzu kommt, dass der Islamische Staat nicht so geschlossen und einfach zu charakterisieren ist, wie er sich nach außen darstellt. Der amerikanische Islamwissenschaftler William McCants zeigt, wie stark Teile der Gruppe von apokalyptischen und messianischen Prophezeiungen geprägt sind – mehr noch als Bin Ladens al-Qaida, von der sie sich abgespalten hat. Schon ihre Gründung im Jahr 2006, damals noch als Islamischer Staat des Irak, ging laut McCants darauf zurück, dass man die unmittelbare Rückkehr des Mahdi, eines Nachkommen des Propheten, erwartet hatte und ihm einen Staat bieten wollte.[27]

Ganz anders sieht das der deutsche Journalist Christoph Reuter. Er betont, dass die Führung des Islamischen Staates nach wie vor zum großen Teil aus vormaligen Offizieren des (mehr oder weniger) säkularen Regimes von Saddam Hussein besteht. Aus seiner Sicht ist der religiöse Anstrich der Gruppe ein Vorwand, um Anhänger zu mobilisieren. Hinter der religiösen Rhetorik versteckten sich knallharte Machtinteressen, so Reuter.[28] Welcher der zwei Experten hat recht? Kann es sein, dass beide eine jeweils unterschiedliche Facette der Organisation richtig beschreiben?

Genauso komplex ist die Motivationslage bei den Westeuropäern, die sich dem Islamischen Staat angeschlossen haben. Die Mehrheit sind nicht »religiöse Analphabeten«,[29] sondern vielmehr »religiöse Novizen«, was heißt: Sie kennen Rituale und Slogans und identifizieren sich mit einer Gruppe, die ihnen Struktur und Orientierung gegeben hat und gleichzeitig einen radikalen Gegenentwurf zu der von ihnen verhassten westlichen Gesellschaft darstellt. Ihr religiöses Wissen – der eigentliche Glaube – ist oberflächlich und wurde noch keiner kritischen Überprüfung unterzogen.

Bei den knapp hundert Kämpfern, mit denen mein Team seit Anfang 2013 kommuniziert hat, lassen sich zwei gegensätzliche Entwicklungen beobachten: Es gibt solche, deren religiöse Auffassungen durch die Anwesenheit im Islamischen Staat noch stärker werden, und jene, die ihre Entscheidung bereuen, sich benutzt fühlen und sich enttäuscht von der Gruppe abwenden.

Einzig die »Mitläufer«, die nur wegen ihrer Freunde nach Syrien gegangen waren, sind tatsächlich religiöse Analphabeten. Der Wolfsburger Ebrahim B. zum Beispiel, den ich bereits in Kapitel 5 erwähnt habe, wusste so wenig über seinen Glauben, dass er nach seiner Ankunft im syrischen Trainingslager allen Ernstes nach Alkohol fragte: »Ich wollte gerne eine rauchen«, erzählte er im Fernsehinterview, »oder ein Glas Wein trinken, was normal ist, aber das wurde ja verboten.«[30] Für Leute wie ihn war der Islam des Islamischen Staates ein Schock – und wer konnte, kehrte bereits nach kurzer Zeit in die europäische Heimat zurück.

Folgen

Als die amerikanische Denkfabrik RAND im Jahr 1968 mit der Erhebung systematischer Zahlen zum Thema Terrorismus begann, verfolgte keine der zwölf Gruppen, die in ihrer ersten Zählung auftauchten, ein religiöses Programm.[31] Dass nur zwei Generationen später die gefährlichsten Terroristen der Welt für einen Gottesstaat kämpfen, hätten damals viele für absurd gehalten. Nicht nur, weil Ende der 1960er Jahre praktisch alle Terrorgruppen links und/oder nationalistisch orientiert waren, sondern weil sich Religion auf dem Rückzug befand, als archaisch und altmodisch galt und die meisten Experten davon ausgingen, dass Religion, Staat und öffentliches Leben immer weniger miteinander zu tun haben würden, je moderner und höher entwickelt eine Gesellschaft sei.[32] Dass solche Annahmen falsch waren, wurde bereits ein Jahrzehnt später deutlich. Ende der 1970er Jahre begann nicht nur der Konflikt in Afghanistan, der zur Globalisierung des sunnitischen Dschihadismus führte, sondern im Iran kam Ayatollah Khomeini an die Macht, in Israel wurden religiöse Parteien zum ersten Mal Teil einer Regierungskoalition, und mit Johannes Paul II. bekam die katholische Kirche einen konservativen Papst.[33]

Bereits Anfang der 1980er Jahre gab es die ersten Anzeichen dafür, dass das »religiöse Revival« auch terroristische Konsequenzen mit sich bringen würde. Die schiitische Hisbollah aus dem Libanon war die erste Gruppe in der RAND-Datei, die Selbstmordanschläge durchführte – eine taktische Innovation, die in den darauffolgenden Jahrzehnten viele andere kopierten. Obwohl sich auch säkulare Gruppen an sogenannten Märtyreraktionen beteiligten, wurden Selbstmordanschläge zum Symbol für die »problematischen« Eigenschaften von Religion: das Denken in Gut-Böse-Kategorien, die Idee »kosmischer Schlachten«

und – hieraus folgend – die Tendenz, Konflikte zu verschärfen und zu überhöhen. Doch die stärker gewordene Rolle von Religion veränderte nicht alles: Radikalisierungsverläufe, die zu religiös motiviertem Extremismus führen, bestanden nach wie vor aus denselben fünf Bausteinen, die auch die Radikalisierung zum säkular motivierten Extremismus erklärten. Religion funktionierte dabei auf ähnliche Weise wie Ideologie: Sie artikulierte Frust und Drang, lenkte diese in ein religiöses und/oder politisches Projekt und schuf Motivation, Anreiz und Rechtfertigung.

Religiöses Wissen und religiöse Autoritätspersonen sind hierdurch wichtiger geworden, denn die religiöse Motivation ist in den meisten Fällen »echt«, wenn auch nicht besonders anspruchsvoll oder hoch entwickelt. Doch genauso wie bei anderen Ideologien ist es leicht, ihre Rolle und Bedeutung zu überschätzen. Verglichen mit al-Qaida, die sich stets Mühe gab, ihre Aktionen ausführlich zu begründen, ist der theologische Diskurs des Islamischen Staates mager. Als die Gruppe im Januar 2015 einen jordanischen Piloten bei lebendigem Leib verbrannte, war die Rechtfertigung nur einen einzigen Absatz lang. Alle renommierten Gelehrten verurteilten die Aktion. Dennoch zögerte der Islamische Staat nicht, die Aktion medial auszuschlachten und sie tagelang in den sozialen Netzwerken zu »bewerben«. Wichtiger noch als die theologische Begründung war ihm die Projektion von Stärke und Macht sowie der Schock, den die Aktion auslösen würde. Er wusste genau: Seinen Anhängern ging es nicht nur um den »wahren Glauben«, sondern auch – und vor allem – um Rebellion.

Dass der Islamische Staat hierfür das Internet nutzte, war kein Zufall, denn kein anderes Medium eignet sich besser, um die Botschaft der Gruppe zu verbreiten. Wie das funktioniert und welchen Einfluss es auf Radikalisierungsverläufe hat, erkläre ich im nächsten Kapitel.

8

Internet

Als Roshonara Choudhry (*1989) am 14. Mai 2010 – einem Freitag – in der Gemeindebücherei in Beckton auftauchte, gab es zunächst keinen Grund zur Beunruhigung. Choudhry, eine mittelgroße, damals 21-jährige Anglistikstudentin, war verschleiert und trug ein langes schwarzes Gewand, doch im Osten Londons, wo der muslimische Bevölkerungsanteil bei über 20 Prozent liegt, ist das nicht ungewöhnlich. Choudhry war hier, um ihren Abgeordneten zu sprechen, der an diesem Vormittag seine monatliche Sprechstunde abhielt. Stephen Timms (*1955) war Mitglied der Labour-Partei und hatte Choudhry bereits einige Jahre zuvor getroffen, als sie noch zur Schule ging und mit ihrer Klasse an einer Führung durchs britische Parlament teilgenommen hatte.

Diesmal war der Grund ein anderer. Choudhry wartete geduldig, bis sie an der Reihe war. Als Timms aufstand, um sie zu begrüßen, zog sie ein langes Küchenmesser aus ihrem Gewand und stach auf ihn ein. Der erste Stich traf Timms nahe dem Herzen und verursachte starke Blutungen, die ihn schwer verletzten. Sekunden später wurde sie überwältigt. Bei ihrer Verhaftung leistete sie keinen Widerstand. Auch beim Polizeiverhör, wenige Stunden später, war sie emotionslos. Der Anschlag, so Choudhry, sei Vergeltung für den Irakkrieg gewesen, dem Timms zugestimmt hätte. »Ich weiß, dass ich heute mein Leben ruiniert habe«, sagte sie dem Polizeiinspektor, »aber das war es mir wert.«[1]

Als ich von Choudhry zum ersten Mal hörte und Auszüge aus ihrem Vernehmungsprotokoll zu lesen bekam, war ich geschockt. Nicht nur war Choudhry eine Studentin am King's College, der Universität, an der ich lehrte, sondern sie machte das Institut, das ich zwei Jahre zuvor gegründet hatte, für ihre Radikalisierung mitverantwortlich. Als der Inspektor sie fragte, warum sie zwei Monate vor ihrer Tat ihr Studium geschmissen habe, gab sie zu Protokoll, King's sei »gegen Muslime« und nannte als Beispiel mein Forschungszentrum: »Ich wollte [mit denen] nichts zu tun haben. Das wäre gegen meine Religion gewesen.« Ich kannte Choudhry nicht und hatte sie nie unterrichtet, doch die Idee, dass ich ihr bereits über den Weg gelaufen war, ließ mich nicht los.

Je mehr ich über Choudhry in Erfahrung brachte, desto klarer wurde mir, wie ungewöhnlich ihr Fall war. Choudhry war eine alleinstehende Frau und besaß keinerlei Verbindungen innerhalb der salafistischen Szene. Sie war niemals Mitglied irgendeiner Organisation gewesen und hatte gänzlich auf eigene Faust gehandelt. Mehr noch: Anders als viele der Salafisten,

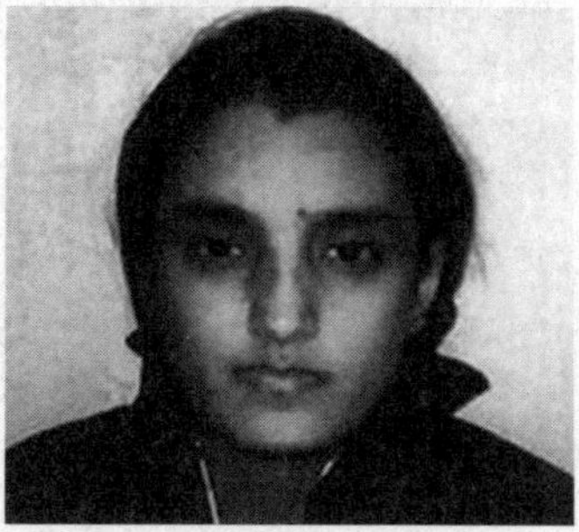

Radikalisierte sich durch Online-Predigten: die Londoner Studentin Roshonara Choudhry

die aus problematischen Verhältnissen kommen, ihre europäischen Heimatländer hassen und im Dschihadismus eine Art Ausweg sehen, hatte Choudhry hervorragende Perspektiven. Trotz schwieriger finanzieller Verhältnisse – ihr Vater war ein arbeitsloser Schneider, der nachts Taxi fuhr – war Choudhry immer Klassenbeste und bekam einen Studienplatz an einer der besten Universitäten Großbritanniens. Noch sechs Monate vor der Tat hatte sie mit ihren Eltern über Jobs, Karriere und ihre Zukunft gesprochen.[2] Was erklärte ihren plötzlichen Sinneswandel?

Die Antwort auf praktisch alle Fragen nach Choudhrys Radikalisierung bestand in dem Wort Internet. Ende des Jahres 2009 hatte Choudhry damit begonnen, sich mehr für ihre Religion zu interessieren, und war im Internet auf Videos von Konvertitinnen gestoßen, die über ihren Übertritt zum Islam erzählten. Choudhry kam aus einer muslimischen Familie, doch sie fand die Videos interessant und klickte sich von einem zum nächsten. Irgendwann empfahl ihr YouTube nicht ein weiteres Video einer Konvertitin, sondern die Predigt eines schlanken, bärtigen Mannes aus dem Jemen, der fließend Englisch sprach und anscheinend mit großer Autorität über den Glauben sprach. Der Mann hieß Anwar al-Awlaki (*1971), und Choudhry war so fasziniert von ihm, dass sie sich im Laufe der folgenden Monate mehr als hundert Stunden seiner Predigten anschaute:

> Awlaki erklärt die Dinge umfassend und auf eine sehr interessante Weise. Ich war überrascht davon, wie wenig ich über meine eigene Religion wusste, und dachte, ich könnte viel von ihm lernen. Das motivierte mich, dranzubleiben.[3]

Doch Awlaki war kein gewöhnlicher Prediger. Er war ein Mitglied al-Qaidas, in Amerika geboren und später in die jemenitische Heimat seiner Eltern geflohen, von wo aus er Hunderte von Videos postete, einen Blog unterhielt und mit seinen Anhängern im Westen per E-Mail kommunizierte. Awlakis Idee war, westliche Muslime durch Online-Propaganda zu terroristischen Einzeltaten anzustiften, und mit Choudhry war ihm dies gelungen.

Auf die Frage, was sie aus Awlakis Videos gelernt hatte, antwortete sie:

> Ich begriff, dass ich eine Verpflichtung hatte, das irakische Volk zu verteidigen und an seiner Seite zu kämpfen (…). Zuerst wollte ich nicht selbst kämpfen und dachte, das sei die Aufgabe von Männern. Aber dann erfuhr ich, dass selbst Frauen kämpfen können, und deshalb entschloss ich mich, genau das zu tun.[4]

Zwischen ihrem Entschluss, ihre persönliche Verpflichtung zum Dschihad zu erfüllen, und dem Anschlag auf Timms lagen nur vier Wochen. Choudhry erkundigte sich auf einer Webseite, wie ihr Abgeordneter bei der Abstimmung über den Irakkrieg gestimmt hatte, und besorgte sich anschließend das Küchenmesser, das sie bis zu ihrer Tat unter ihrem Bett versteckte.

Dass es möglich war, allein durch den Konsum von extremistischen Internet-Videos zum terroristischen Gewalttäter zu werden, war für viele Forscher eine Überraschung. Bis dahin gingen die meisten davon aus, dass persönlicher Kontakt und die Sozialisierung in eine extremistische Szene hinein notwendige Voraussetzungen dafür waren, dass Extremisten ihre Ideen in die Tat umsetzten. Doch mit Arid Uka (*1990), einem Kosovaren, der in Deutschland lebte und im März 2011 am Frankfurter Flughafen zwei amerikanische Soldaten erschoss, gab es ein Jahr später bereits einen weiteren, sehr ähnlichen Fall.[5] Dass das Internet von Gruppen wie al-Qaida für Propagandazwecke genutzt wurde, war allgemein bekannt. Aber welche Rolle genau spielte es bei der Radikalisierung? Waren Uka und Choudhry Ausnahmen, oder würden Radikalisierungsverläufe wie ihre im Online-Zeitalter zur Regel?

Wie ich in diesem Kapitel zeige, sind Fälle wie der von Choudhry, bei denen die gesamte Radikalisierung »online« stattfand, nach wie vor selten. Doch das heißt nicht, dass das Internet unbedeutend ist. So wie das Internet im Laufe der letzten zwei Jahrzehnte unser Verhalten in praktisch allen Lebensbereichen verändert hat, beeinflusst es auch Prozesse der Radikalisierung. Extremistische Gruppen waren unter seinen ersten – und intensivsten – Nutzern und haben seitdem jede neue Entwicklung enthusiastisch für ihre Zwecke in Anspruch genommen. Das Verbreiten von Schriften und Videos, das bei Choudhrys Radikalisierung eine so entscheidende Rolle gepielt hatte, war nur der erste Schritt. Ebenso wichtig war das Entstehen »virtueller Gegenkulturen«, in denen Anhänger miteinander kommunizierten, durch die soziale Bindungen entstanden und sich extreme Ansichten »normalisierten«. Am wichtigsten ist nach wie vor das Zusammenspiel von On- und Offline-Einflüssen, das zum Beispiel bei der Rekrutierung dschihadistischer Auslandskämpfer in Syrien eine zentrale Rolle spielte.

Evolution

Dass Extremisten zu den Ersten gehörten, die das Internet für sich entdeckten, ist nicht überraschend. Das Internet bot ihnen die Möglichkeit, ihre Botschaften unzensiert und ungefiltert zu verbreiten. Auch gab es ihren Anhängern das Gefühl, anonym zu sein, was hieß: Keiner musste mehr ein radikales

Buchgeschäft betreten oder sein Gesicht bei einer extremen Veranstaltung zeigen, um die neuesten Informationen zu bekommen oder mit Gleichgesinnten Kontakt aufzunehmen. Mit Hilfe des Internets war es möglich geworden, Teil der extremistischen Szene zu sein, ohne jemals das Wohnzimmer (oder Kinderzimmer) zu verlassen.

Die Vorgehensweise war relativ konventionell. Extremisten benutzten das Internet aus denselben Gründen wie alle anderen politischen Organisationen: um Ideen zu verbreiten, neue Unterstützer zu finden und bereits existierende Anhänger zum Mitmachen zu animieren. Auch ihre Methoden waren nicht grundsätzlich anders. Sie setzten neue Technologien und Kommunikationskanäle ein, sobald diese verfügbar waren, und folgten damit der allgemeinen Entwicklung des Internets: von »schwarzen Brettern« und statischen Webseiten über Foren bis hin zu sozialen Medien und der Nutzung verschlüsselter Smartphone-Apps.

Web 1.0

Die Pioniere des extremistischen Internets waren die Neonazis. Bereits in den frühen 1980er Jahren – mehr als ein Jahrzehnt vor der Entstehung des World Wide Web – fingen sie an, sich elektronisch zu vernetzen. »Irgendwann werden wir alle miteinander verbunden sein«, prophezeite Louis Beam (*1946), ein Vordenker der amerikanischen Rechten, dessen Ideen auch die Entwicklung in Europa beeinflussten: »Der Computer wird alle Köpfe der (…) patriotischen Bewegung – und damit ihre gesamte Erfahrung – an einem Ort zusammenbringen.«[6] Auf beiden Seiten des Atlantiks entstanden zu dieser Zeit elektronische »schwarze Bretter«, auf denen Neonazis Informationen austauschten und miteinander diskutierten. Dass sich das Medium dazu eignete, ganz neue Unterstützer anzusprechen und sie zu radikalisieren, wurde erst ab Anfang der 1990er Jahre systematisch genutzt. Beam veröffentlichte damals einen vielzitierten Aufsatz, in dem er die Doktrin des »führerlosen Widerstands« formulierte. Lange vor Awlaki hatte er entdeckt, dass sich mit Hilfe des Internets einsame Wölfe aktivieren ließen – sogenannte Ein-Mann-Zellen, die nicht Teil einer Organisation oder festen Struktur waren, sondern auf eigene Faust handelten und »durch Computer« miteinander kommunizierten.[7]

Bei den Dschihadisten vollzog sich eine ähnliche Entwicklung, wenn auch einige Jahre später. Zuerst entstanden schwarze Bretter, dann sogenannte Newsgroups und ab Mitte der 1990er Jahre Webseiten, auf denen »unzensierte« Informationen über Konflikte dargestellt wurden, an denen dschihadistische Kämpfer beteiligt waren – etwa in Algerien, Bosnien, Afghanistan oder Tschetschenien. Der Durchbruch gelang Anfang der 2000er Jahre. Damals entstanden sogenannte Online-Foren, die zu »virtuellen Marktplätzen« der Bewegung wurden. Hier gab es nicht nur die neuesten Nachrichten und Gerüchte, sondern gleichzeitig die Chance, diese mit anderen zu diskutieren.[8] Ein wichtiger Faktor waren Videos, die ab 2003 zu ihrem wichtigsten Bestandteil wurden, weil ab diesem Zeiptunkt die Bandweite der meisten Internetverbindungen ausreichte, um größere Dateien – wie eben Videos – herunterzuladen. Sie zeigten militärische Operationen, Selbstmordattentate oder Exekutionen und gaben Nutzern das Gefühl, direkt an den Konflikten im Irak und in Afghanistan beteiligt zu sein. Al-Qaida im Irak – die Gruppe, aus der später der Islamische Staat hervorging – produzierte mehr, bessere und brutalere Videos als ihre dschihadistischen Konkurrenten und machte sich damit weltweit einen Namen, nicht zuletzt mit Videos von Enthauptungen, die sie ab Mai 2004 veröffentlichte. Einige der Foren hatten mehr als zehntausend registrierte Nutzer und wurden von der al-Qaida-Führung so ernst genommen, dass sich der damalige Stellvertreter Bin Ladens, Ayman al-Zawahiri (*1951), im April 2008 den Fragen ihrer Nutzer stellte.[9]

Web 2.0

Bis zum Entstehen sozialer Netzwerke – dem sogenannten Web 2.0 – waren die Extremisten größtenteils unter sich: Niemand wurde per Zufall Mitglied in einem dschihadistischen Online-Forum, und zur Verbreitung von Videos und anderen Propagandamaterialien gab es außerhalb solcher virtuellen Nischen nur wenig Möglichkeiten. Durch Webseiten wie Facebook, YouTube, Twitter und WordPress, die die Trennung zwischen Produzenten und Konsumenten aufhoben und es jedermann erlaubten, selbstproduzierte Inhalte auf große, offen zugängliche Plattformen zu stellen, wurde es einfacher, ein breites Publikum anzusprechen. Statt nur in Online-Foren konnten die Extremisten ihre Videos jetzt auf YouTube posten und erreichten damit Leute wie Choudhry, die gar nicht nach extremistischen Inhalten suchten, aber für extremistische Botschaften offen waren.

Während des Syrienkonflikts kam es zu einer »Explosion« dschihadistischer Inhalte in den sozialen Medien. Der Islamische Staat nutzte jeden Kanal, um seine Botschaften und Videos zu verbreiten, und kontrollierte zeitweise mehrere Zehntausend Twitter-Accounts.[10] Hinzu kamen die Auslandskämpfer mit ihren privaten Blogs, Facebook- und Instagram-Profilen, auf denen sie Fotos und Neuigkeiten »von der Front« veröffentlichten und zu Hause gebliebenen Unterstützern Tipps für die Ausreise nach Syrien gaben. Ein weiteres Element waren Prediger, selbst ernannte Propagandisten und Fans, die offiziell nichts mit dem Islamischen Staat zu tun hatten, aber im

Internet lautstark seine Sache unterstützten, selbst gebastelte Fotomontagen oder Videos ins Internet stellten oder offizielle Statements in europäische Sprachen übersetzten.[11] Der amerikanische Terrorismusexperte Jarret Brachman nannte solche Freizeit-Dschihadisten »Dschihobbyisten« und argumentierte, sie – nicht die Gruppe selbst – seien der wichtigste Grund für die enorme Stärke und Präsenz der Bewegung im Internet.[12]

Bis Ende des Jahres 2014 operierte das Online-Ökosystem des Islamischen Staates mehr oder weniger ungestört. Erst als die sozialen Netzwerke damit anfingen, aggressiver gegen die Gruppe vorzugehen und ihre Twitter-Accounts und Facebook-Profile massenweise zu schließen, änderte sich der Modus Operandi. Natürlich versucht der Islamische Staat nach wie vor, seine Inhalte auf Mainstream-Plattformen zu verbreiten, und es gibt einige Kämpfer, die es geschafft haben, ihre Profile vor den Facebook-Zensoren zu retten. Aber ein Großteil der Kommunikation hat sich inzwischen auf private Mitteilungsdienste wie WhatsApp oder Telegram Messenger verlagert, wo Anhänger in geschlossenen (aber zum Teil recht großen) Gruppen miteinander diskutieren sowie Fotos und Videos tauschen.[13] Vom breiten Publikum sind sie damit vorerst abgeschnitten, aber als »virtuelle Gegenkulturen« existieren sie weiterhin.

Virtuelle Gegenkulturen

Bereits im Jahr 1993 prognostizierte der Computerpionier Howard Rheingold, dass das Internet zur Entstehung »virtueller Gemeinschaften« (*virtual communities*) führen würde. Anders als viele seiner Kollegen, die in den damals entstehenden Netzwerken vor allem eine Möglichkeit zum einfacheren und schnelleren Austausch von Daten sahen, begriff Rheingold das Internet von Anfang an als sozialen Raum, in dem sich Menschen trafen, miteinander kommunizierten und Beziehungen entwickelten. Hieraus, so Rheingold, entstünden Gemeinschaften, die zwar in keinem bestimmten physischen Ort existierten, aber alle Merkmale und Eigenschaften »echter« Offline-Gemeinschaften aufwiesen: eine gemeinsame Identität, gemeinsame Interessen, Symbole, Rituale, gegenseitige Verpflichtung und Zusammenhalt. Rheingold war davon überzeugt, dass die Entstehung solcher Gemeinschaften zu sozialem Fortschritt und besseren Gesellschaften führe.[14] Dass sich auch Extremisten zu virtuellen Gemeinschaften zusammenschließen würden, hatte er nicht vorausgesehen, doch – wie bereits erwähnt – gehörten sie zu den Ersten, die von der neuen Technologie Gebrauch machten. Was Extremisten im Internet schufen, waren nicht virtuelle Gemeinschaften im Sinne Rheingolds, sondern virtuelle Gegenkulturen. Der amerikanische Terrorismusforscher Sageman ging noch weiter: Er bezeichnete das Internet als den »virtuellen Leim«, der diese Bewegungen zusammenhielt.[15]

Die Neonazis sind hierfür ein gutes Beispiel. In Deutschland ist die Szene hochgradig vernetzt, und obwohl dies weniger notwendig scheint als in Ländern wie den Vereinigten Staaten, wo die Anhänger über einen viel größeren Raum verstreut sind, erfüllt die virtuelle Präsenz – etwa auf Facebook-Seiten, den Kommentarspalten von Kameradschaften oder in den deutschsprachigen Sektionen internationaler Online-Foren wie Altermedia oder Stormfront – eine wichtige Funktion, denn sie gibt Anhängern das Gefühl, Teil einer großen, einflussreichen Bewegung zu sein. Daniel Köhler, ein deutscher Extremismusexperte, der für die Berliner Aussteigerberatung »Exit« arbeitete, gewann diesen Eindruck in vielen der Gespräche, die er mit ehemaligen Neonazis führte. Obwohl sich einige Aktivisten bereits bei Konzerten oder Veranstaltungen getroffen hatten, entstanden laut Köhler viele der Verbindungen durch das Internet: »Es war der leichteste Weg, Kontakte zu knüpfen«, sagte einer seiner Gesprächspartner, »und [gleichzeitig] der leichteste Weg, Aufgaben zu übernehmen, zu koordinieren [und] Ansehen zu gewinnen.«[16] Gerade jüngere Aktivisten begriffen die Beteiligung an Diskussionen als Chance, sich innerhalb der Szene Gehör zu verschaffen: »Die Vielfalt der Gedanken und Theorien [im Internet] (…) belebt die Szene. Und es belebt auch dich, [denn] du kannst ja mitmachen!«[17] Ein weiterer Exnazi brachte es auf den Punkt: »Ich hatte das Gefühl, das ist eine ganz große Sache!«[18]

Genauso wichtig ist die Tatsache, dass in virtuellen Gegenkulturen die gemeinsame Identität gepflegt wird. Wie bei allen Gegenkulturen geht es auch online nicht nur um Politik. Wer sich in einem Neonazi-Forum bewegt, muss die Sprache der Bewegung sprechen, ihre Codes verwenden und Rituale praktizieren. Kleidung und rassistische Musik werden hier ebenso häufig – und leidenschaftlich – diskutiert wie politische Ereignisse. Außerhalb von Festivals und Rockkonzerten, so eine amerikanische Unterstützerin, sei das Internet der einzige Ort, »wo man sich seiner Identität nicht schämen muss«.[19] Grund hierfür ist die »Normalisierung« extremistischer Symbole und Ansichten. Nach einer Theorie des amerikanischen Sozialpsychologen John Suler führt die Kombination aus (vermeintlicher) Anonymität und der Abwesenheit moderater Einflüsse zur »Online-Enthemmung«.[20] Nicht nur bekräftigen sich die Teilnehmer virtueller Gegenkulturen in ihren extremistischen Ansichten, sondern sie stacheln sich gegenseitig an – ein Phänomen, das Köhlers Gesprächspartnern gut vertraut war: »Einige sind im echten Leben völlig schüchtern und zurückgezogen«, bemerkte einer. »Dann aber online sind sie die totalen Hetzer (…). [Die schreiben] Sachen, die sie sich draußen niemals trauen würden.«[21]

Kämpfende Gemeinschaften

Für europäische Dschihadisten, die zum Kämpfen nach Syrien gezogen sind, hatten virtuelle Gegenkulturen eine weitere Funktion: die Möglichkeit, mit aktiven Kämpfern zu kommunizieren. In früheren Konflikten war dies unmöglich: Sobald ein Kämpfer seine Heimat verlassen hatte, war er außer Reichweite; die erste Nachricht, die seine Freunde oder Verwandten von ihm bekamen, war typischerweise die von seinem Tod oder seiner Verhaftung. Selbst die Online-Foren, von denen Nutzer glaubten, sie brächten sie »näher an die Front«, boten in Wahrheit nur offizielle Videos und Verlautbarungen. Der erste westliche Dschihadist, der live aus einer Konfliktzone tweetete, war der Amerikaner Omar Hammami (1984–2013), der sich der somalischen Gruppe al-Schabaab angeschlossen hatte. Hammamis Tweets – und die Tatsache, dass er auf Fragen und Kommentare seiner westlichen »Fans« antwortete – galten als Sensation.[22] Doch bereits ein Jahr nach seinem Tod im Herbst 2013 war diese Art von Kommunikation zwischen Kämpfern und zu Hause gebliebenen Unterstützern zur Normalität geworden: Hunderte von Kämpfern, die sich auf den Weg nach Syrien gemacht hatten, bestückten täglich ihre Facebook- und Instagram-Profile. Viele stellten sich auf Webseiten wie Ask.fm den Fragen ihrer Anhänger. Und die meisten hielten nach wie vor per WhatsApp Kontakt mit Freunden und Verwandten in der Heimat.

Für europäische Salafisten, die sich für den Krieg in Syrien interessierten, aber wenig über ihn wussten, wurde das Internet so zur wichtigsten Informationsquelle. Viele folgten Hunderten von Twitter-Accounts von Kämpfern, Aktivisten und Oppositionsgruppen. Das Ergebnis war ein nicht enden wollender Strom dramatischer, emotional aufwühlender und oft sehr bildgewaltiger Nachrichten. »In Aleppo gibt es ein Gefängnis mit 300 weiblichen Gefangenen, die jeden Tag vergewaltigt werden«, tweetete ein Kämpfer aus England.[23] Andere posteten Bilder von Opfern des Assad-Regimes, von Leichen und Verstümmelten, von Kindern, die vor den Gräbern ihrer Eltern standen, oder von toten Babys. Der »moralische Schock«,[24] den solche Nachrichten auslösten, verursachte bei vielen zu Hause gebliebenen Salafisten ein Gefühl der Hilflosigkeit und Schuld:

> Was ist los mit mir? Ich habe ein gutes Leben hier. Einen guten Job. Ein Einkommen. Ein Auto. Ein Haus. Aber was habe ich jemals für Gott getan? Jede Nacht, die ich bequem in meinem Bett schlafe, denke ich an die Menschen in muslimischen Ländern, die leiden.[25]

Je mehr sich die schlechten Nachrichten aus Syrien häuften, desto schmerzlicher wurde der gefühlte Widerspruch zwischen moralischem Anspruch und eigenem Handeln: »Wie lange wollen wir noch hier sitzen und reden? Wie lange nach Entschuldigungen suchen?«[26]

Der Kontakt mit aktiven Kämpfern war nicht nur deshalb wichtig, weil sie erklären konnten, wie man nach Syrien kam, sondern vor allem auch, weil sie das schlechte Gewissen ihrer zu Hause gebliebenen Unterstützer noch verstärkten. Allein die Fotos, die sie auf Facebook oder Instagram veröffentlichten, bewirkten diesen Effekt: »Zu sehen, dass unsere Brüder kämpfen, während wir in Sicherheit sind und keine Probleme haben, treibt mir Tränen in die Augen«,[27] schrieb ein englischer Salafist, der sich wenige Wochen später auf den Weg nach Syrien machte. Noch akuter wurde das Schuldgefühl, wenn direkter Kontakt mit aktiven Kämpfern bestand, denn sowohl Kämpfer als auch zu Hause gebliebene Unterstützer wussten genau, dass es aus dschihadistischer Sicht keine legitime religiöse oder praktische Entschuldigung dafür gab, nicht nach Syrien zu kommen. »Schluss mit den Entschuldigungen!«, tweetete Abu Dujana, einer der bekanntesten englischen Kämpfer, an seine Fans: »Als ich nach Syrien ging, kannte ich niemanden und fand den Weg zur Grenze nur mit Hilfe von Google Maps. Vertraut auf Gott und zeigt ein bisschen Rückgrat!«[28]

On- und offline

Jahrelang stritten sich Forscher über die Frage, ob das Internet Terrorismus verursacht. Den Befürwortern schien es offensichtlich, dass die Präsenz so vieler extremistischer Gruppen, hasserfüllter Online-Foren und der leichte Zugang zu Propagandamaterialien – inklusive Bombenbauanleitungen – einen Effekt haben mussten: Das Internet bot nicht nur Begründung und Motivation, sondern lieferte auch konkrete Handlungsanleitungen. Es war nur eine Frage der Zeit, bis Fälle wie der von Choudhry, die sich komplett online radikalisierte, nicht mehr Ausnahme, sondern die Regel sein würden.

Die Gegenposition war, dass der Zusammenhang zwischen Online-Hass und Offline-Gewalt völlig unbewiesen sei. Millionen von Menschen hätten al-Awlakis Videos im Internet gesehen, aber nur eine verschwindend geringe Zahl sei durch sie zu gewaltsamen Handlungen inspiriert worden. Dasselbe gelte für Nutzer extremistischer Online-Foren oder dschihadistische »Fans« auf Twitter: Die allermeisten seien zwar kognitive Extremisten, aber keine Gewalttäter. Die Möglichkeit, im Internet »Dampf abzulassen« helfe dabei, ihr Abgleiten in die Gewalt zu verhindern. Extremismus im Internet sei in aller Regel nicht Ursache, sondern Konsequenz – und Spiegelbild – von Radikalisierung, die anderswo stattgefunden habe.[29]

Die Diskussion erinnerte mich an die Debatte darüber, ob Religion »gut« oder »schlecht« sei – und war genauso wenig zielführend. Jedem, der sich ernsthaft mit Radikalisierung beschäftigte, musste klar sein, dass das Internet und die neuen Möglichkeiten, die es extremistischen Gruppen bot, Radikalisierungsverläufe beeinflussen und verändern würden. Die Behauptung, dass es zwischen dem Internet und Radikalisierung keinerlei Schnittmenge gab, widersprach sowohl empirischer Beobachtung als auch gesundem Menschenverstand. Doch ebenso problematisch war die Auffassung, dass nur das Internet für Radikalisierung verantwortlich war, denn eine große Zahl derjenigen, die zu Gewalttätern wurden, war nicht nur in virtuellen Gegenkulturen aktiv, sondern auch offline. Früher als viele andere erkannte der amerikanische Extremismusforscher Pete Simi, dass die Trennung zwischen online und offline künstlich war und die Lebensrealität der meisten (und vor allem junger) Menschen nicht mehr reflektierte. Mehr noch: Der Schlüssel zum Verstehen vieler Radikalisierungsverläufe lag nicht in der einen oder anderen Sphäre, sondern in ihrem Zusammenspiel.[30]

Syrienkämpfer

Wer sich anschaut, woher die dschihadistischen Auslandskämpfer in Europa kommen, erkennt schnell, dass das Internet nicht der einzige – oder wichtigste – Faktor in ihrer Radikalisierung war. Praktisch alle späteren Kämpfer waren online, informierten sich über den Konflikt im Internet und waren empört über die Grausamkeiten des Assad-Regimes, von denen sie über Twitter und Facebook erfuhren. Doch in jedem europäischen Land, aus dem Kämpfer nach Syrien gingen, war ihre Verteilung nicht gleichmäßig oder proportional zur Verteilung der muslimischen Bevölkerung. Stattdessen gab es Häufungen in kleinen und mittelgroßen Städten – Wolfsburg, Dinslaken und Solingen in Deutschland; Brighton, Portsmouth und Cardiff in Großbritannien; Vilvoorde und Antwerpen in Belgien. Die Erklärung hierfür war nicht das Internet, sondern die Tatsache, dass sich Gruppen von Kämpfern persönlich kannten, miteinander zur Schule gingen oder im selben Fußballverein spielten. Entscheidend war nicht, wie wütend oder mit wie vielen Kämpfern jemand auf Facebook befreundet war, sondern ob er einen persönlichen Kontakt zu einer Person besaß, die bereits nach Syrien gegangen war.

Ein gutes Beispiel für das Zusammenspiel zwischen on- und offline ist die sogenannte Portsmouth-Zelle um Ifthekar Jaman (1991–2013). Der damals 22-Jährige hatte sich von Anfang an für den Konflikt in Syrien interessiert. Zunächst kam er zu dem Schluss, dass es sich um einen Bürgerkrieg zwischen Muslimen handle, mit dem er nichts zu tun haben wolle. Doch die Predigten saudischer Salafisten, die er auf YouTube fand und sich stundenlang anhörte, überzeugten ihn vom Gegenteil: Was in Syrien passiere, sei ein Genozid, der zum Ziel

Wollte die syrischen Sunniten gegen »existentielle Bedrohung« verteidigen: Ifthekar Jaman aus Portsmouth, England

habe, die syrischen Sunniten – seine Brüder und Schwestern – zu vernichten. Ab Anfang 2013 war jeder Zweifel ausgeräumt: Es sei seine Pflicht, nach Syrien zu gehen und dabei zu helfen, die drohende Katastrophe abzuwenden. Spenden sammeln sei nicht genug: »Spendet, so viel Ihr könnt«, schrieb er später auf Twitter, »aber glaubt nicht, Ihr hättet damit Eure Pflicht getan. Spenden stoppen keine Panzer.«[31] Als er sich im Frühjahr 2013 auf den Weg machte, kannte er niemanden in dem Land und geriet nur durch Zufall an einen Dschihadisten, der ihm ein Busticket nach Aleppo kaufte. Al-Nusra – die Gruppe, für die er kämpfen wollte – lehnte ihn ab, aber der Islamische Staat, der sich damals gerade von al-Qaida getrennt hatte, nahm ihn mit offenen Armen auf.[32]

Als Kämpfer verbrachte Jaman viel Zeit damit, sein Leben im Islamischen Staat auf Twitter und Facebook zu dokumentieren, und er beantwortete die Fragen seiner dschihadistischen Bewunderer auf Ask.fm. In Portsmouth wurde er damit zu einer Art lokale Berühmtheit, über die die Medien regelmäßig berichteten. Die Leute, mit denen er den engsten Kontakt hielt, waren fünf seiner besten Freunde aus der Heimat, die er nach wenigen Monaten davon überzeugte, ihm nach Syrien zu folgen. Das Internet ermöglichte ihnen, miteinander zu kommunizieren, aber es war nicht der Grund, weshalb sie sich dazu entschieden hatten, nach Syrien zu kommen. Jaman war nicht irgendein Kämpfer, sondern ihr alter Kumpel, den sie seit Jahren kannten, als Vorbild respektierten und dessem Urteil sie hundertprozentig vertrauten.

Als sie in der Türkei ankamen, hatte Jaman alles vorbereitet: Anders als bei seiner eigenen Ankunft wurden die Freunde von einem Kontaktmann des Islamischen Staates abgeholt, in ein sicheres Haus gebracht, und statt mit einem Bus nach Aleppo zu fahren, wartete ein Truck, der sie direkt ins Trainingslager brachte.[33]

Schwerer hatten es drei Männer aus Manchester, die Jaman ausschließlich aus dem Internet kannte. Obwohl er monatelang per Skype und WhatsApp mit ihnen kommuniziert hatte, war sich Jaman nicht sicher, dass er ihnen trauen konnte. Als sie in Antakya – der türkischen Provinzstadt, von der aus viele Reisen in den Islamischen Staat begannen – eintrafen, weigerte sich Jaman zunächst, für sie zu bürgen. Stattdessen arrangierte er ein Treffen mit seinen Freunden aus Portsmouth, die wenige Tage später eintrafen. Erst als das physische Treffen stattgefunden und sich seine Freunde davon überzeugt hatten, dass die drei Männer es ernst meinten und weder Spione noch Spaßvögel waren, gab auch Jaman sein grünes Licht.[34]

Folgen

Dass das Internet in Radikalisierungsverläufen eine größere Rolle spielt, ist weder kontrovers noch überraschend. Elektronische Kommunikation ist im Laufe der vergangenen Jahrzehnte ein so wichtiger Teil unserer Existenz geworden und hat sie gleichzeitig so dramatisch verändert, dass es ein Wunder wäre, wenn sich die Kommunikationsgewohnheiten von Extremisten nicht ebenfalls geändert hätten. Wenn 22-jährige Auslandskämpfer Selfies von sich machen und sie anschließend auf Facebook oder Instagram veröffentlichen, dann agieren sie nicht als Extremisten, sondern wie 99 Prozent ihrer Altersgenossen. Mehr noch: Dass sich auf den Laptops von Terrorverdächtigen Kopien dschihadistischer Online-Magazine finden und dass sie mit ihren Kameraden per WhatsApp und in sozialen Netzwerken kommunizieren, ist kein Beweis für Online-Radikalisierung, sondern zeigt, dass Extremisten – trotz außergewöhnlicher politischer Ansichten – Produkte ihrer Zeit sind. Oder erwarten wir ernsthaft, dass sich Extremisten nach wie vor Briefe schreiben, ihre Flüge im Reisebüro buchen und ihre Fotos zum Entwickeln ins Labor bringen?

Extremistische Bewegungen gehörten zu den frühesten und enthusiastischsten Nutzern neuer Technologien: Das Internet vermittelte ihren Anhängern das Gefühl der Anonymität und senkte die Hemmschwelle für Interaktion mit anderen Extremisten; es gab ihnen direkten Zugang zur Öffentlichkeit, war billig und machte es möglich, Unterstützer über große Entfernungen miteinander zu vernetzen. Dass sich das Internet dafür eignete, neue Anhänger zu gewinnen und bestehende Unterstützer zu mobilisieren, war – und ist – der Hauptgrund für die extremistische Online-Präsenz. Doch Online-Radikalisierung wie bei Choudhry, die allein durch den passiven Konsum extremistischer Videos zur terroristischen Gewalttäterin wurde, ist nach wie vor selten. Stattdessen hat das Internet zur Entstehung neuer Phänomene und Radikalisierungsmechanismen beigetragen, etwa der Bildung »virtueller Gegenkulturen« oder – wie im Fall der Dschihadisten – »kämpfender Gemeinschaften«. Für Radikalisierungsverläufe entscheidend ist dabei nicht allein, was online passiert, sondern wie On- und Offline-Einflüsse miteinander zusammenhängen.

Dass das Internet Radikalisierungsprozesse verändert hat, zeigt sich auch daran, dass es häufig mit zwei weiteren Trends in Verbindung gebracht wird, die Choudhry beide repräsentiert. Zum einen ist das die deutlich gestiegene Zahl von Einzeltätern, sogenannten einsamen Wölfen, die völlig auf eigene Faust – was heißt: ohne Einbindung in eine terroristische Hierarchie oder Struktur – Anschläge verursachen. Zum anderen geht es um die viel stärkere Mobilisierung von Frauen, besonders für den Islamischen Staat. Wie diese Phänomene miteinander – und mit dem Internet – zusammenhängen, erkläre ich in den nächsten beiden Kapiteln.

9

Einsame Wölfe

Was sich am Morgen des 26. Juni 2015 in dem kleinen Örtchen Saint-Quentin-Fallavier nahe Lyon in Frankreich abspielte, war so dramatisch, dass viele der Bewohner zunächst nicht glauben wollten, die Geschichte sei wahr. Gegen 9.30 Uhr kam es in der lokalen Gasfabrik zu einer Explosion: Der Knall war so laut, dass er im ganzen Dorf zu hören war. Viele dachten zunächst an einen Unfall, doch als die Feuerwehr am Ort des Geschehens eintraf, wurde schnell klar, dass etwas anderes vorlag. Ein Lastwagen war mit voller Wucht in den Teil der Fabrik gefahren, wo gefüllte Gaszylinder zur Auslieferung gelagert wurden. Ziel war offenbar gewesen, die gesamte Anlage zu sprengen. Doch damit nicht genug. Als die Feuerwehrmänner den Eingang der Fabrik absicherten, machten sie eine grausame Entdeckung: An einem Zaun hing der (noch blutende) Kopf eines Mannes. Daneben drapiert waren zwei Flaggen des Islamischen Staates.

Der Tote war der 54-jährige Chef eines lokalen Zustelldienstes und der Mörder sein Angestellter, Yassin Salhi (1980–2015), ein 35-jähriger Franzose nordafrikanischer Abstammung. Salhi arbeitete erst seit drei Monaten für den Zustelldienst und hatte sich wenige Tage zuvor mit seinem Chef gestritten. Am Morgen des Anschlags lauerte er ihm auf dem Parkplatz der Firma auf, schlug ihn bewusstlos und erwürgte ihn. Die Enthauptung fand statt, als sein Opfer bereits tot war. Mit dem abgetrennten Kopf auf dem Beifahrersitz fuhr Salhi anschließend ans andere Ende des Ortes, wo sich die Gasfabrik befand. Beim Einlass hatte Salhi keine Probleme, denn er war den dortigen Pförtnern bekannt. Der Versuch, die gesamte Fabrik in die Luft zu jagen, schlug fehl: Nur wenige der Zylinder fingen Feuer, und es gab bloß zwei Verletzte. Auch sein Plan, zum Märtyrer zu werden, ging schief: Noch auf dem Fabrikgelände wurde Salhi von einem Feuerwehrmann überwältigt.[1]

Vielen Experten galt Salhi als typisches Beispiel für einen »einsamen Wolf«, denn er handelte allein, war kein Mitglied einer terroristischen Gruppe und hatte von niemandem eine konkrete Anweisung erhalten. Doch das bedeutete nicht, dass Salhi ein unbeschriebenes Blatt war. Wie viele andere, die später zu einsamen Wölfen wurden, war Salhi den Behörden seit Jahren bekannt. Zum ersten Mal auffällig wurde er bereits Mitte der 2000er Jahre, als er in einem Dorf nahe der Schweizer Grenze lebte und zur Gefolgschaft eines dschihadistischen Predigers zählte. Seine Ansichten waren so extrem, dass ihm die lokale Moschee Hausverbot erteilte. Später änderten sich seine Prioritäten: Er heiratete, bekam Kinder und zog sich nach und nach aus der Szene zurück. Im Jahr 2008 strich ihn der französische Inlandsgeheimdienst von seiner Gefährder-Liste.[2]

Was zu seiner »Re-radikalisierung« führte, ist unbekannt. Doch dass er sich zum Zeitpunkt des Anschlags als »Soldat« des Islamischen Staates begriff, steht außer Frage. Als die Polizei Salhis Handy untersuchte, fand sie ein Foto, das nur wenige Minuten vor seiner Verhaftung aufgenommen worden war. Es zeigte Salhi neben dem Kopf seines toten Chefs am Steuer seines Lastwagens. Noch bevor er auf dem Gelände der Gasfabrik eintraf, schickte er das makabre Selfie an einen Auslandskämpfer, der aus derselben Region stammte und sich ein halbes Jahr zuvor dem Islamischen Staat in Syrien angeschlossen hatte.[3] Ob die beiden bereits in Frankreich miteinander in Kontakt gestanden und den Anschlag verabredet hatten, ist bis heute ungewiss. Doch sein Verhalten macht deutlich, dass Salhi wollte, dass die Gruppe von seiner Operation wusste und den graphischen Beweis besaß, um sie propagandistisch auszuschlachten.

Nicht erst seit dem Aufstieg des Islamischen Staates diskutieren Experten über die gestiegene Bedrohung durch einsame Wölfe. Laut einer kürzlich erschienenen Studie waren in den Jahren 2000 bis 2014 einsame Wölfe in Europa für 72 Anschlagsversuche verantwortlich – 17 davon allein im Jahr 2013. Die meisten hiervon scheiterten oder verursachten nur wenige Tote. Salhis Attentat war auch in dieser Hinsicht typisch, denn der Durchschnitt lag bei nur einem Todesopfer und zwei Verwundeten. Vor dem Anschlag in Nizza im Juli 2016, der 85 Menschenleben forderte, war die verheerendste Aktion eines einsamen Wolfs die des norwegischen Rechtsterroristen Anders Breivik, der im Juli 2011 77 Menschen ermordete.[4]

Auch wenn die wenigsten daran zweifeln, dass es einsame Wölfe gibt, ist das Phänomen umstritten. Das fängt damit an, dass es keine allgemein akzeptierte Definition gibt. Nicht jeder Einzeltäter ist automatisch ein einsamer Wolf. Entscheidend ist, ob eine Person ohne Auftrag handelt und sich zum Zeitpunkt der Tat außerhalb der Kommandostruktur einer terroristischen Organisation befindet. Doch was ist mit Leuten, deren Radikalisierung als Teil einer Gruppe stattfand oder die in der Vergangenheit Mitglieder terroristischer Organisationen waren? Und welche Bezeichnung soll für sogenannte Rudel – kleine Gruppen, die aus zwei oder drei Personen bestehen – gelten? Je nach Definition agieren einsame Wölfe zwar stets auf eigene Faust, doch sind sie dabei nicht notwendigerweise »einsam«.[5]

Eine noch grundsätzlichere Meinungsverschiedenheit besteht bezüglich ihrer Motive. Handelt es sich bei ihren Anschlägen tatsächlich um politisch motivierte Gewalt, und ist es legitim, diese den Organisationen zuzurechnen, die sie vermeintlich inspiriert haben? Inwiefern war beispielsweise Salhis Aktion tatsächlich ein Anschlag des Islamischen Staates, oder diente ihm die Ideologie lediglich als Vorwand? Ging es Salhi um den Kampf für ein weltweites Kalifat, oder war der Anschlag eine – zugegebenermaßen extreme – Reaktion auf den Streit, den er wenige Tage zuvor mit seinem Chef gehabt hatte? Dass sich persönliche und politische Motive bei einsamen Wölfen schwer voneinander trennen lassen, zeigt nicht zuletzt die relativ hohe Zahl von Fällen, bei denen psychische Probleme ein Faktor zu sein scheinen.

Wie ich in diesem Kapitel zeige, sind einsame Wölfe kein völlig neues Phänomen, auch wenn das Internet neue – und sehr wirksame – Kanäle eröffnet hat, um die Strategie zu ver-

Erwürgte und enthauptete seinen Chef im Namen des Islamischen Staates: der Franzose Yassin Salhi

breiten. Ihr Terrorismus ist weniger außergewöhnlich, als es auf den ersten Blick scheint. Einsame Wölfe handeln auf eigene Faust, doch ihre Radikalisierung ist oftmals »konventionell« und geschieht im Kontext von Gruppen. Viele waren vor ihrer Tat Teil extremistischer Gegenkulturen und sind deshalb den Sicherheitsbehörden bekannt. Psychische Probleme sind ein wichtigerer Faktor als bei Terroristen, die in terroristischen Kommandostrukturen integriert sind, doch selten der einzige und/oder entscheidende Grund, weshalb sie Anschläge verüben. Mehr noch: Viele einsame Wölfe kündigen ihre Aktionen an, sprechen über sie oder posten Warnungen auf Facebook und Twitter. Einsame Wölfe sind »anders« als die Terroristen, die in den vorigen Kapiteln beschrieben wurden, aber nicht die »unbekannten Wesen«, als die sie häufig dargestellt werden.

Strategie

Die Idee des inspirierten Einzeltäters ist so alt wie der Terrorismus. In der modernen Ära wurde sie zuerst von den Anarchisten im späten 19. Jahrhundert (wieder-)entdeckt, die hierfür das Konzept der »Propaganda der Tat« prägten. Ihre gesamte Strategie basierte auf Einzeltätern oder kleinen Zellen, die ohne Koordination und Anweisung Anschläge durchführen sollten. Die Hoffnung war, dass sich Gleichgesinnte dadurch inspiriert fühlten und so eine Kettenreaktion aus mehr und immer häufigeren Anschlägen entstehe, die zu allgemeinem Chaos und – schließlich – zum Sturz des Regimes führe. Der im deutschen Augsburg geborene Johann Most (1846–1906) war einer ihrer prominentesten Fürsprecher: Im amerikanischen Exil verfasste er die erste Do-it-yourself-Bombenbauanleitung in der Geschichte des modernen Terrorismus.

Sie trug den umständlichen Titel: *Revolutionäre Kriegswissenschaft. Ein Handbüchlein zur Anleitung betreffend Gebrauches und Herstellung von Nitroglycerin, Dynamit, Schießbaumwolle, Knallquecksilber, Bomben, Brandsätzen, Giften usw., usw.*[6]

Als Taktik war die Propaganda der Tat erfolgreich: In den Jahren von 1880 bis 1905 ermordeten anarchistische Einzeltäter die Kaiserin von Österreich, den König von Italien, französische und amerikanische Präsidenten sowie Dutzende anderer Repräsentanten des Establishments auf beiden Seiten des Atlantiks. Anarchisten galten damals als Staatsfeinde Nummer eins, doch die Revolution, die sie angestrebt hatten, gelang nirgendwo. Die einsamen Wölfe waren zwar in der Lage, Chaos zu stiften, aber »eine Machtstruktur, die sich über Jahrhunderte etabliert hat«, so der russische Anarchist Pjotr Kropotkin (1842–1921) in einem selbstkritischen Manifest, »lässt sich nicht einfach mit ein paar Kilo Dynamit zu Fall bringen.«[7]

Im Vergleich zu den Anarchisten wurden Einzeltäter für die Rechten erst dann zur Strategie, als andere Formen der Organisation schwierig oder unmöglich geworden waren. Louis Beams Konzept des »führerlosen Widerstands«, das ich bereits im vorigen Kapitel erwähnt habe, war Ergebnis seiner Frustration darüber, dass es seine Bewegung während der gesamten 1980er Jahre nicht geschafft hatte, eine schlagkräftige Organisation auf die Beine zu stellen. Wenn es nicht mehr möglich sei, eine Struktur aufzubauen, ohne dass diese von der amerikanischen Bundespolizei, dem FBI, infiltriert werde, so Beam, dann sei die beste Lösung, überhaupt keine Struktur zu haben. Statt einer festen Hierarchie sollte der bewaffnete Arm der Bewegung fortan aus »Ein-Mann-Zellen« und »Phantomzellen« bestehen: »Niemand muss irgendjemandem einen Befehl geben. Die Idealisten, die der Sache der Freiheit verpflichtet sind, werden handeln, wenn die Zeit reif ist – oder folgen denen, die es ihnen vorgemacht haben.«[8]

Wenige Jahre später kam es zum bis dahin verheerendsten Anschlag auf amerikanischem Staatsgebiet, dem Angriff auf ein Regierungsgebäude in Oklahoma City im April 1995, bei dem 168 Menschen starben. Der Täter war ein einsamer Wolf, Timothy McVeigh (1968–2001), der den Anschlag zusammen mit zwei Komplizen organisiert hatte und von Beams Aufsätzen beeinflusst worden war. Und auch in Europa gab es Nachahmer: In Österreich kam es Mitte der 1990er Jahre zu einer Serie von Attentaten mit Brief- und Rohrbomben, bei der insgesamt vier Menschen starben und mehr als ein Dutzend schwer verletzt wurden. Opfer waren Angehörige von Minderheiten, speziell Roma, oder prominente Verteidiger der Rechte von Ausländern und Flüchtlingen wie zum Beispiel der damalige Wiener Oberbürgermeister Helmut Zilk (1927–2008), der beim Öffnen einer Briefbombe eine Hand verlor. Wie bei vielen einsamen Wölfen suggerierten die Bekennerschreiben die Existenz einer Organisation – in diesem Fall der sogenannten Bajuwarischen Befreiungsarmee –, doch in Wirklichkeit steckte hinter den Anschlägen ein einzelner Täter, der sozial isolierte und zuletzt psychisch gestörte Vermessungstechniker Franz Fuchs (1949–2000).[9]

Dschihadisten

Auch für al-Qaida waren einsame Wölfe nicht die bevorzugte Strategie. Anschläge wie am 11. September 2001 erforderten nicht Einzeltäter, sondern Teams, viel Planung und Vorbereitung sowie Terroristen mit unterschiedlichen Fähigkeiten und Aufgaben. Doch als die Vereinigten Staaten nach den Anschlägen ihre Grenzen dichtmachten, die Sicherheit im Flugverkehr verbesserten und al-Qaidas Trainingslager in Afghanistan und Pakistan zerstörten, wurden solche Operationen immer schwieriger. Die Idee, Anhänger, die sich bereits in westlichen Ländern befanden, als Einzeltäter zu aktivieren, war deswegen eine Art Notlösung. Ihr Champion war Anwar al-Awlaki, der jemenitisch-amerikanische Prediger, der Roshonara Choudhry zu ihrem Anschlag animierte (siehe Kapitel 8). Awlaki war in den USA geboren, sprach fließend Englisch und hatte ein Talent dafür, komplexe theologische Inhalte auf einfache Weise zu erklären. Seine Predigten, die er zunächst als DVDs und dann auf YouTube veröffentlichte, waren so populär, dass sie weit über das dschihadistische Milieu hinaus Verbreitung fanden. Ab Mitte der 2000er Jahre betrieb er zusätzlich zu seinem YouTube-Kanal einen Blog und beantwortete die Fragen seiner Anhänger per E-Mail. Seine Botschaft war deutlich: Wer seinen Glauben ernst nimmt, kann nicht Bürger Amerikas oder Europas sein, sondern muss gegen diese Länder kämpfen.[10]

Es besteht kein Zweifel, dass Awlakis Ideen auch deshalb so einflussreich wurden, weil er sie per Internet schnell, billig und millionenfach vertreiben konnte. In keiner anderen Periode wäre es möglich gewesen, dass ein Prediger, der in einem staubigen Dorf im Jemen sitzt, in Echtzeit mit Möchtegern-Terroristen in London, Washington oder New York chatten kann. Einer von Awlakis größten Fans, der Amerikaner Samir Khan (1985–2011), baute Ende des Jahrzehnts das al-Qaida-Online-Magazin *Inspire* auf, dessen einziger Zweck darin bestand, westliche Muslime zu Anschlägen zu motivieren (siehe Kapitel 4). Neben Choudhry wurden auf diese Weise etwa hundert weitere westliche Dschihadisten zu einsamen Wölfen. Awlakis größter »Erfolg« war der Anschlag auf den Marathonlauf in Boston vom April 2013: Die beiden Täter hatten sich ihre Bombe mit Hilfe einer Anleitung aus *Inspire* gebastelt.[11] Doch insgesamt war die Strategie weniger erfolgreich, als es schien, denn eine Mehrheit der Operationen scheiterte oder war so klein, dass sie kaum Aufsehen erregte. Verglichen mit dem 11. September wirkten die meisten Anschläge, die Awlaki inspiriert hatte, wie Verzweiflungstaten.

Das änderte sich mit dem Aufstieg des Islamischen Staates, der Einzeltäter von Anfang an in den Vordergrund stellte – nicht zuletzt Jihadi John, der zwar keinen Anschlag im Westen verübte, aber mit seinen gefilmten Enthauptungen bewies, wie wirksam und einflussreich die Tat einer einzelnen Person sein konnte. Anders als bei al-Qaida waren einsame Wölfe keine »Loser« und der Islamische Staat keine Organisation im Niedergang. Im Gegenteil: Als sein Sprecher im September 2014 zum ersten Mal zu Anschlägen im Westen aufrief, befand sich die Gruppe auf dem Höhepunkt ihres Erfolgs:

> Wenn ihr dazu in der Lage seid, einen ungläubigen Amerikaner oder Europäer (…), Australier, Kanadier oder irgendeinen anderen der Ungläubigen, die [gegen uns] Krieg führen (…), zu töten, dann vertraut auf Gott und tötet sie, wie ihr wollt. Zertrümmert ihnen den Kopf, schlachtet sie mit einem Messer, überfahrt sie mit dem Auto, werft sie von einem hohen Gebäude, erwürgt oder vergiftet sie.[12]

Hinzu kommt, dass Einzeltäter für den Islamischen Staat niemals die einzige Strategie waren. Während die Gruppe ihre Anhänger im Westen zu Anschlägen auf eigene Faust aufforderte, kämpfte sie an mehreren Fronten in Syrien und im Irak sowie in zehn ihrer »Provinzen« in anderen Teilen der muslimischen Welt. Und wie später deutlich wurde, arbeitete sie gleichzeitig an komplexen, aus Syrien gesteuerten Operationen in Europa, wie beispielsweise an den Anschlägen in Paris vom November 2015 und Brüssel vom März 2016. Kurzum: Für den Islamischen Staat waren Einzeltäter ein willkommenes »Extra« – besonders in Ländern wie den Vereinigten Staaten, die für die Gruppe schwer zu erreichen waren. Doch anders als die Anarchisten, die sich von Einzeltätern den Umsturz versprachen, und im Vergleich zu den Rechten sowie al-Qaida, die auf sie als Notlösung setzten, waren einsame Wölfe für den Islamischen Staat nur eines von mehreren Instrumenten in einer breiter angelegten Strategie: Das machte sie weniger bedeutend, doch erhöhte gleichzeitig ihre Effektivität.

Einsam oder allein?

Trotz seiner Prominenz in den Strategien extremistischer Bewegungen ist das Konzept des einsamen Wolfs umstritten. Einige Kritiker argumentieren, der Begriff sei irreführend und das Phänomen, das sich dahinter verberge, seltener als die Berichterstattung weismache. Viele Anschläge, die in den Medien als Taten einsamer Wölfe beschrieben würden, stellten sich bei genauerer Untersuchung als das Gegenteil heraus: Entweder gab es Komplizen, von denen zunächst nichts bekannt gewesen sei, oder der Täter sei doch in die Kommandostruktur einer terroristischen Organisation integriert gewesen.[13] Ein gutes Beispiel ist der Anschlag auf das Jüdische Museum in Brüssel im Mai 2014, der zunächst einem einsamen Wolf zugeschrieben wurde. In Wirklichkeit war der Täter, Mehdi Nemmouche (*1985), ein zurückgekehrter Auslandskämpfer, der zwar allein, aber im Auftrag des Islamischen Staates handelte.[14] Dasselbe gilt für die Messerattacke auf einen Bundespolizisten im Februar 2016 in Hannover. Mutmaßliche Täterin war die damals 15-jährige Schülerin Safia S. (*2000), eine junge Salafistin, die in der medialen Berichterstattung als »einsame Wölfin« porträtiert wurde. Wenige Wochen später, als die Polizei ihr Handy und ihre Internetkommunikation untersucht hatte, stellte sich heraus: Safia war vom Islamischen Staat nicht nur inspiriert worden, sondern hatte eine konkrete

Anweisung erhalten.[15] Mit anderen Worten: Beide waren zwar Einzeltäter, doch keine einsamen Wölfe. Sie waren allein, aber handelten als Teil einer Gruppe.

Selbst in Fällen, in denen klar zu sein scheint, dass es keine direkte Anweisung gab, wird der Begriff für ein so breites Spektrum von Situationen verwendet, dass sein Bedeutungskern schwammig ist. So gelten die zwei Mörder des britischen Soldaten Lee Rigby, der im Mai 2013 außerhalb einer Kaserne im Londoner Stadtteil Woolwich angefahren und dann enthauptet wurde, weithin als einsame Wölfe. Doch nicht nur handelten die beiden Attentäter gemeinsam, sondern sie waren auch seit Jahren aktive Mitglieder der salafistischen Szene und hatten sich für extremistische Organisationen engagiert. Der ältere der zwei, Michael Adebolajo (*1984), ein physisch imposanter Konvertit, dessen Eltern aus Nigeria stammten, nahm regelmäßig an Demonstrationen teil und hielt bei mindestens einer Veranstaltung eine öffentliche Ansprache.[16] Drei Jahre vor dem Anschlag hatte ihn die kenianische Polizei festgenommen, als er auf dem Weg nach Somalia war, um sich al-Schabaab anzuschließen. Den britischen Behörden war er so gut bekannt, dass der Inlandsgeheimdienst MI5 mehrmals versuchte, ihn als Informanten zu rekrutieren.[17] Dass er und sein Komplize am Ende auf eigene Faust agierten, ist angesichts ihrer langen und tiefen Verstrickung in das dschihadistische Milieu weniger bedeutend, als der Begriff einsamer Wolf suggeriert: Auch wenn ihre Tat »einsam« war, ihre Radikalisierung war es nicht.

Völlig anders war die Dynamik bei Anders Breivik, einem der wenigen »echten« einsamen Wölfe. Breivik führte seine Tat allein aus, hatte keine Komplizen, und nicht mal seine engsten Freunde wussten, wie extrem seine politischen Ansichten waren. Genauso wie Franz Fuchs, der österreichische Briefbomber, war Breivik nicht nur Mitglied keiner terroristischen Gruppe, deren Anweisungen er hätte befolgen können, sondern er erfand auch eine Organisation – die sogenannten Tempelritter –, um seine Tat als Beginn einer größeren Kampagne darzustellen. Und anders als bei den Attentätern von Woolwich spielte das Internet eine wichtige Rolle: Innerhalb von zwei Jahren tauchte Breivik Schritt für Schritt in die virtuelle Welt des Counter-Jihad ab und bezog Informationen über politische Ereignisse zunehmend von einer kleinen Zahl neurechter Blogs und Webseiten, die seine Vorurteile gegenüber »Kulturmarxisten« und Muslimen bestätigten. Sein Lieblingsautor, den er über hundertmal in seinem Manifest zitierte, war der norwegische Blogger Fjordman (*1975), der forderte, den Islam »und alle, die ihn praktizieren«, vom »Angesicht der westlichen Welt zu eliminieren«.[18] Als Breivik zu der Schlussfolgerung gekommen war, dass nur eine dramatische – und gewaltsame – Aktion den drohenden Kollaps Europas abwenden könne, besorgte er sich im Internet Bombenbauanleitungen.[19] Und zwei Stunden vor seinem Anschlag veröffentlichte er auf YouTube ein Video, mit dem er seine Aktion der Welt erklären wollte. Kurzum: Ohne Internet wäre Breivik niemals zum einsamen Wolf geworden.

Als einsamer Wolf war Breivik dennoch ungewöhnlich. Nicht nur, weil er tatsächlich »einsam« war und sich ohne Komplizen und Mithelfer radikalisierte, sondern weil er während seiner gesamten Vorbereitung stillhielt und niemanden in seine Pläne einweihte. Wie ich später zeige, schaffen es selbst die »einsamsten« einsamen Wölfe häufig nicht, ihre Absichten für sich zu behalten. Auch die Ausführung des Attentats war außergewöhnlich: Vor Breivik waren die meisten Sicherheitsbehörden davon ausgegangen, dass einsame Wölfe nicht über die notwendige Erfahrung, Eignung oder Disziplin verfügten, um funktionierende Sprengsätze zu konstruieren, und deswegen meist scheiterten oder nur wenige Menschen töteten.[20] In den allermeisten Fällen stimmte das auch. Aber Breivik machte klar, dass es tatsächlich »einsame« Wölfe gab, dass das Internet ihre Möglichkeiten vervielfacht hatte – und dass sie tödlich effektiv sein konnten.

Psychische Gesundheit

Mehr noch als andere Terroristen werden einsame Wölfe in der medialen Berichterstattung als »psychisch gestört« dargestellt. Auf den ersten Blick scheint es hierfür solide empirische Beweise zu geben. Der holländische Soziologe Ramón Spaaij, der für eine der ersten systematischen Studien des Phänomens verantwortlich war, schlussfolgerte, dass »die Häufigkeit psychologischer Störungen bei einsamen Wölfen wesentlich höher ist« als bei Terroristen insgesamt.[21] Der irische Psychologe Paul Gill kam zu einem ähnlichen Ergebnis: Von den 119 einsamen Wölfen in seinem Datensatz litten ungefähr ein Drittel (31,9 Prozent) vor ihrer Tat unter Persönlichkeitsstörungen oder einer psychischen Krankheit.[22] Und auch eine kürzlich veröffentlichte Studie der britischen Denkfabrik RUSI, die auf 72 Fällen basierte, fand in mehr als einem Drittel (35 Prozent) Hinweise auf psychische Erkrankungen.[23] Doch wer hieraus folgert, dass einsame Wölfe »verrückt« sind, begeht einen Fehler, denn nicht jedes persönliche Problem oder jede unangenehme Eigenschaft ist automatisch eine psychische Erkrankung. Und nicht jede psychische Erkrankung ist gleichzeitig eine Psychose, die zum Realitätsverlust – und damit zur Schuldunfähigkeit – führt.

Breiviks Fall zeigt, wie kompliziert und zweideutig solche Beurteilungen sein können. Die ersten zwei Gutachter, die ihn insgesamt 36 Stunden lang befragten und Zugang zu allen Vernehmungsprotokollen hatten, diagnostizierten ihn als paranoiden Schizophreniker, der nicht zu einer Gefängnisstrafe verurteilt werden sollte. In den Interviews hatte Breivik auf die Existenz der (von ihm erfundenen) Tempelritter-Organisation bestanden und sich als ihr ideologischer Anführer beschrieben. Er bezeichnete sich als »Pionier« eines europäischen Bürgerkriegs und behauptete, sein Attentat habe das Potential, einen dritten Weltkrieg auszulösen. Unter bestimmten Bedingungen, so Breivik, könne er sich gut vorstellen, zum norwegischen König gekrönt zu werden. Nach Meinung der Gutachter gingen solche Statements weit über die unter Counter-Jihadisten üblichen Verschwörungstheorien hinaus. Auch wenn es keine äußeren Symptome gab – Breivik hörte keine Stimmen, hatte keine Halluzinationen –, waren seine Vorstellungen über die eigene Rolle und Bedeutung so fernab der Realität, dass er ihnen als nicht schuldfähig galt.[24]

Die Möglichkeit, dass Breivik straffrei bleiben würde, löste in Norwegen Empörung aus und führte dazu, dass das Gericht zwei weitere Gutachter bestellte, die das erste Gutachten »reevaluieren« sollten. Und in der Tat: Obwohl sich die Beweislage nur geringfügig veränderte, kamen die zweiten Gutachter zu einer anderen Schlußfolgerung. Auch sie hatten die Möglichkeit, Breivik zu interviewen und die polizeilichen Vernehmungsprotokolle auszuwerten. Doch Breivik hatte zwischenzeitlich klargemacht, dass er auf keinen Fall für »verrückt« erklärt werden wolle, und spielte deshalb in den neuerlichen Interviews seine Rolle herunter, beschrieb sich als »einfachen Fußsoldaten« und sprach von den Tempelrittern nicht mehr als einer tatsächlich existierenden Organisation, sondern nur noch als einer »Idee«. Statt einer Psychose diagnostizierten die zweiten Gutachter eine schwere Persönlichkeitsstörung. Breivik, so ihr Statement, sei ein Narzissist und pathologischer Lügner, doch klinisch »verrückt« und deshalb schuldunfähig sei er nicht.[25]

Persönliche Probleme

Hinzu kommt, dass in vielen Fällen nicht ausreichend zwischen persönlichen Problemen und psychischen Erkrankungen unterschieden wird. In den Untersuchungen, die von RUSI und Gill durchgeführt wurden, ist beispielsweise häufig davon die Rede, dass ein überdurchschnittlich hoher Anteil einsamer Wölfe »sozial isoliert« gewesen sei. Doch nicht jeder Einzelgänger ist zwangsläufig psychotisch oder hat eine Persönlichkeitsstörung. Soziale Kontakte zu meiden ist ungewöhnlich, aber kein Beweis für eine psychische Erkrankung und korreliert nur in den wenigsten Fällen mit Gewalt oder Radikalisierung. Um beurteilen zu können, was genau »soziale Isolation« bedeutet, welches Ausmaß sie hat und inwiefern sie für einen Radikalisierungsverlauf relevant ist, bedarf es mehr als einer Ferndiagnose.

Ein gutes Beispiel ist Rafik Y. (*1974), ein im Irak geborener Kurde, der im September 2015 eine Berliner Polizistin mit einem Messer angriff. Rafik kam im Jahr 1998 als Asylbewerber nach Deutschland und war viele Jahre lang in der dschihadistischen Szene aktiv. Im Herbst 2004 gehörte er zu einer Terrorzelle, die den irakischen Premierminister bei einem Besuch in Berlin ermorden wollte. Während des Gerichtsprozesses vier Jahre später unterbrach er mehrmals die Verhandlung und beleidigte die Richter als »Neonazis« und »Schweine«. Im Gefängnis drohte er nichtmuslimischen Gefangenen: »Euch schlage ich die Köpfe ab!« Die Behörden hielten Rafik für so gefährlich und unberechenbar, dass er nach seiner Entlassung eine Fußfessel tragen musste.[26]

In den meisten Berichten, die nach der Messerattacke erschienen, wurde Rafik als »psychisch gestört« beschrieben. Laut des Berliner *Tagesspiegels* war seine Attacke »kein ge-

Galt als psychisch gestört: Rafik Y. aus Berlin

zielter Terrorangriff, sondern die Tat eines Psychopathen«.[27] Rafiks früherer Anwalt sagte, er habe sich »in einer psychologischen Grauzone« bewegt.[28] Der Berliner Polizeipräsident beschrieb ihn als »sozial isoliert«.[29] Doch was bedeutete das? Dass Rafik nur wenige Freunde besaß, aggressiv war und zu cholerischen Ausfällen neigte, steht außer Frage. Aber solche »unangenehmen« Eigenschaften sind – auf sich allein gestellt – kein hinreichender Beweis für eine psychische Störung oder mangelnde Zurechnungsfähigkeit. So sah das auch der Gutachter, der ihn im Jahr 2008 untersuchte und zu dem Ergebnis kam, Rafik sei zwar aggressiv, leide aber unter keiner Psychose oder Persönlichkeitsstörung.[30]

Meine Vermutung ist, dass es denjenigen, die einsame Wölfe ohne belastbare empirische Grundlage als »Psychopathen« beschreiben, gar nicht um die Täter geht, sondern um die Tat. Leute zu enthaupten oder Polizisten auf offener Straße mit einem Messer anzugreifen ist aus Sicht der meisten Menschen unbegreiflich, irrational – und deshalb »verrückt«. Doch diese Logik greift zu kurz. Denn so schrecklich die Taten von Rafik und anderen Anhängern des Islamischen Staates auch sein mögen, sie wurden allesamt von der Gruppe nicht nur politisch und theologisch begründet, sondern explizit gefordert. Wenn Rafik als »geistesgestört« gilt, weil er diese Anweisungen ausführte, dann müssen wir logischerweise auch diejenigen für verrückt erklären, die solche Anweisungen geben – und in letzter Konsequenz damit den gesamten Islamischen Staat.

Folgen

Auch wenn die Definition unpräzise ist und die Verbindung zu psychischen Erkrankungen komplexer als oft behauptet, gibt es keinen Zweifel, dass inspirierte Einzeltäter – also einsame Wölfe – eine terroristische Gefahr darstellen und dass ihre Zahl in den kommenden Jahren weiter steigen wird. Das liegt zum einen daran, dass Gruppen wie der Islamische Staat sie aktiv bewerben und als Teil ihrer Gesamtstrategie betrachten. Zum anderen ist das Internet, das früheren Generationen nicht – oder nicht in gleicher Weise – zur Verfügung stand, eine ideale Plattform, um die Taktik zu verbreiten, mit einsamen Wölfen in Kontakt zu treten und sie für Anschläge zu aktivieren. Nicht jeder, der dschihadistische oder rechte Propaganda im Internet sieht, wird deshalb automatisch zum Attentäter. Und nicht jeder, der sich auf einer radikalen Webseite eine Bombenbauanleitung herunterlädt, ist in der Lage, einen funktionierenden Sprengsatz zu bauen. Doch der Pool der Ansprechbaren hat sich durch das Internet so stark vergrößert, dass selbst eine minimale Erfolgsquote zu mehr Anschlägen führt.

In den Medien wird häufig davon gesprochen, dass Anschläge einsamer Wölfe schwer – oder gar »unmöglich« – zu verhindern seien. Wenn sich ein einsamer Wolf so verhält wie Breivik, der mit niemandem über seine Pläne sprach und seine Vorbereitungen völlig abgeschirmt von der Öffentlichkeit durchführte, ist das tatsächlich so. Doch wie die Untersuchungen von Spaaij, Gill, und RUSI übereinstimmend zeigen, sind die wenigsten einsamen Wölfe so »professionell« wie Breivik. Bei 80 Prozent der einsamen Wölfe in Gills Studie wussten Freunde, Familie oder Bekannte von den politischen Überzeugungen des späteren Attentäters. Bei zwei Dritteln war die Absicht, einen gewaltsamen Anschlag zu begehen, bekannt. Und knapp 60 Prozent kommunizierten ihre Überzeugungen – manchmal auch ihre Absichten – nicht nur gegenüber Vertrauenspersonen, sondern öffentlich.[31] Einfach ausgedrückt: Einsame Wölfe sind weniger einsam, unbekannt und geheimnisvoll, als sie häufig dargestellt werden.

Mehr noch: Das Internet, das von praktisch allen einsamen Wölfen genutzt wird, kann auch eine Falle sein. Denn ein großer Teil engagiert sich in den sozialen Medien, kommuniziert politische Ansichten und stellt über Apps wie Telegram Messenger und Twitter Kontakte zu Gleichgesinnten her. Die zwei Mörder von Lee Rigby kündigten ihre Tat auf Facebook an. Das Problem ist deshalb – paradoxerweise – nicht, dass es über einsame Wölfe zu wenige Informationen gäbe, sondern – im Gegenteil – die Flut an Informationen, die im Internet zur Verfügung steht. Wie unterscheidet sich ein »gewöhnlicher« Wutbürger, der das Internet dazu benutzt, »Dampf abzulassen«, vom potentiell gefährlichen Einzeltäter? Kein Wissenschaftler weiß hierauf bislang eine plausible Antwort.

10

Frauen

Für die Medien waren die Halane-Zwillinge aus der Nähe von Manchester ein gefundenes Fressen. Zwei freundliche Mädchen, 15 Jahre alt, aus einer somalischen Familie, die vor einem Jahrzehnt nach Großbritannien gekommen war. Sowohl Salma als auch Zahra Halane (*1999) waren Ausnahmeschüler, gut integriert, bei ihren Mitschülern beliebt, Klassenbeste und (scheinbar) entschlossen, nach dem Abitur Medizin zu studieren. Keine ihrer Klassenkameradinnen hielt sie für besonders politisch oder feindlich gegenüber dem Westen. Ihre Familie war religiös, doch die somalische Moschee, in der ihr Vater betete, war moderat und warnte ihre Besucher vor Extremismus und Gewalt.

Als die beiden Mädchen an einem Donnerstag im Juni 2014 nicht von der Schule nach Hause kamen und auch ihre Handys stumm blieben, ging ihr Vater zur Polizei und meldete die beiden als vermisst. Erst zwei Wochen später, als sich die zwei aus dem syrischen Rakka meldeten, klärte sich ihr Verschwinden auf: Salma und Zahra gehörten zu den ersten englischen Frauen, die sich dem Islamischen Staat angeschlossen hatten. Und sie waren die bis dahin jüngsten. Die Presse nannte sie »Terror Twins« – Terrorzwillinge.[1]

Wenig später stellte sich heraus, dass ihre Entscheidung nicht ganz auf eigene Faust gefallen war. Ihr Bruder Ahmed

(*1993), der bereits im Jahr zuvor nach Syrien gegangen war, hatte ihre Flugtickets bezahlt und den Transport von Istanbul an die syrische Grenze organisiert. Als die beiden am Grenzübergang eintrafen, holte er sie ab und brachte sie nach Rakka, wo er sie (zunächst) in einem Wohnheim für unverheiratete und verwitwete Frauen unterbrachte. Die enge Verbindung mit dem Bruder – und die Aussicht darauf, ihn wiederzusehen – war der wahrscheinlich wichtigste Grund, warum die zwei Mädchen für den Islamischen Staat ansprechbar wurden und den Mut besaßen, ihre Heimat zu verlassen. Doch das bedeutet nicht, dass sie von ihrer Sache nicht überzeugt waren: Weniger als zwei Monate nach ihrer Ankunft (re-)aktivierten sie ihre Accounts auf Twitter und Instagram, berichteten aus ihrem Alltag, kommentierten aktuelle Ereignisse – und wurden so zu prominenten Fürsprechern des Islamischen Staates.[2]

In einem ihrer ersten Tweets feierte Zahra den Jahrestag der Anschläge vom 11. September: »Glücklichster Tag meines Lebens. Hoffentlich bald mehr davon.« Vier Monate später, als es zum Anschlag auf die Redaktion der Satirezeitschrift *Charlie Hebdo* kam, waren die zwei außer sich vor Freude: »Unsere Brüder machen Dschihad im Land der Ungläubigen!! Gott ist groß!!«, tweetete Zahra. Und kurz darauf ihre Schwester: »Möge Gott die Mudschahedin in Frankreich schützen!! Die Schießerei war verrückt!!« Viele der Tweets dienten dazu, ihre männlichen Fans an die Verpflichtung zum Dschihad zu erinnern: »Dschihad ist genauso Pflicht wie Fasten im Ramadan. Kein Unterschied!« Salma meinte: »Dschihad ist die höchste Form der Anbetung.«[3]

Ihre wichtigste Rolle jedoch bestand in der Rekrutierung westlicher Frauen. Viele der Fotos, die die beiden im Internet veröffentlichten, illustrierten die angebliche »Schwesternschaft« (*sisterhood*) – das starke Gefühl der Gemeinschaft und des Zusammenhalts – zwischen Frauen von Auslandskämpfern.

Egal ob beim Schießen mit Luftgewehren oder in der Küche, die »Schwestern« – so schien es – waren eine eingeschworene Truppe, hatten Spaß und unterstützen einander, wo sie nur konnten. Die Botschaft war klar: »Habt keine Angst davor, Eure Familie zu verlassen. Eure neue Familie wartet bereits!«[4]

Besonders Zahra verbrachte viel Zeit damit, andere Frauen anzusprechen. Auf der Webseite Ask.fm beantwortete sie Hunderte von Fragen – die Mehrheit davon zum Thema Heirat. Allen Frauen, die mit Zahra sprachen, war bewusst, dass sie im Islamischen Staat nicht lange unverheiratet sein konnten. Für die wenigsten war das ein Problem. Im Gegenteil: Die Frau eines Kämpfers zu werden war für viele von Zahras Chat-Partnerinnen eine spannende, gar aufregende Vorstellung. Sie gab praktische Tipps – »Pack nicht zu viel!«, »Buch das früheste Ticket!« – und bot sogar an, bei der Männersuche mitzuhelfen:

> Am besten sprichst Du mit einer Schwester, die bereits verheiratet ist [wie zum Beispiel ich], und ihr Mann hilft bei der Suche. Dann hast Du [bereits vor Deiner Abreise] Zeit, Deinen Mann kennenzulernen, und musst nicht erst ins Wohnheim.[5]

»Terror-Zwillinge«? Salma und Zahra Halane aus Manchester

Zahra und Salma verheirateten sich wenige Wochen nach ihrer Ankunft mit englischsprachigen Kämpfern, die beide drei Jahre älter waren als sie. Ihre Beziehungen schienen glücklich, doch sie endeten früh: Innerhalb einer Woche im Dezember 2014 kamen beide Männer bei Kampfeinsätzen ums Leben. Im Alter von jetzt 16 Jahren waren die zwei Schwestern Witwen. In den sozialen Medien gaben sie sich tapfer und beteuerten, sie seien stolz, Frauen von Märtyrern zu sein. Salma tweetete: »Ich hoffe, dass ich bald bei ihm sein kann.« Zahra erzählte, wie viel »Liebe und Respekt« sie von anderen erfahren habe und wie gut sich der Islamische Staat um sie kümmere.[6] Doch als wenig später der Bruder, der sie nach Syrien gelockt hatte, aus dem Islamischen Staat verschwand, wurde es um sie ruhig. Seit dem Frühjahr 2015 haben die Schwestern nicht mehr getweetet und keine neuen Fotos auf Instagram veröffentlicht. Keiner weiß, wo sie sich momentan aufhalten.

Nicht alle der geschätzt 500 bis 700 Westeuropäerinnen, die seit 2013 nach Syrien ausgereist sind,[7] haben ähnliche Erfahrungen gemacht. Nicht alle waren so jung, und nicht alle hatten – zumindest anfangs – so positive Erlebnisse. Doch die Halane-Zwillinge illustrieren ein Phänomen, das nur wenige Experten noch vor einem Jahrzehnt für möglich gehalten hätten: die systematische und prominente Beteiligung von Frauen in der globalen Dschihad-Bewegung. Entgegen der typischen Vorurteile sind weibliche Dschihadisten weder leise noch passiv: Nur eine Minderheit sind naive »Dschihad-Bräute«, die allein aus romantischen Gründen in den Islamischen Staat ziehen. Doch genauso wenig sind sie gleichberechtigt oder genießen als Frauen die Rechte, mit denen sie in Europa aufgewachsen sind. Was also motiviert junge, selbstbewusste europäische Frauen, nach Syrien zu gehen und sich dem Islamischen Staat anzuschließen? Und wie kam es dazu, dass der Dschihadismus plötzlich für Frauen attraktiv wurde?

In diesem Kapitel zeige ich, dass Frauen bereits länger in der dschihadistischen Bewegung aktiv sind als oft wahrgenommen und dass es bereits zu al-Qaidas Zeiten weibliche Dschihadisten gab. Wahr ist aber auch, dass das Internet ihre Beteiligung erleichtert hat und dass das Staatsbildungsprojekt, das der Islamische Staat projiziert, für Frauen attraktiver ist als eine rein militärische Organisation wie al-Qaida. Dass sich junge westliche Frauen entschließen, in den Islamischen Staat zu ziehen und Teil einer Gesellschaft zu werden, in der sie immer nur Anhängsel eines Mannes sind, scheint auf den ersten Blick schwer verständlich. Doch in Wirklichkeit stammen viele Frauen, die nach Syrien gegangen sind, aus Familien, die zwar nicht extremistisch denken, aber im hohen Maße traditionell leben und glauben. Sie empfinden ihren Anschluss an den Islamischen Staat deshalb nicht als Gang in die Sklaverei, sondern paradoxerweise als Befreiung und Emanzipation.

Tradition

Mit wenigen Ausnahmen ist die Geschichte des Terrorismus eine Geschichte von Männern. Zwar haben sich in fast allen extremistischen oder terroristischen Gruppen auch Frauen beteiligt, doch ihre Zahl war meist deutlich kleiner, und ihre Rollen waren weniger prominent. In der nordirischen IRA betrug der Frauenanteil knapp fünf Prozent.[8] Bei der baskischen ETA waren es 6,4 Prozent.[9] Einzig die Gruppen der Neuen Linken – also zum Beispiel die Rote Armee Fraktion oder die Roten Brigaden in Italien – wiesen einen durchgehend höheren Anteil weiblicher Mitglieder auf; bei der RAF lag er zeitweise bei 60 Prozent.[10]

Die mehrheitlich geringe Beteiligung von Frauen hatte zwei Gründe. Erstens existierten vielerorts kulturelle und ideologische Barrieren. Dass die Neuen Linken, die sich die Gleichberechtigung auf die Fahnen geschrieben hatten und ihre Mitglieder aus »fortschrittlichen« Milieus rekrutierten, vergleichsweise viele Frauen in ihren Reihen hatten, überrascht ebenso wenig wie der Mangel an Frauen in nationalistischen oder separatistischen Gruppen, die kulturell und politisch eher konservativ waren und aus Gegenden kamen, in denen ein traditionelles Verständnis von Geschlechterrollen vorherrschte. Der zweite Grund ist, dass sich Terrorismus – und terroristisches Handeln – vor allem an männlichen Bedürfnissen orientierte. Wie bereits erwähnt, verspricht die Beteiligung am Terrorismus Macht, Stärke, Risiko, Abenteuer und Heldentum – Ziele, die weithin als »maskulin« gelten und der Bedürfnisstruktur (und den Phantasien) junger Männer entsprechen. Selbst in linken und der Frauenbefreiung verpflichteten Gruppen wie der RAF fanden sich deshalb Machos und Adrenalinjunkies wie Andreas Baader, die kein Interesse an Ideologie hatten, aber im Terrorismus die Möglichkeit sahen, ihre Maskulinität auszuleben (siehe Kapitel 3).

Diese Faktoren waren auch bei den Dschihadisten von Bedeutung. Die Bewegung wurzelte in sozial konservativen Milieus, in denen Frauen außerhalb der eigenen vier Wände praktisch unsichtbar waren. Das salafistische Gesellschaftsprogramm, das sie durchsetzen wollte, verweigerte Frauen die Teilnahme am öffentlichen Leben und schloss sie von Machtpositionen systematisch aus. Aus weiblicher Sicht war die Bewegung daher nicht nur unattraktiv, sondern bot auch physisch wenige Möglichkeiten zur Beteiligung. Hinzu kam, dass sich keine andere Ideologie expliziter an maskulinen Bedürfnissen orientierte als die dschihadistische. Was sie von anderen salafistischen Strömungen unterschied, war ja gerade die starke Betonung auf »Dschihad«, seine (ausschließliche) Definition als bewaffneter Kampf und die unbedingte Verpflichtung für alle »tauglichen Männer«, hieran teilzunehmen. Wer nicht kämpfen konnte oder sich von der hypermaskulinen dschihadistischen Propaganda nicht angesprochen fühlte, hatte in der Bewegung keinen Platz.

Malika al-Aroud

Bei al-Qaida spielten Frauen deshalb in der Praxis keine Rolle. Die einzigen, die sich bei der Gruppe beteiligten, waren mit Kämpfern verbrüdert, verheiratet oder verwitwet. Zu ihnen gehörten die Frauen von zwei der Londoner Attentäter vom Juli 2005 und die deutschen »Witwen von Waziristan«, deren Männer aus Städten wie Bonn und Ulm in die Stammesgebiete von Pakistan gezogen waren.[11] Das prominenteste Beispiel ist die aus Marokko stammende belgische Salafistin Malika al-Aroud (*ca. 1970). Früher als viele ihrer »Brüder« erkannte al-Aroud, dass sich das Internet dazu nutzen ließ, neue Kämpfer zu rekrutieren. Über ihre Webseite, *Minbar-Sos*, verbreitete sie ab dem Jahr 2006 dschihadistische Propaganda und versuchte, andere zur Ausreise nach Pakistan zu überreden. Dem Online-Chat folgte stets eine Art Vorstellungsgespräch mit al-Arouds Ehemann. Nahezu alle belgischen (und viele französische) Dschihad-Rekruten, die während dieser Zeit nach Pakistan und Afghanistan reisten, kamen mit einem Empfehlungsschreiben von Malika al-Aroud.[12]

Ein halbes Jahr bevor sie im Dezember 2008 verhaftet wurde, beschrieb al-Aroud ihre Funktion in der dschihadistischen Bewegung so:

> Ich habe eine Waffe. Und diese Waffe ist zu sprechen. Und zu schreiben. Das ist mein Dschihad. Schreiben kann viele Dinge bewirken. Schreiben ist wie eine Bombe.[13]

Dass sie es ernst meinte, bewies sie vier Monate später, als sie auf ihrer Webseite zu Anschlägen aufrief: »Die Lösung«, schrieb sie, »sind nicht *fatwas* [islamische Rechtsgutachten], sondern Booooooms!«[14]

Doch in Wirklichkeit hätte al-Aroud niemals eine so einflussreiche Rolle spielen können, hätte sie keine männliche Unterstützung gehabt. Der Grund, weshalb ihren Empfehlungsschreiben von der al-Qaida-Führung geglaubt wurde, war ihre Verbindung zu einem dschihadistischen Märtyrer, der Bin Laden persönlich die Treue geschworen hatte: Ihr erster Mann hatte zwei Tage vor den Anschlägen vom 11. September 2001 den Anführer der wichtigsten Gegner der Taliban umgebracht und wurde so zu einem Helden der Bewegung. Auch ihr zweiter Mann, den sie ein Jahr später heiratete, war ein prominenter Dschihadist. Beim Rekrutieren im Internet arbeiteten die beiden zusammen: Während al-Aroud die Webseite mit Artikeln und Inhalten bestückte und den ersten Kontakt mit Fragestellern aufnahm, war ihr Mann für persönliche Gespräche zuständig und organisierte die Treffen. Im Dezember 2007 flog er mit einem halben Dutzend belgischer Rekruten von Brüssel nach Istanbul und schlug sich von dort aus mit Bussen und Autos nach Pakistan durch.[15] Für al-Aroud wäre dies unmöglich gewesen, denn selbst eine so »berühmte Witwe« hatte innerhalb al-Qaidas keine Stellung – und nur eingeschränkte Bewegungsfreiheit.

Online

Wichtiger noch als die Anwerbungsversuche von al-Aroud waren die virtuellen Gemeinschaften, die durch das Internet entstanden. Filiz Gelowicz (*1982), die Frau des Anführers der sogenannten Sauerland-Gruppe, die 2007 in Deutschland terroristische Anschläge plante, wurde zu einer der bekanntesten deutschen Online-Dschihadistinnen. Sie gab vor Gericht zu, »mehr als 1000 Videos, Beiträge und Kommentare« gepostet und unzählige Frauen per E-Mail persönlich angesprochen zu haben.[16] Im Internet konnte sie mit anderen kommunizieren, ohne ihr Gesicht zu zeigen. Und andere bekamen die Chance, sich zu ihren Überzeugungen zu bekennen, ohne sich als Frauen zu erkennen zu geben. Schritt für Schritt entstand hieraus eine eng verschworene Gemeinschaft, die nach Möglichkeiten suchte, sich aktiver in die Bewegung einzubringen. In der Praxis bestand die einzige Möglichkeit darin, einen Dschihadisten zu heiraten, und so fungierte Gelowicz' Online-Forum letztlich als Heiratsmarkt. Wer weiblich war und in der Dschihad-Bewegung etwas gelten wollte, musste mit einem Kämpfer liiert sein.

Das erklärt auch, weshalb das Thema Heirat für die Halane-Zwillinge und ihre Fragesteller auf Ask.fm so wichtig wurde. Selbst Dschihadistinnen, die nicht aus romantischen Gründen in den Islamischen Staat wollten, brauchten einen Mann. Und viele der Kämpfer, die in den Islamischen Staat gezogen waren, suchten nach einer Frau: »Wann heiratest Du, irgendwelche Pläne? Lol [*Laughing out loud* – lautes Auflachen]«, lautete die typische Frage einer »Schwester«. »Keine Pläne, ich warte auf den Antrag einer Prinzessin«, antwortete der Kämpfer.[17] »Ich kenne eine Schwester, die an einer Heirat interessiert ist«, schrieb kurz darauf eine andere. »Sie ist wunderschön, und ich glaube, Ihr würdet gut zueinander passen.«[18]

Innerhalb der Bewegung war diese Art von Online-Chat nicht unumstritten. Viele der Dialoge waren so zweideutig, dass strenge Gelehrte – und selbst einige Kämpfer – davor warnten, Ask.fm zu benutzen. »Ich finde es widerlich«, tweetete ein Kämpfer aus England, »dass einige von uns Zeit haben, mit dem anderen Geschlecht zu flirten, während die *Ummah* [die weltweite Gemeinschaft der Muslime] leidet.«[19] Doch diese Appelle stießen auf taube Ohren: Geschätzt ein Drittel aller Fragesteller auf Ask.fm waren Frauen, die entweder in Kämpfer verliebt waren oder nach einer Möglichkeit suchten, in den Islamischen Staat zu kommen. Kein Wunder, dass viele der Kämpfer so viel Zeit im Internet verbrachten.

Utopie

Der Hauptgrund, weshalb der Islamische Staat plötzlich so viele Frauen in seinen Bann zog, waren nicht die gut aussehenden Kämpfer. (Die gab es auch bei al-Qaida.) Der Unterschied zu anderen Gruppen und früheren Mobilmachungen lag darin, dass der Islamische Staat seinen Anhängern seit dem Sommer 2014 ein völlig neues – und grundsätzlich anderes – Projekt anzubieten hatte. Der Anführer des Islamischen Staates hatte ein Kalifat ausgerufen, bei dem es nicht mehr bloß darum ging, Ungläubige oder säkulare Herrscher zu bekämpfen, zu töten oder zurückzudrängen, sondern einen neuen Staat und eine neue Gesellschaft aufzubauen. In einer Ansprache vom Juni 2014 erklärte der selbsternannte Kalif, Abu Bakr al-Baghdadi (*1971), dass sich der Aufruf zur Ausreise in den Islamischen Staat nicht ausschließlich an potentielle Kämpfer richtete. Gebraucht würden jetzt alle: »Leute mit Erfahrung im Militär und in der Verwaltung, Ärzte und Ingenieure aus allen Feldern und mit allen Spezialisierungen.«[20] Für Frauen war dieses neue Projekt nicht nur attraktiver als das von al-Qaida, sondern sie konnten einen konkreten Beitrag zu seiner Verwirklichung leisten – das Kalifat benötigte auch »Krankenschwestern, Lehrerinnen und Mütter«, die die nächste Generation von Kämpfern zur Welt bringen würden.[21] Einfach ausgedrückt: Der Islamische Staat formulierte das erste dschihadistische Projekt, in dem explizit auch Frauen eine Rolle zu spielen hatten.[22]

Der Zusammenhang mit der Ausrufung des Kalifats spiegelte sich in den Ausreisezahlen wieder. Während der Jahre 2012 und 2013 gab es unter den sogenannten Syrienreisenden nur wenige Frauen, denn damals ging es vor allem ums Kämpfen. Als sich das Narrativ ab Mitte 2014 änderte und viel stärker den Aufbau einer neuen Gesellschaft in den Vordergrund stellte, stieg ihr Anteil stark an. Laut einer Studie der deutschen Sicherheitsbehörden waren vor der Kalifatsausrufung nur 15 Prozent der deutschen Syrienreisenden weiblich, danach fast 40 Prozent. Ende des Jahres 2015 waren etwa 150 Frauen Teil des deutschen »Kontingents«.[23]

Mutter, Schwester, Bürgerin

Welches Frauenbild der Islamische Staat hatte und wie er sich die Einbindung westlicher Dschihadistinnen in das eigene Staatsprojekt vorstellte, zeigen Dokumente der Gruppe und die Online-Propaganda des sogenannten Khansa-Medienbataillons – einer Gruppe von Frauen, die per Twitter, Facebook und anderen sozialen Medien Frauen in Europa und in Amerika davon zu überzeugen versuchten, ihnen ins Kalifat nachzufolgen. Die eindeutig wichtigste Rolle war die der Ehefrau und Mutter. Auf den ersten Blick klang dies traditionell: »Die Frauen hier unterstützen ihren Mann, seinen Dschihad und tragen dazu bei, die Gemeinschaft der Muslime zu stärken«, hieß es in Khansas Grundsatzdokument vom Januar 2015. »Sie sind rechtschaffene Partner und rechtschaffene Mütter.«[24] Doch im Kontext des Kalifats – und der Verwirklichung einer gesellschaftlichen Utopie – begriffen die Frauen, die nach Syrien zogen, ihre häusliche Rolle als bewusstes und revolutionäres Handeln: Einem Dschihadisten Kinder zu gebären – und damit die nächste Generation Kämpfer in die Welt zu setzen – war aus ihrer Sicht nicht nur ein privater, sondern ein politischer Akt. Die Frau eines Kämpfers war nicht nur Ehefrau, sondern »Löwin«, und ihre Kinder waren nicht bloß Kinder, sondern »Welpen« des Kalifats – und damit die Grundlage dafür, dass der Islamische Staat »bleibt und sich ausbreitet«.[25]

Ein zweites, häufig betontes Thema war die bereits erwähnte »Schwesternschaft«. Statt rein maskuliner Interessen – Ruhm, Abenteuer, Action – artikulierte die Propaganda des Islamischen Staates nun auch »feminine« Bedürfnisse. Oft ging es dabei um das Gefühl der Gemeinschaft und den Zusammenhalt unter Frauen. Zahlreiche Fotos, die von Khansa in den sozialen Netzwerken verbreitet wurden, zeigten weibliche Dschihadistinnen beim gemeinsamen Kochen, beim Spielen mit den Kindern und bei Ausflügen. Ebenso häufig zu sehen waren Bilder mit romantischen Sonnenuntergängen oder von »Schwestern«, die sich in den Armen lagen und dabei die schwarze Flagge des Kalifats schwenkten. Khansa veröffentlichte nicht nur speziell auf Frauen zugeschnittene Zeitschriften, Anleitungen für die Reise in den Islamischen Staat und Tipps fürs Packen (»warme Kleidung, mindestens ein Paar Stiefel und ein Fön«), sondern sogar ein Kochbuch mit »schnellen und einfachen Rezepten«, die »Eure Männer mit Nährstoffen und Kalorien für den Kampf versorgen«.[26]

Eine weitere Facette der Online-Propaganda war die Möglichkeit zur Beteiligung am öffentlichen Leben. Im Gegensatz zu Saudi-Arabien durften Frauen im Kalifat Autofahren. Sie konnten arbeiten und Geld verdienen. Anders als bei den afghanischen Taliban in den 1990er Jahren gingen Mädchen im Kalifat zur Schule, und dafür brauchte der Islamische Staat Lehrerinnen. Genauso akzeptiert waren Krankenschwestern und weibliche Ärzte. »Der Islamische Staat plant ständig Programme, bei denen ›Schwestern‹ mitmachen können«, schrieb eine englische Dschihadistin[27] – wohlwissend, dass viele westliche Dschihadistinnen, die sich überlegten, in den Islamischen Staat zu ziehen, nach Gelegenheiten suchten, sich außerhalb des eigenen Hauses für den Aufbau der neuen Gesellschaft zu engagieren. Auch Khansa ließ keinen Zweifel daran, wie wichtig Frauen für den Islamischen Staat waren: »Ihr gehört zu uns, und wir gehören zu Euch!«[28]

Dass der Islamische Staat eine gewalttätige und kriegerische Organisation war, die Minderheiten verfolgte und Andersgläubige brutal umbrachte, wurde von den weiblichen Werberinnnen nicht verleugnet. Im Gegenteil: Auf zahlreichen Propagandapostern trugen die Dschihadistinnen ihre Kalaschnikows genauso lässig wie Frauen in westlichen Ländern ihre Handtaschen. »Frauen hier wünschen sich keine Juwelen«, kommentierte eine Dschihadistin aus Holland, »sie wollen eine Kalasch!«[29] Viele erzählten von Schießübungen oder kommentierten die jeweils letzte Enthauptung (»Ich wünschte, ich hätte es selbst getan!«).[30]

Zwischen den Zeilen wurde klar, dass einige Frauen gerne kämpfen wollten und frustriert darüber waren, dass ihnen der Islamische Staat die Möglichkeit hierzu verweigerte. Doch das Dokument von Khansa machte deutlich, dass Frauen nicht als Kämpfer geeignet waren und nur im Notfall hierfür herangezogen werden sollten.[31] Die einzigen Frauen, die direkt Gewalt ausübten, waren Mitglieder der religiösen Polizei, die in Rakka und anderen Städten auf den Straßen patrouillierten. Ihre Aufgabe bestand darin, Deserteure zu finden und die Einhaltung der strengen Kleidungsvorschriften zu überwachen. Zahlreiche Berichte bestätigen, dass einige von ihnen an Verhören, Auspeitschungen und sogar Exekutionen beteiligt waren.[32]

Emanzipation

Die »Warum«-Frage stellt sich bei weiblichen Dschihadisten noch stärker als bei ihren männlichen »Brüdern«. Was bringt sie dazu, die Rechte, die sie in ihren westlichen Heimatländern genießen, so leichtfertig aufzugeben? Weshalb werden diese Frauen Teil einer Gesellschaft, die nicht nur das Leben Andersgläubiger mit Füßen tritt, sondern sie zu Sklaven ihrer Männer macht? Die einfachste – und gleichzeitig populärste – Erklärung ist, dass Frauen, die sich dem Islamischen Staat anschließen, Opfer sind, die von Männern manipuliert und »gehirngewaschen« wurden. Die Tatsache, dass ein Großteil der weiblichen Dschihadisten sehr jung ist – in einigen Fällen noch jünger als die Halane-Zwillinge – und dass romantische Motive in vielen Rekrutierungsverläufen eine Rolle spielen, scheint diese These zu stützen.

Doch wer sich mit den Hintergründen dieser Frauen beschäftigt und ihre Äußerungen und Radikalisierungsverläufe untersucht, bemerkt schnell, dass viele von ihnen ihren eigenen Kopf hatten und dass sich ihre Motive nicht grundsätzlich von denen ihrer »Brüder« unterschieden. Genauso häufig wie bei den Männern finden sich bei ihnen Hinweise auf persönlichen Frust, das Bedürfnis nach Abenteuer und Rebellion, die Suche nach Struktur und Orientierung sowie den Einfluss von Gruppen und Anführern. Wer die weiblichen Dschihadistinnen als »Dschihad-Bräute« abtut, macht es sich deshalb zu einfach. Der Prozess der Entfremdung, den Olivier Roy für die Radikalisierung männlicher Dschihadisten verantwortlich macht (siehe Kapitel 2), lässt sich ebenso deutlich – wenn nicht sogar stärker – bei Frauen beobachten. Für einige Frauen, so meine These, ist die Radikalisierung nicht nur Antwort auf quälende Fragen nach Identität und eigener Bedeutung, sondern – paradoxerweise – eine Form von Befreiung und Emanzipation.

Einer der Gründe ist, dass junge, religiös konservativ oder salafistisch eingestellte Frauen die westlichen Gesellschaften, in denen sie leben, völlig anders wahrnehmen als die meist nichtreligiösen Frauen, die über deren Motivationen rätseln. Die Rechte und Möglichkeiten, die sie als Frauen in europäischen Staaten genießen, wirken auf sie nicht befreiend, sondern verwirrend; liberale Einstellungen und sexuelle Freizügigkeit werden nicht als Zeichen des Fortschritts betrachtet, sondern rufen Abscheu hervor; und die Feindschaft, die sie wegen ihrer offen zur Schau getragenen Religiosität erleben, bewerten sie nicht als Ausdruck eines robusten Säkularismus, sondern als Islamophobie und sind für sie ein Beweis dafür, dass Gleichberechtigung für gläubige Muslime nicht gilt. Im Online-Magazin des Islamischen Staates heißt es:

> Westliche Frauen müssen mit Männern am Arbeitsplatz konkurrieren, von ihrem Körper mehr zeigen, als jeder Mann es jemals tun würde, und promiskuitiver sein als jede Prostituierte (…). Der westliche Lebensstil einer Frau birgt so viele Gefahren und Abarten, dass er die Seele [der Frau] bedroht. Sie ist das willige Opfer, das sich selbst für die unmoralischen »Freiheiten« ihres Volkes opfert und ihre Unschuld auf dem Altar des säkularen Liberalismus darbietet.[33]

Einfach ausgedrückt: Westliche Werte sind aus Sicht religiös konservativer oder gar salafistischer Frauen nicht zwangsläufig emanzipierend, sondern können – im Gegenteil – als unterdrückend wahrgenommen werden.

Ein gutes Beispiel für diese Einstellung ist die in Frankreich geborene 22-jährige Umm Muthanna (*1994), die in London Anglistik studierte, bevor sie Anfang des Jahres 2015 in den Islamischen Staat »auswanderte«. Muthanna lebt heute in Rakka und ist mittlerweile mit ihrem zweiten Kämpfer verheiratet, nachdem der erste bereits wenige Wochen nach ihrer Ankunft durch einen westlichen Luftangriff ums Leben kam. Sie gehört zu den aktivsten Dschihadistinnen im Internet und stellt ihre Erfahrungen im Kalifat als emanzipierend und selbstbestimmt dar. In einem ihrer Tweets posierte sie mit einer Kalaschnikow und schrieb: »Das ist die wirkliche Freiheit!«[34]

Ganz anders hingegen sei ihre Erfahrung in Europa gewesen, wo sie sich als muslimische Frau stets benachteiligt und angegriffen gefühlt habe. In einer Reihe von Tweets, die von einem britischen Psychologen gefunden und veröffentlicht wurden, beschrieb sie eine Seminardiskussion, die kurz vor ihrer Ausreise stattfand:

> Die Dozentin fragte mich, ob ich Feministin sei. Und ich sagte nein, denn der Islam hat mir alle Rechte als Frau gegeben und ich fühle mich befreit, zufrieden, gleichberechtigt. Ich erklärte, wie Männer und Frauen im Islam gleiche Rechte hätten und dass uns diese im Koran gegeben worden seien (an diesem Punkt verdrehten alle ihre Augen). Ich sagte, dass eine Frau nicht zu allem in der Lage sei, was ein Mann tun könne (…). Dann erklärte ich, wie einen die westliche Gesellschaft dazu bringt, in einer bestimmten Art und Weise zu denken, dem Geld hinterherzujagen, wie sie Frauen unter Druck setzt, so zu sein wie Männer, wenn das in Wirklichkeit gar nicht geht (…). Als ich fertig war, droschen alle [verbal] auf mich ein. Die Feministinnen sind so verblendet![35]

Für Muthanna war die Ausreise in den Islamischen Staat eine Art Erlösung: Endlich konnte sie die sein, die sie wirklich war.

Doppelte Entfremdung

Doch die Entfremdung von der westlichen Gesellschaft ist nur eine Seite der Medaille. Die andere Seite sind Konflikte im Elternhaus. Genauso wie bei den jungen Männern der zweiten oder (mittlerweile) dritten Generation, die von westlichen Gesellschaften nicht akzeptiert werden und mit den Traditionen ihrer Eltern nichts mehr anzufangen wissen, gibt es auch bei Frauen einen doppelten Konflikt. Zum einen fühlen sie sich von der Freizügigkeit der westlichen Gesellschaft bedroht, andererseits empfinden sie den kulturellen Konservatismus ihrer Eltern als sinnlos und einengend.

Die Halane-Zwillinge sind hierfür typisch, denn sie kamen aus einem konservativen Elternhaus, in dem die islamischen Traditionen, die ihre Eltern aus Somalia importiert hatten, eine wichtige Rolle spielten. Für zwei 15-jährige Mädchen, die in einer westlichen Gesellschaft aufgewachsen waren und davon träumten, Ärztinnen zu werden, wirkte diese Art von Islam noch begrenzender als der Salafismus des Islamischen Staates, denn im Kalifat, so glaubten die beiden, durften sie wenigstens studieren und sich ihren Mann selbst aussuchen. Mehr noch: Dort hinzugehen war Abenteuer und gleichzeitig ein Akt der Selbstbestimmung – ein Bruch nicht nur mit der westlichen Gesellschaft, sondern gleichzeitig mit dem kulturellen Korsett, in das sie ihre Eltern zwingen wollten.

Ähnliches gilt für Valentina S. (*1985) und Merve D. (*1985) aus Mönchengladbach, die im Alter von 16 Jahren zu Salafistinnen wurden und zwei Jähre später in den Islamischen Staat zogen.[36] Valentina war eine russischstämmige Konvertitin, während Merves Eltern aus der Türkei stammten. In beiden Fällen gingen der Radikalisierung Konflikte im Elternhaus voraus: bei Valentina, weil ihr Vater Alkoholiker war und ihr weder Struktur noch Perspektive bieten konnte; bei Merve, weil ihre Eltern kulturell konservativ waren und bereits genaue Vorstellungen darüber hatten, wie Merve ihr Leben zu leben hatte.[37] Für beide war die Radikalisierung der Ausweg aus einer Situation, die aus gegensätzlichen Gründen vertrackt war. Für beide waren der Salafismus und dann der Islamische Staat ein Befreiungsschlag.

Bereits Anfang 2015 sprach meine Kollegin Melanie Smith deshalb von »einer Art verdrehtem Feminismus«, denn das Kalifat gab vor, die Frauen sowohl vom Islam der Eltern als auch vom Erwartungsdruck westlicher Gesellschaften – und damit letztlich auch vom Feminismus – zu emanzipieren. Mit anderen Worten: Es versprach, die Frauen von der Frauenbefreiung zu befreien. Frauen im Islamischen Staat, so Smith, seien keine bloßen »Sexualobjekte, sondern Mütter der nächsten Generation und Hüterinnen der Ideologie«. Die Bremer Streetworkerin Berna Kurnaz, die weibliche Dschihadisten betreut, sah das genauso. In einem Interview für mein letztes Buch erklärte sie: »Die Mädchen und Frauen [die in den Islamischen Staat gehen] sind nicht schwach. Die Ausreise, die Radikalisierung, ist eine bewusste, eine selbstbewusste Tat – eine Form von Emanzipation.«[38]

Folgen

Die Erwartungen, die junge Frauen an das Leben im Islamischen Staat hatten, wurden in vielen Fällen enttäuscht. Was bisher von Rückkehrerinnen und Deserteurinnen bekannt ist, hat wenig mit Selbstverwirklichung und Emanzipation zu tun. Im Gegenteil: Es sind Horrorgeschichten von jungen Frauen, die sich in eine Situation begeben haben, für die sie weder mental noch physisch vorbereitet waren. Die totale Abhängigkeit von einem Mann, den sie vor ihrer Abreise kaum kannten, war nur eines der Probleme. Die meisten sprachen kein Arabisch und konnten mit der einheimischen Bevölkerung kaum kommunizieren. Die Hoffnung auf einen Job oder eine sinnvolle Tätigkeit blieb meist unerfüllt. Syrien und der Irak sind nach wie vor Kriegszone, was heißt: Luftangriffe, Versorgungsengpässe und die ständige Angst, den Mann oder das eigene Leben zu verlieren, waren ständige Begleiter. So tapfer sich die Dschihadistinnen im Internet gaben – im Alter von 16 oder 17 Jahren zur Witwe zu werden war für viele traumatisch. Schlimmer noch: Wenn die Beziehung schlecht lief, gab es kein Zurück: Sich scheiden zu lassen war im Kalifat ebenso schwierig wie aus ihm zu fliehen.[39]

Eine der traurigsten Geschichten war die der beiden Österreicherinnen Sabina Selimovic (*1999–2014) und Samra Kesinovic (*1997–2015). Die beiden Mädchen waren Töchter bosnischer Einwanderer und hatten im gleichen Alter wie die Halane-Zwillinge damit begonnen, sich für den Islamischen Staat zu begeistern. Die Ausreise fand im April 2014 statt. Ihren Eltern hinterließen sie einen Brief mit den Worten: »Wir sind auf dem richtigen Weg. Wir gehen nach Syrien, kämp-

»Wir sehen uns im Paradies«: die zwei Österreicherinnen Sabina Selimovic und Samra Kesinovic

fen für den Islam. Wir sehen uns im Paradies.«[40] Nachdem der Fall weltweit Schlagzeilen machte, wurde es um die zwei Teenager ruhig. Keiner wusste, mit wem sie sich verheiratet hatten, wo genau sie lebten und wie es ihnen ging. Auch ihre Eltern hatten keinen Kontakt zu ihnen. Im September hieß es plötzlich, die beiden hätten tschetschenische Kämpfer geheiratet und Sabina sei bei einem Luftangriff getötet worden. Ein Jahr später berichteten die Zeitungen dann, dass Samra vom Islamischen Staat »zu Tode geschlagen« worden sei. Sabinas Todesumstände sind nach wie vor ungeklärt, doch bei Samra scheint klar, dass sie ihren Mann verlassen und aus dem Kalifat fliehen wollte.[41] Eine »legale« Möglichkeit hierfür gab es nicht, denn aus Sicht der Gruppe gelten Flüchtige als Abtrünnige, die nicht nur den Islamischen Staat verlassen, sondern den Islam. Die Strafe hierfür ist der Tod.

Anders als al-Qaida – und mehr als jede andere dschihadistische Organisation in der Geschichte der Bewegung – hat der Islamische Staat Frauen für seine Vision einer neuen Gesellschaft mobilisiert. Auch wenn sich diese Utopie in vielen Fällen als enttäuschend und desillusionierend herausstellte, ist die Beteiligung von Frauen ein neues und wahrscheinlich bleibendes Phänomen. Dass eine Bewegung, die ein archaisches Frauenverständnis artikulierte und weiblichen Mitgliedern außer Heirat und Mutterschaft wenig zu bieten hatte, für Frauen attraktiv sein konnte, ist für »fortschrittliche« Frauen im Westen rätselhaft. Doch die weiblichen Dschihadisten waren genauso wenig Opfer wie ihre männlichen »Brüder«. Sie als »Dschihad-Bräute« abzutun wird ihrer Motivation, Rolle und Bedeutung nicht gerecht. Stattdessen ist ihre größer gewordene Stellung Teil einer sich rapide wandelnden Dschihad-Bewegung. Eine weitere Facette dieses Wandels ist die stärker gewordene Verbindung der Dschihadisten mit kriminellen Milieus, die ich im nächsten Kapitel beschreibe.

11

Gangster

Als Omar el-Hussein (*1992–2015) am 14. Februar 2015 um halb vier Uhr nachmittags seinen ersten Schuss abfeuerte, sprach gerade eine Vertreterin der feministischen Femen-Gruppe. Die Veranstaltung trug den Titel »Kunst, Gotteslästerung und freie Meinungsäußerung« und stand im Schatten des Anschlags auf die Satirezeitschrift *Charlie Hebdo* in Paris, der fünf Wochen zuvor stattgefunden hatte. Zu den Gästen im Kopenhagener Kulturzentrum gehörten der französische Botschafter sowie zahlreiche Journalisten, Regisseure und Künstler, darunter der Schwede Lars Vilks (*1946), einer der Mohammed-Karikaturisten, die im Jahr 2007 eine internationale Krise verursachten.

Doch el-Hussein schaffte es nicht, zum Veranstaltungsort vorzudringen. Der Schuss tötete einen dänischen Regisseur, der sich ihm in den Weg gestellt hatte. Die 27 weiteren Schüsse, die er danach abfeuerte, verfingen sich im Mauerwerk, zerschmetterten mehrere Fenster, aber außer dem dänischen Regisseur gab es nur Verwundete. Nachdem er seine gesamte Munition verfeuert hatte, zog el-Hussein frustriert ab. Wenig später fand die Polizei das Auto, mit dem er geflüchtet war. Von el-Hussein selbst jedoch fehlte jede Spur.[1]

Kurz nach Mitternacht dann der zweite »Versuch«: El-Hussein hatte sich neue Waffen besorgt und befand sich auf dem

Weg zur Großen Synagoge, wo gerade eine Feier im Gange war. Als er sich dem Gebäude näherte, spielte er einen Betrunkenen, um bei den Polizisten und dem privaten Sicherheitspersonal, die die Synagoge bewachten, keinen Verdacht zu erwecken. Auch hier kam es zu einer Schießerei: Ein jüdischer Wachmann kam zu Tode, zwei Polizisten wurden verletzt. Die Besucher der Synagoge blieben unversehrt, aber el-Hussein entwischte abermals. Erst vier Stunden später, nach einem weiteren Schusswechsel, endete seine Aktion – mit seiner Erschießung durch die Polizei.

Es war nicht das erste Mal, dass die Polizei mit el-Hussein zu tun hatte. Die Beamten kannten den gebürtigen Dänen mit palästinensischen Eltern nicht als Terrorismusverdächtigen oder Extremisten, sondern als Mitglied einer der gefährlichsten Gangs von Dänemark, den sogenannten Brothas. El-Hussein war im Alter von 15 Jahren Mitglied der Bande geworden und beging in den darauffolgenden Jahren Dutzende von Straftaten: illegaler Waffenbesitz, Körperverletzungen, Einbrüche. Eine Messerstecherei Mitte 2013 brachte ihm eine zweijährige Gefängnisstrafe ein. Schlimmer noch: Während er einsaß, »feuerte« ihn seine Bande. Die Brothas hatten mit ihren Rivalen Frieden geschlossen, eine unbefristete Feuerpause vereinbart und konnten »unkontrollierbare« Mitglieder wie ihn nicht mehr gebrauchen.

Mit einem Schlag verlor el-Hussein seinen Status und seine Identität. Der Dschihadismus, den er kurze Zeit später – und noch im Gefängnis – für sich entdeckte, füllte das Vakuum und gab ihm Gelegenheit, die Fähigkeiten und Kontakte aus seiner Zeit als »einfacher« Krimineller in den Dienst einer neuen Sache zu stellen. Das Schießen hatte er bei den Brothas gelernt, und auch die Waffen, die er für den Anschlag auf die Synagoge benötigte, besorgte er sich bei »alten Freunden« aus dem Bandenmilieu.[2] Es war ein nahtloser Übergang.

War vor seiner Radikalisierung Mitglied einer Gang in Kopenhagen: der Däne Omar el-Hussein

Als el-Hussein seinen Anschlag verübte, war er gerade einmal zwei Wochen zurück in der Freiheit. Viel Zeit, um Teil der dschihadistischen Szene zu werden, hatte er nicht. Auch ist nicht bekannt, dass er dort irgendwelche Helfer oder Unterstützer hatte. Seine Zugehörigkeit zum Islamischen Staat erklärte er wenige Stunden vor seiner Aktion per Facebook. Für die Gruppe war das kein Grund, den Anschlag nicht für sich zu reklamieren, denn es waren genau solche einsamen Wölfe, die man aktivieren wollte (siehe Kapitel 9).

Die darauffolgende Ausgabe des Online-Magazins *Dabiq* widmete el-Hussein zwei ganze Seiten und beschrieb ihn als »mutig« und »selbstlos«. Sein krimineller Hintergrund stellte kein Problem dar. Im Gegenteil: *Dabiq* präsentierte ihn als Vorbild für westliche Unterstützer, die sich mit dem Gedanken trugen, ihre Heimatländer anzugreifen:

> Trotz seiner dänischen Staatsbürgerschaft und der Tatsache, dass er in Dänemark aufgewachsen war, [griff er Dänemark an] (…). Er besorgte sich Waffen, kundschaftete Ziele aus und vertraute seinem Herrn (…). Er terrorisierte Christen,

> Juden und die dänischen Atheisten – in einer gottlosen Nation, die den Propheten (…) beleidigt hat und Teil der Kreuzzügler-Koalition gegen den Islamischen Staat ist. Dank ihm wurde ihr dreckiges Blut vergossen – eine Tat, die ihm einen Platz im Paradies garantiert.[3]

Dass politisch motivierte Gewalttäter vor ihrer Radikalisierung Bandenmitglieder oder Kleinkriminelle waren, ist nicht neu. Doch zur Zeit der Anschläge vom 11. September 2001 waren viele Forscher davon überzeugt, dass dies eher die Ausnahme sei. Ein hoher Anteil der al-Qaida-Rekruten stammte aus der gebildeten Mittelklasse, ging zur Universität oder arbeitete in sicheren und gutbezahlten Berufen. Bereits im Laufe der 2000er Jahre zeichnete sich die »Proletarisierung« der Bewegung ab, aber erst mit dem Aufstieg des Islamischen Staates wurde deutlich, wie stark sich das Profil geändert hatte. Die Syrienkämpfer rekrutierten sich in vielen europäischen Ländern aus der Unterklasse: Es waren die Gescheiterten und Perspektivlosen, die im Kalifat einen Ausweg sahen. Ein Großteil war polizeibekannt, vorbestraft oder hatte bereits im Gefängnis gesessen.

Die Konvergenz zwischen kriminellen und extremistischen Milieus, die sich in Europa in den vergangenen Jahren abzeichnet, hat weitreichende Konsequenzen für Radikalisierungsverläufe und dafür, wie terroristische Anschläge vorbereitet und durchgeführt werden. Wie dieses Kapitel zeigt, sind Kleinkriminelle oder Gangmitglieder – besonders solche mit »schlechtem Gewissen« – eine ideale Zielgruppe für den Islamischen Staat. Nicht nur befriedigt die Gruppe dieselben Bedürfnisse nach roher Gewalt, Action und Abenteuer, sondern sie lenkt sie auch in ein »moralisch positives« Projekt. Wer wie el-Hussein außer seiner Erfahrung im kriminellen Milieu wenig zu bieten hat, kann seine Fähigkeiten so in den Dienst einer »höheren Sache« stellen. Besonders Gefängnisse, wo sich Kriminelle traditionell leichter für neue Ideologien und Wertesysteme öffnen, sind für solche »Konversionen« häufig der Ausgangspunkt. Hinzu kommt, dass Rekruten wie el-Hussein für den Islamischen Staat in vielen Fällen wertvoller sind als die Möchtegern-Intellektuellen, die sich vor zwanzig Jahren für al-Qaida begeisterten: Er brauchte kein Training, wusste, wo er sich Waffen besorgen konnte, und hatte kein Problem damit, anderen Menschen Leid zuzufügen. Kurzum: Anders als die al-Qaida-Rekruten in den 1990er Jahren musste el-Hussein Gewalt mit seiner Radikalisierung nicht erst »lernen«; es war das Einzige, was er bereits konnte.

Proletarisierung

Auch wenn direkte Vergleiche oftmals schwer sind, lässt sich dieser Wandel anhand wissenschaftlicher Studien klar nachvollziehen. Einer der Ersten, die sich mit dem sozioökonomischen Profil dschihadistischer Terroristen beschäftigten, war der ägyptische Soziologe Saad Eddin Ibrahim. Kurz nach der Islamischen Revolution im Iran im Jahr 1979 veröffentlichte er einen Artikel, in dem er mit einer Reihe »westlicher Mythen« über das »islamische Comeback« aufräumen wollte. Einer dieser Mythen war die Idee, islamistische Aktivisten seien irrational, ungebildet und notwendigerweise gegen Fortschritt und Technik. Das Gegenteil sei der Fall, so Ibrahim: Gruppen wie al-Jihad, deren Mitglied der spätere al-Qaida-Anführer al-Zawahiri war, rekrutierten meist an Universitäten, ihre Mitglieder stammten aus der gebildeten Mittel-, wenn nicht sogar Oberklasse, und eine überdurchschnittlich hohe Zahl von ihnen waren Ingenieure oder (wie Zawahiri) Ärzte.[4] Für Kriminelle war in dieser Bewegung kein Platz.

Zwanzig Jahre später hatte sich wenig verändert. Der amerikanische Forscher Marc Sageman rekonstruierte 171 Biographien von al-Qaida-Mitgliedern, die zur Zeit der Anschläge vom 11. September 2001 aktiv waren, und kam zu einem ähnlichen Ergebnis wie Ibrahim. Weniger als ein Drittel der Terroristen in Sagemans Stichprobe stammten aus der Unterklasse, über die Hälfte jedoch aus der Mittelklasse, und der Rest gehörte zur sozioökonomischen Elite. Auch waren die meisten gut gebildet: Nur etwa 17 Prozent waren Schulabbrecher, fast 40 Prozent verfügten über einen Universitätsabschluss. Genau wie bei Ibrahim hatten die wenigsten Theologie oder geisteswissenschaftliche Fächer studiert, sondern überproportional häufig technische und naturwissenschaftliche Disziplinen wie beispielsweise Ingenieurswissenschaften, Physik oder Medizin. Kleinkriminelle tauchten in Sagemans Studie nur als Ausnahme auf. Auch er schlussfolgerte, dass es sich bei al-Qaida um eine elitäre Organisation handele: »Als Gruppe waren [die al-Qaida-Rekruten] besser gebildet als ihre Eltern (…) [Praktisch alles, was wir von ihnen wissen], widerspricht der Idee, dass es sich bei [ihnen] um Leute handelt, die ignorant oder naiv sind oder sich mit der Welt nicht auskennen.«[5]

Europa

Was Ibrahim und Sageman bei Dschihadisten in mehrheitlich muslimischen Ländern beobachteten, ließ sich auch in Europa erkennen – wenn auch weniger deutlich. Der holländische Dschihadforscher Edwin Bakker veröffentlichte im Jahr 2006 eine Studie über die Hintergründe und Verbindungen von 242 europäischen Dschihadisten. Er fragte dieselben Variablen wie Sageman ab, wodurch es möglich wurde, die zwei Studien zu vergleichen. Auch Bakker kam zu dem Ergebnis, dass europäische Dschihadisten in den frühen 2000er Jahren nicht überproportional benachteiligt waren oder aus der Unterklasse stammten. Doch das Bild, das er zeichnete, war nuancierter. Anders als bei Ibrahim und Sageman zählten die meisten europäischen Dschihadisten nicht zur Elite. Die Verteilung zwischen Unterschicht und Mittel- mit Oberklasse war ungefähr fifty-fifty. Genauso verhielt es sich beim Bildungshintergrund und bei der Beschäftigungssituation: Fast 90 Prozent verfügten über einen Schulabschluss, aber weniger als ein Drittel ging zur Universität; ein Drittel war noch am Studieren oder hatte einen guten Beruf, doch ein weiteres Drittel war arbeitslos oder arbeitete in Jobs, für die keine Qualifikationen erforderlich waren.[6] Obwohl Bakker nicht direkt nach Vorstrafen fragte, ist davon auszugehen, dass viele der Schlechtergestellten bereits polizeibekannt oder auffällig geworden waren. Selbst Sageman gab später zu, dass Europa ein Sonderfall war: Vier Jahre nach Veröffentlichung seiner ersten Untersuchung schrieb er, dass es nach wie vor keinen Zusammenhang zwischen sozioökonomischer Benachteiligung und Terrorismus gebe, dass aber die »zweite Generation«, aus der die Dschihadisten in Europa rekrutierten, deutlich weniger »Erfolgsgeschichten« produzierten als ihre »Brüder« anderswo.[7]

In Wirklichkeit war das, was Bakker beobachtet hatte, nur der Anfang eines Wandels, den ich als Proletarisierung beschreibe – und der erklärt, weshalb unter den europäischen Dschihadisten heutzutage so viele Kleinkriminelle und »Gangster« zu finden sind. Der Prototyp war Mohammed Merah (1988–2012), ein in Toulouse geborener Franzose, der im Frühjahr 2012 nahe seiner Heimatstadt drei Soldaten und danach drei Kinder und einen Lehrer an einer jüdischen Schule erschoss. Sein Lebenslauf gleicht dem vieler Franzosen nordafrikanischer Abstammung, die aus den *Banlieues*, den vernachlässigten Vororten der großen Städte, stammen: Merah wuchs in einer Sozialwohnung auf, lernte Mechaniker und geriet bereits als Teenager mit dem Gesetz in Konflikt. Sein bekanntestes Foto stammte aus einem YouTube-Video und zeigte ihn, wie er seinen Kopf bei voller Geschwindigkeit aus dem Fenster eines gestohlenen Autos streckte. Insgesamt achtzehn Mal nahm ihn die Polizei fest, zwei Mal verbüßte er Zeit im Gefängnis. Für Religion hatte er bis zum Alter von zwanzig Jahren kein Interesse. Auch galt er nicht als politisch. Zweimal bewarb er sich sogar beim Militär, doch am Ende war es nicht die französische Armee, sondern eine Gruppe von Salafisten während seines zweiten Gefängnisaufenthalts, die ihm gab, wonach er suchte. Für die Medien war Merahs Geschichte – vom Kleinkriminellen zum al-Qaida-Terroristen – damals noch so ungewöhnlich, dass Dutzende Journalisten darüber lange Artikel schrieben. Die *New York Times* nannte seine Transformation ein »bitteres Rätsel«.[8]

Doch in den drauffolgenden Jahren zeigte sich, wie typisch sein Profil war – besonders für die europäischen Dschihadisten, die ab dem Jahr 2012 nach Syrien gingen. Bereits im Frühjahr 2013 erzählten mir Polizeibeamte aus Belgien, Dänemark und den Niederlanden bei einer Konferenz übereinstimmend, viele der Syrienkämpfer kämen aus den Gettos und eine hohe Anzahl sei bereits vorbestraft. »Das sind die Gescheiterten, die Loser«, sagte mir ein Freund, der beim belgischen Inlandsgeheimdienst, der *Sûreté de l'État*, arbeitete. In den Online-Profilen, die meine Kollegen und ich jeden Tag auswerteten, stellten wir Ähnliches fest, doch wir konnten nicht beurteilen, wie weit verbreitet das Phänomen und damit belastbar unsere Hypothese war.

Das änderte sich erst mit den regelmäßig aktualisierten Studien der deutschen Sicherheitsbehörden, die ab 2014 die Hintergründe der deutschen Syrienkämpfer systematisch und mithilfe behördlicher Daten auswerteten. Die letzte dieser Studien erschien im Dezember 2015 und basierte auf 677 der damals geschätzt 750 deutschen Syrienreisenden – Männer und Frauen. Die Ergebnisse waren eindeutig: Ein Viertel war arbeitslos, und nur zwölf Prozent studierten oder hatten ein Studium abgeschlossen. Zwei Drittel waren polizeibekannt, und ein Drittel hatte bereits eine Vorstrafe verbüßt, meist wegen Körperverletzung, Diebstahl oder Drogendelikte. Mehr noch: Wer vorbestraft war, hatte im Durchschnitt acht Straftaten (7,6) begangen. Bei einer Mehrheit (55 Prozent) waren vor der Ausreise Strafverfahren anhängig.[9] Die Syriengeneration, so viel wurde schnell klar, bestand nicht aus Theologen oder dschihadistischen Che Guevaras, sondern aus Kriminellen, mithin Gangstern.

Erlösung

Im Frühjahr 2016 entschied ich, dass mein Institut eine gesonderte Datei führen sollte, in der wir Syrienreisende mit kriminellem Hintergrund erfassten. Das Ziel war, besser zu verstehen, welche Hintergründe die dschihadistischen Gangster hatten und wodurch sich ihre Radikalisierungsverläufe von anderen Extremisten unterschieden. Knapp achtzig Syrienkämpfer – ihre detaillierten Lebensläufe und Geschichten – sind mittlerweile Teil dieser Datei, die über dreißig Merkmale zu erfassen versucht.

Dass es so einfach war, so schnell so viele Fälle zu identifizieren, erklärt sich zum einen damit, wie sehr das Selbstverständnis der Gangster und das Narrativ des Islamischen Staates zusammenpassen. Anders als al-Qaida versucht der Islamische Staat nicht, intellektuelle Debatten zu gewinnen; seine Propaganda ist einfach, visuell und – in vielen Fällen – brutal. Der Gruppe geht es nicht um theologische oder intellektuelle Rechtfertigungen, sondern um Action. Der Islamische Staat projiziert Macht und Stärke und wendet sich dabei direkt – und völlig schamlos – an Extremisten mit krimineller Vergangenheit: »Manchmal«, so ein Rekrutierungsposter der britischen Gruppe Rayat al-Tawheed, »schaffen Leute mit der schlechtesten Vergangenheit die beste Zukunft.«

Ein weiterer Faktor war, was mein Doktorand Rajan Basra als »Erlösungs-Narrativ« bezeichnete. Denn nicht nur gab der Islamische Staat Gangstern die Chance, das zu tun, was sie ohnehin am besten konnten, sondern er vermittelte ihnen auch das Gefühl, sie würden durch den Kampfeinsatz ihre Sünden tilgen und könnten ihre »Fähigkeiten« für eine bessere, vermeintlich »höhere Sache« einsetzen. Mit anderen Worten: Der Islamische Staat bot jungen Männern mit kriminellem Hintergrund die Möglichkeit, mit ihrem schlechten Gewissen fertig zu werden, ohne ihr Verhalten zu ändern. Illegales zu tun war für sie weniger problematisch als für die Studenten, Ärzte und Ingenieure, die bei al-Qaida anheuerten, denn Gesetze zu brechen war für sie Routine, und über die Hälfte von ihnen hatte bereits Zeit im Gefängnis verbracht. Kurzum: Für Gangster war Radikalisierung eine einfache – und in vielerlei Hinsicht logische – Antwort auf eine persönliche Krise oder »kognitive Öffnung« (siehe Kapitel 2).

Ali Almanasfi

Die Geschichte von Ali Almanasfi (1990–2013), einem Briten mit dunklen Haaren und kantigem Gesicht, der im Westen Londons aufwuchs, liest sich fast genauso wie die von Mohammed Merah. Ali war der Sohn eines religiös konservativen Vaters, der als junger Mann aus Syrien nach London gekommen war und dort sein Leben lang als Busfahrer arbeitete. Er schloss sich bereits als Teenager einer Gang im Stadtviertel Acton an, schlug sich mit rivalisierenden Gangs und wurde wegen Diebstahls, Körperverletzung und Drogendelikten mehrmals verhaftet. Sein Vater war darüber so besorgt, dass er ihn im Jahr 2008 für einige Monate nach Damaskus schickte, um ihn dort »abzukühlen«. Doch der gut gemeinte Auslandsaufenthalt half wenig. Etwa ein Jahr nach seiner Rückkehr kam es zu einem Vorfall, der Alis Leben veränderte: Nach einer langen Nacht mit viel Alkohol überfiel er einen alten Mann, schlug ihn und raubte ihn aus. Der Angriff war so brutal, dass Ali zu vier Jahren Haft in einer Jugendvollzugsanstalt verurteilt wurde. Genauso wie Merah entdeckte er während seines Gefängnisaufenthalts den Islam und radikalisierte sich.[10]

Nach Aussage eines Freundes war Ali für die Salafisten leichte Beute, denn der Angriff auf den alten Mann nagte an seinem Gewissen. Als er aus der Haft entlassen wurde, trug er einen langen Bart und zitierte Verse aus dem Koran. Einem Freund sagte er: »Ich will einmal in meinem Leben etwas Gutes tun. Ich möchte etwas Reines tun.«[11] Damals hatte gerade der Konflikt in Syrien begonnen. Die Nachrichten waren voll mit Bildern von Syrern, die von ihrer Regierung vergast und erschossen wurden, darunter Frauen, Kinder, sogar Säuglinge. Für Ali war die Sache klar: Er musste nach Syrien und für die Menschen dort kämpfen. Es waren seine Leute, die syrischen Sunniten, die von Andersgläubigen unterdrückt und vernichtet wurden. Kurzum: Es war an der Zeit, »etwas Gutes zu tun«.

Als Ali Anfang des Jahres 2013 die Grenze von der Türkei nach Syrien überquerte, gehörte er zu den ersten Europäern, die nach Syrien in den Kampf zogen. Fünf Monate hielt er es dort aus, kämpfte für verschiedene Gruppen. Doch Ende Mai machte er einen Fehler: Er nahm bei einem Einsatz die falsche Abbiegung und endete – zusammen mit einer Amerikanerin und einem Kanadier – an einem Kontrollpunkt der syrischen Armee. Als die syrischen Soldaten erkannten, dass es sich um »Rebellen« handelte, eröffneten sie das Feuer.[12]

Reda Nidalha

Anders als Ali war Reda Nidalha (*1994), ein groß gewachsener holländischer Teenager, dessen Eltern aus Marokko stammten, niemals im Gefängnis. Doch ähnlich wie sein »Bruder« aus London hatte Reda eine turbulente Jugend: Partys, Alkohol, Drogen und häufig Probleme mit der Polizei. Im Alter von 16 Jahren wurde er Mitglied einer Gang in seiner Heimatstadt Leiden und dealte mit Kokain und Heroin. Für die Schule zeigte er kaum Interesse: Seine Leistungen verschlechterten sich, er war kaum noch anwesend und brach die Schule ohne Abschluss ab. Auch sein Leben als Gangster lief nicht nach Plan: Nach kurzer Zeit überwarf er sich mit seinen Freunden aus dem Leidener Untergrund und musste abtauchen. Angeblich ging es um 4000 Euro, die Reda schuldig war, aber nicht zurückzahlen konnte. Die Situation eskalierte, es gab Todesdrohungen. Auf Drängen seines Vaters nahm er im Frühjahr 2014 einen Zug nach Brüssel und sollte dort bleiben, bis sich die Situation beruhigt hatte.[13]

In Brüssel hatte Reda wenige Freunde. Doch eine Gruppe, die sich Sharia4Belgium nannte, nahm ihn unter ihre Fittiche. Innerhalb von nur zwei Monaten wurde der 19-jährige Holländer, der niemals zuvor seine Religion praktiziert hatte, zum strenggläubigen Salafisten. »Schau, Papa«, sagte er seinem Vater am Telefon, »ich gehe jetzt zur Moschee. Ich bin [endlich] auf dem richtigen Weg.«[14] Die Salafisten boten Reda die gleiche Art von starker Gemeinschaft und Identität, die er auch als Mitglied der Gang erfahren hatte – und dies noch dazu für einen vermeintlich positiven Zweck. Reda war jetzt nicht nur Mitglied einer verschworenen Truppe, sondern ein »Auserwählter«, der in den Himmel kommen würde und sein bis dahin sündhaftes Leben hinter sich lassen konnte. Noch im selben Jahr machte er sich auf den Weg nach Syrien und in den Islamischen Staat. Auf Facebook zeigte er sein Gesicht, denn er hatte keine Absicht, nach Europa zurückzukehren. »Mach dir keine Sorgen, Papa!«, sagte er seinem Vater bei einem Skype-Gespräch. »Das ist mein Leben. Und so möchte ich es leben.«[15]

Gefängnis

Mit dem Thema Gefängnis und Radikalisierung beschäftige ich mich seit den späten 2000ern. Schon damals gab es bei vielen Sicherheitsbehörden die Befürchtung, dass Gefängnisanstalten der perfekte »Nährboden« für Radikalisierungsprozesse seien und sich hier Extremismus und organisierte Kriminalität miteinander verbinden würden. Allein an konkreten Beweisen mangelte es: Zwar konvertierten viele Insassen zu fundamentalistischen, oftmals salafistischen Interpretationen des Islams, und es gab drei oder vier immer wieder zitierte Beispiele für Radikalisierung, doch für die »Nährboden«-Hypothese reichte das nicht aus.

Völlig falsch lagen die Sicherheitsbehörden jedoch nicht. Auch wenn das Phänomen zum damaligen Zeitpunkt nicht so weit verbreitet war wie vermutet, gab es legitime Gründe, sich Sorgen zu machen. Einer hiervon war die Tatsache, dass nach den Anschlägen vom 11. September 2001 immer mehr Dschihadisten in die Gefängnisse kamen und dort Zugang zu »einfachen Kriminellen« erhielten. Anders als nationalistische Gruppen wie die baskische ETA oder die nordirische IRA, die mit Räubern und Drogenhändlern nichts zu tun haben wollten, verstanden die Dschihadisten ihren Gefängnisaufenthalt als Möglichkeit, neue Anhänger zu gewinnen. Der jordanische al-Qaida-Unterstützer Abu Qatada (*1960), der jahrelang in Großbritannien einsaß, schrieb von »Zeichen Gottes«, die er in europäischen Gefängnissen gesehen habe: »Junge Männer treten dem Islam bei, (…) lernen Arabisch und akzeptieren die Scharia innerhalb weniger Monate.«[16]

Ein zweiter Grund war, dass die Insassen europäischer Gefängnisse mehr und mehr der Zielgruppe der Dschihadisten entsprachen und dass Gefängnisse das ideale Umfeld waren, um Menschen für ein neues, radikales Wertesystem zu gewinnen. Das Profil der Insassen war identisch mit dem Rekrutierungspool der Dschihadisten: junge Männer, überproportional häufig mit Migrationshintergrund, feindlich gesinnt gegenüber dem Staat und staatlicher Autorität, aus zerrütteten Verhältnissen stammend und gewaltaffin. Bei vielen führten die Verurteilung und der Gefängnisaufenthalt zu einer kognitiven Öffnung (siehe Kapitel 2): Sie stellten sich Fragen nach ihrer Vergangenheit, dem Sinn des Lebens und ihrer Zukunft. Und sie brauchten neue Freunde, soziale Kontakte und Schutz vor anderen Insassen. Die Dschihadisten konnten all das bieten: Sie hatten nicht nur Antworten auf drängende und existenzielle Fragen, sondern boten »Erlösung«, einen neuen Anfang, Stärke, Gemeinschaft, Identität und Schutz.[17] In der Tat: Von den achtzig dschihadistischen Gangstern in unserer Datei hatte die Hälfte bereits einen Aufenthalt im Gefängnis hinter sich – und ein Drittel hiervon hatte sich dort radikalisiert.

Amedy Coulibaly

Das Video, in dem Amedy Coulibaly (1982–2015) seine Zugehörigkeit zum Islamischen Staat erklärte, tauchte zwei Tage nach seinem letzten Anschlag auf: Der großgewachsene 32-Jährige, der am 9. Januar 2015 in einen jüdischen Supermarkt im Norden von Paris gestürmt war, alle Angestellten und Kunden als Geiseln genommen und vier davon erschossen hatte, saß darin im Schneidersitz auf dem Boden seiner

Mehrfachtäter, der sich im Gefängnis radikalisierte: der Franzose Amedy Coulibaly

Wohnung, hinter ihm eine selbstgebastelte Flagge des Islamischen Staates und rechts von ihm ein Maschinengewehr. »Was wir [Muslime] tun«, sagte er mit fester Stimme, »ist absolut legitim angesichts dessen, was die anderen tun. Du kannst uns nicht angreifen und erwarten, dass wir keine Vergeltung üben.«[18]

Amedys Anschlag fand zwei Tage nach Charlie Hebdo statt. In dem Video behauptete er, die beiden Angriffe seien koordiniert gewesen. Inwieweit das stimmte, ist bis heute unklar. Bewiesen ist jedoch, dass er die zwei Brüder, die für den Anschlag auf *Charlie Hebdo* verantwortlich waren, Chérif (1982–2015) und Saïd Kouachi (1980–2015), gut kannte, denn alle drei waren Ende der 2000er Jahre im selben Gefängnis gewesen, hatten sich dort befreundet – und radikalisiert.

Seine Vita ähnelt den anderen Gangstern , die ich in diesem Kapitel beschrieben habe. Die Eltern kamen aus Mali, arbeiteten hart, doch für mehr als eine Wohnung in einem Plattenbau einer Banlieue im Süden von Paris reichte es nicht. Amedy war eines von zehn Kindern, in der Schule nicht sonderlich erfolgreich, aber mit großen Ambitionen und grenzenlosem Selbstbewusstsein. Sein früherer Anwalt erzählte dem *Guardian*, dass Amedy weniger als eine Stunde nach seinem ersten Raubüberfall wieder in der Schule saß und den Eindruck erweckte, als sei nichts passiert. Als er im Jahr 2007 zu seiner dritten Gefängnisstrafe verurteilt wurde, hatte er bereits Dutzende andere Straftaten und Gewaltverbrechen auf dem Buckel.[19]

Das Gefängnis, in dem Amedy eingesperrt wurde, war das größte Europas – und damals eines der chaotischsten. Fast täglich kam es zu Gewalt gegen Wärter und zwischen Gefangenen. Es gab rivalisierende Gangs, Drogen und Selbstmorde. Sogar eine Geiselnahme hatte bereits stattgefunden. Die Verhältnisse waren so wüst, dass sich bereits Menschenrechtsorganisationen für die Zustände interessierten.[20] Kein Wunder, dass Extremisten wie Djamel Beghal (siehe Kapitel 5) hier freie Hand hatten. Beghal war inoffizieller Wortführer der muslimischen Insassen im selben Flügel des Gefängnisses, in dem auch Amedy und die zwei Kouachis inhaftiert waren. Wenige Monate nach seiner Ankunft begann Amedy, der sich vorher nie für Religion interessiert hatte, zu beten. Beghal wurde zur Vaterfigur, und die Kouachis waren für ihn wie Brüder. Selbst nach ihrer Freilassung blieben die drei im engen Kontakt und besuchten Beghal im Süden Frankreichs, wo er unter Hausarrest stand.[21]

Die Radikalisierung Coulibalys illustriert viele der Themen, die ich in diesem Buch angesprochen habe: den Frust der »zweiten«, mittlerweile »dritten« Generation, den Einfluss von kleinen Gruppen und Entrepreneuren wie Beghal und – nicht zuletzt – die Brutalisierung und »Gewöhnung« an Gewalt, die es Gangstern wie Coulibaly leichter machte, unschuldige Menschen zu töten. Dreh- und Angelpunkt jedoch war das Gefängnis, wo sich alle Beteiligten trafen, Beziehungen zueinander entwickelten und sich radikalisierten. Ohne den Aufenthalt im Gefängnis wäre Amedy möglicherweise nicht zum Terroristen geworden. Und ohne die Beziehungen, die dort entstanden waren, hätten die Pariser Anschläge vom Januar 2015 so nicht stattgefunden.

Folgen

Die Proletarisierung des Dschihad ist ein bedrohlicher Trend, weil die Kleinkriminellen und Mehrfachtäter, die die Bewegung neuerdings rekrutiert, über Fähigkeiten verfügen, die beim Durchführen terroristischer Anschläge von Vorteil sind. Anders als die Studenten und Möchtegern-Intellektuellen, die bei al-Qaida mitmachten, wissen die vormaligen Gangster, die sich dem Islamischen Staat anschließen, woher sie Waffen bekommen und wie man sie benutzt. Sie sind in der Lage, gestohlene Autos zu organisieren und Dokumente zu fälschen. Und sie haben die Möglichkeit, schnell und ohne offizielle Spuren an Geld zu gelangen – durch Kreditkartenbetrug, Drogenverkauf oder den Handel mit unversteuerten Zigaretten oder gefälschten Produkten.

Wie das funktioniert, war bereits bei den Anschlägen von Brüssel und Paris erkennbar. Für die Planung zuständig war Mohamed Abrini (*1984), ein 31-jähriger Belgier, der zwei Dutzend Vorstrafen hatte, unter anderem wegen Diebstahl, Drogenbesitz, illegalem Waffenbesitz, Körperverletzung und sogar Gefängnisausbruch. Seine Aufgabe war es, Geld zu besorgen, Waffen und Autos zu organisieren und den genauen Ablauf vorzubereiten. Keiner war besser geeignet, denn er kannte sich in der Brüsseler Unterwelt aus und wusste, an wen er sich wenden konnte, ohne dass ihm unangenehme Fragen gestellt wurden oder die Polizei Wind davon bekam.[22]

Problematisch ist auch die Einstellung und mentale Verfassung vieler Gangster. Nicht nur sind sie an Gewalt bereits aus ihrer kriminellen Karriere »gewöhnt«, sondern sie suchen nach Möglichkeiten, sie für einen vermeintlich höheren Zweck einzusetzen. Das traditionelle Verständnis des Radikalisierungsprozesses wird dadurch umgekehrt. Bei »klassischen« Extremisten ging es zuerst um die Radikalisierung des Denkens – die kognitive Radikalisierung (siehe Kapitel 1) – und erst danach und als Konsequenz um die Radikalisierung des Handelns. Wer sich zu einer extremistischen Ideologie bekannte – sei es Nazismus, Kommunismus oder Dschihadismus –, war noch lange kein Gewalttäter, denn zwischen kognitiver Radikalisierung und der Bereitschaft, einen Menschen zu töten, lag typischerweise ein aufwendiger Prozess der Gewöhnung, den nur wenige konsequent und bis zum Ende beschritten. Bei den Gangstern ist die Bereitschaft zur Gewalt bereits vorhanden, bevor sie eine extremistische Ideologie voll akzeptiert haben. Das beschleunigt Radikalisierungsverläufe und macht es schwerer, sie vorherzusagen. »Ich konvertierte nicht zum Islam«, so ein französischer Dschihadist, »sondern zum Dschihad.«[23] Für die Gangster-Generation ist Gewalt nicht Mittel zum Zweck, sondern – so scheint es – ein Mittel auf der Suche nach einem Zweck.

12

Was tun?

In den vorangegangenen Kapiteln habe ich die Geschichten von zwei Dutzend jungen Europäern erzählt, die zu Extremisten wurden. Dass ein 28-jähriger Mann aus der englischen Mittelklasse andere Radikalisierungserfahrungen macht als ein 16-jähriges Mädchen mit Migrationshintergrund, ist keine Überraschung, denn selbst zwischen Extremisten mit ähnlicher Herkunft und innerhalb derselben Bewegung gibt es starke Unterschiede. Das beste Beispiel sind die vier Briten, die sich am 7. Juli 2005 in London in die Luft sprengten: ein 30-jähriger Lehrer mit Universitätsabschluss, Frau und einjährigem Kind, ein 22-jähriger Studienabbrecher, der im Schnellimbiss seines Vaters arbeitete, ein 19-jähriger Konvertit aus Jamaika und ein 18-Jähriger, der gerade mit der Schule fertig war.[1] Die Lebenswege der vier waren völlig unterschiedlich, doch sie kamen zur selben Schlussfolgerung und beteiligten sich am selben Anschlag. Allein hieran zeigt sich, dass es den einen, vermeintlich »typischen« Terroristen nicht gibt. Für jedes scheinbar treffende »Profil« existieren so viele Ausnahmen und so viele Nichtterroristen, die dieselben Merkmale und Eigenschaften aufweisen, dass viele Wissenschaftler – und sogar Nachrichtendienstler – die Suche nach Profilen aufgegeben haben.

Doch das bedeutet nicht, dass sich das Studieren von Radikalisierungsverläufen nicht lohnt. In diesem Kapitel fasse ich zusammen, woraus Radikalisierung besteht und weshalb die Dschihadisten in Europa in den vergangenen Jahren so viel Zulauf erhalten haben. Wichtiger noch: Ich erkläre, was getan werden muss, um Radikalisierung entgegenzuwirken und die Bedrohung durch den dschihadistischen Terror einzudämmen. Ein systematischer Ansatz in den Bereichen Prävention und Deradikalisierung spielt dabei eine wichtige Rolle, doch eine dauerhafte Lösung gibt es nur dann, wenn sich Politiker und Gesellschaften ernsthaft mit den politischen und sozialen Konflikten beschäftigen, die europäische Muslime – speziell solche aus der »zweiten« und inzwischen »dritten Generation« – für extremistische Gruppen ansprechbar machen.

Radikalisierung

Dass der eine, typische Terrorist nicht existiert, heißt nicht, dass es keine Typisierungen gibt. Und dass nicht alle Radikalisierungsverläufe identisch sind, schließt nicht aus, dass es Muster gibt, die sich so – oder ähnlich – in vielen Fällen wiederholen. Im ersten Teil des Buches habe ich versucht, die wichtigsten Bausteine zu identifizieren. Grundlage jeder Form von Radikalisierung sind soziale Spannungen und politische Konflikte, die zu Unmut, Frustration und Entfremdung führen. Häufig geht es auch um emotionale Bedürfnisse, zum Beispiel nach Identität, Bedeutung, Gemeinschaft, Stärke und Abenteuer. Den dritten Baustein bilden Ideen, Ideensysteme oder Ideologien, die Frust und Drang rationalisieren und in ein politisches Projekt lenken. Genauso wichtig sind soziale Prozesse: der Einfluss kleiner Gruppen, charismatischer Anführer und von Gegenkulturen, wo sich extremistische Ansichten »normalisieren« und terroristische Netzwerke entstehen. Der letzte Faktor ist Gewalt, die nicht nur Ergebnis, sondern Ursache von Radikalisierung sein kann – sei es durch Prägung, Gewöhnung, Repression oder als Vergeltung.

Eine universell gültige Formel dafür, wie sich die fünf Bausteine zusammensetzen, gibt es nicht. Radikalisierungsverläufe unterscheiden sich je nach Kontext, Zeitpunkt und betroffener Person. In einer bürgerkriegsähnlichen Situation wie in Nordirland war die direkte Erfahrung von Gewalt und Gegenwalt ein zweifellos bedeutenderer Faktor als für die Studenten, die sich im Deutschland der 1970er Jahre der RAF anschlossen. Und für die erste al-Qaida-Generation spielten Ideen und theologische Debatten eine wahrscheinlich wichtigere Rolle als für die Gangster, die sich für den Islamischen Staat begeistern. Aus welchen Bausteinen sich ein individueller Radikalisierungsverlauf zusammensetzt und in welcher Reihenfolge und Kombination sie in Erscheinung treten, lässt sich deshalb nur schwer voraussagen oder verallgemeinern. Doch als analytische Werkzeuge, mit deren Hilfe sich Wege in die Gewalt entschlüsseln, beschreiben und vergleichen lassen, sind sie unentbehrlich.

Frust, Drang, Ideen, Leute und Gewalt – die fünf Bausteine eines Radikalisierungsverlaufs – sind daher kein Prognoseinstrument, sondern Risikofaktoren. Ein junger Mann, der Skinhead-Konzerte besucht und rechtsextreme Freunde hat, ist noch lange kein gewaltbereiter Neonazi, aber er gehört zum demographischen und sozialen Pool, aus dem die Bewegung rekrutiert, und verfügt über einen kürzeren Weg und mehr Möglichkeiten, sich zum politischen Gewalttäter zu radikalisieren, als der Rest der Bevölkerung. Das bedeutet nicht, dass Menschen aufgrund bestimmter Eigenschaften oder Aktivitäten für den Extremismus prädestiniert sind oder – schlimmer noch – dass solche Personen oder solches Verhalten kriminalisiert werden sollten. Doch genauso klar ist, dass nicht jede

Person im gleichen Maße für Radikalisierung anfällig und/oder ansprechbar ist und dass die Bausteine, die ich in diesem Buch beschrieben habe, dazu beitragen können, Risiken besser einzuschätzen und Ressourcen effektiver einzusetzen.

Was es schwierig macht, Radikalisierung zu erkennen und zu bekämpfen, ist, dass keiner der Bausteine so außergewöhnlich ist wie ihr Ergebnis. Mit Ausnahme des Faktors Gewalt sind alle Eigenschaften, Bedürfnisse und Prozesse, von denen im ersten Teil des Buches die Rede war, »gewöhnlich«, legal und legitim. Unmut und Frustration gibt es in jeder Gesellschaft, und die Bedürfnisse nach Identität und Bedeutung sind so universell, dass sie kaum der Erwähnung wert scheinen. Sich für politische Ideen zu begeistern ist ebenso wenig ein Indikator für politische Gewalt wie sich für einen charismatischen Anführer zu begeistern oder Mitglied einer Clique zu werden. Was solche Verhaltensweisen – und diejenigen, die sie praktizieren – problematisch macht, ist nicht ihre Existenz, sondern ihre Zielrichtung, die sich allerdings in vielen Fällen erst spät oder im Rückblick erkennen lässt. Mit anderen Worten: Frust, Drang, Ideen und Leute können genauso gut zur Mitgliedschaft bei den Grünen oder bei Greenpeace führen wie bei der Tierbefreiungsfront. Und wer nach Abenteuer, (kontrollierter) Aggressivität und einem Ventil für seine Männlichkeit sucht, muss kein Terrorist werden, sondern kann auch zur Bundeswehr gehen.

Die fünfte Welle

Genauso universell wie seine Bausteine ist auch das Phänomen, das aus ihnen resultiert: Radikalisierung gab es in praktisch jeder historischen Periode und Gesellschaft. Die extremistischen Gruppen, die aus ihr entstehen, nehmen jedoch zum Teil sehr unterschiedliche Formen an. Rapoport fasste die Evolution des modernen Terrorismus in vier sogenannten Wellen zusammen, die stets mit radikalen politischen Bewegungen korrespondierten: mit den Anarchisten im späten 19. und frühen 20. Jahrhundert, den Nationalisten und Separatisten gegen Mitte des 20. Jahrhunderts, der Neuen Linken ab den 1960er Jahren und mit den religiösen Fundamentalisten seit den später 1970er Jahren. Hinzu kamen die Extremisten von rechts und kleinere Gruppen wie beispielsweise militante Tier- und Umweltschützer, die oft aus größeren Bewegungen hervorgingen. Die fünfte Welle, so meine These im Buch *Die neuen Dschihadisten,* ist eine Fortsetzung und Intensivierung der vierten; denn mit dem Syrienkonflikt und dem Aufstieg des Islamischen Staates hat sich die dschihadistische Bewegung erneuert und eine völlig neue Generation in ihren Bann gezogen.[2]

Dass die Dschihadisten in Europa aktuell so viel Erfolg haben, hat den gleichen Grund wie die Mobilisierung während der vorhergehenden Welle. Dieselben Konflikte und »strukturellen Spannungen«, die die »zweite Generation« dazu brachten, sich für al-Qaida zu interessieren, motivieren die »dritte Generation« für den Islamischen Staat. In keiner westeuropäischen Gesellschaft, in die seit den 1950er Jahren Muslime eingewandert sind, haben sich deren Kinder oder Kindeskinder voll integriert, verstehen sich als Teil der Gesellschaft und werden als solcher vom Rest der Gesellschaft akzeptiert. Der Identitätskonflikt, den Roy bereits Anfang der 2000er Jahre diagnostizierte, existiert nach wie vor: Wer Mohammed heißt, mag zwar in Frankreich geboren sein und einen französischen Pass in der Tasche haben, aber das bedeutet noch lange nicht, dass er sich als Franzose fühlt. Nur eine verschwindend kleine Zahl wird deshalb zu Terroristen, doch der Pool derjenigen, die frustriert und deshalb für Salafisten und Dschihadisten ansprechbar sind, ist mindestens genauso groß wie vor zehn oder fünfzehn Jahren – wenn nicht sogar größer.

Wie für die zweite Generation ist der Dschihadismus auch für die dritte Generation eine Art Protestideologie, die Orientierung, Gemeinschaft, Identität und eine Projektionsfläche für die Entfremdung von der Gesellschaft bietet. Neu ist nicht der Konflikt oder die Ideologie, sondern ihr Botschafter und die Art und Weise, wie er seine Botschaft präsentiert. Anders als al-Qaida hat der Islamische Staat eine konkrete Utopie geschaffen und lädt seine Anhänger ein, sich bei ihrem Aufbau zu beteiligen. Er stellt keine religiösen oder intellektuellen Anforderungen; seine schockierende Brutalität bietet ein noch effektiveres Ventil für den Hass auf die eigene gesellschaftliche Herkunft; und er kommuniziert auf allen Kanälen, projiziert Stärke und Macht und gibt selbst Unterstützern, die nicht in seine Struktur eingebunden sind, das Gefühl, Teil seiner Kampagne zu sein. Das Ergebnis: Der Islamische Staat mobilisiert nicht mehr nur junge, männliche Muslime auf der Suche nach Religion und Bedeutung, sondern auch Frauen, Kleinkriminelle, Einzelgänger, religiöse Novizen und sogar solche, die gar nicht zur dritten Generation gehören, keinen muslimischen Hintergrund haben, aber aus völlig anderen Gründen frustriert und entfremdet sind. Mit anderen Worten: Der Islamische Staat hat den Dschihadismus »demokratisiert«. Für viele seiner Anhänger ist er, so der Chef der Brüsseler Polizei, eine Art »Supergang«.[3]

Das destruktive Potential des Islamischen Staates ist immens, denn nicht nur sind seine Anhänger willens und in der Lage, Menschen auf noch brutalere und wahllosere Art zu töten als al-Qaida, sondern ihr Handeln verschärft auch die gesellschaftlichen Konfliktlinien, die die Gruppe überhaupt erst attraktiv gemacht haben. Mehr noch als die Anschläge al-Qaidas schafft es der Islamische Staat, europäische Gesellschaften zu terrorisieren, Ängste zu schüren, Misstrauen zu säen und damit den Nährboden zu schaffen, auf dem Frustration und Entfremdung gedeihen. Je mehr sich europäische Gesellschaften auf diese Weise polarisieren, desto größer ist dort die Unterstützung für rechte Populisten und rechtsextremistische Gewalttäter, die nicht zwischen Muslimen und Dschihadisten unterscheiden und deren Aktionen gesellschaftliche Gräben nicht überwinden, sondern sie vertiefen. Hieraus entsteht ein Teufelskreis, an dessen Ende das friedliche Zusammenleben von Menschen unterschiedlicher Herkunft und Religion – und damit das europäische Gesellschaftsmodell ingesamt – auf dem Spiel steht. Wer die Bedrohung nicht ernst nimmt, hat nicht verstanden, um was es geht.

Prävention

Doch was tun? Polizei und Nachrichtendienste besser auszustatten, ihnen die notwendigen Befugnisse zu geben und die Kooperation zwischen Sicherheitsbehörden in Europa zu verbessern ist dringend notwendig. Aber Sicherheitsbehörden allein reichen nicht aus, um einem Problem Herr zu werden, dessen Wurzeln tiefer reichen. Einfach ausgedrückt: Statt nach jedem Feuer nach mehr Feuerwehr zu rufen, sollten wir uns öfter (und systematischer) darüber Gedanken machen, warum es so häufig brennt. Teil einer intelligenten Antwort auf die terroristische Bedrohung ist deshalb Prävention – antiextremistischer Brandschutz.

Genauso wie beim Brandschutz geht es bei der Terrorismus- oder Extremismusprävention darum, potentielle Brandherde so früh wie möglich zu identifizieren und dafür zu sorgen, dass sie für Brände weniger anfällig sind. Zielgruppe sind nicht die bereits Radikalisierten, sondern junge Menschen, die für Extremisten ansprechbar sind. Ultimatives Ziel ist es, schneller zu sein als die Extremisten: jungen Leuten zuzuhören, ihre

Probleme ernst zu nehmen, Angebote zu machen und – vor allem – sie an sich zu binden, bevor die Extremisten die Gelegenheit dazu bekommen. Teil hiervon ist die Auseinandersetzung mit extremistischen Ideen und Ideologien, doch ein umfassender Präventionsansatz beschäftigt sich ebenso mit den Ursachen von Frust, Drang und Gewalt und schafft die Grundlage für positive soziale Bindungen.

Traditionell richtete sich Extremismusprävention vor allem an junge Männer und im Bereich Islamismus vor allem an junge Männer aus muslimischen Familien. Aber die »Demokratisierung« der Bewegung, die spätestens seit dem Aufstieg des Islamischen Staates stattgefunden hat, macht es notwendig, Präventionsprogramme für eine breitere Zielgruppe zu konzipieren. Dazu zählen Mädchen und junge Frauen, die in der Extremismusprävention bisher praktisch keine Rolle spielten, und junge Männer ohne islamischen Hintergrund, die aufgrund ihrer Lebenssituation für Salafisten ansprechbar sind. Je mehr solche Programme von der Zivilgesellschaft – nicht vom Staat oder gar den Sicherheitsbehörden – getragen werden, desto besser, denn bei Extremismusprävention geht es nicht in erster Linie um Terrorismusbekämpfung, sondern um Teilhabe und Integration.

Gefordert sind hierbei alle: Bürgerinitiativen, Verbände, gemeinnützige Vereine und Stiftungen, muslimische Gruppen, private Firmen und – im staatlichen Sektor – nicht primär die Sicherheitsbehörden, sondern Städte und Gemeinden, Schulen und soziale Einrichtungen. Aufgabe des Staates ist es, die Richtung vorzugeben, Anreize zu schaffen, unterschiedliche Ansätze miteinander zu verknüpfen, Verdopplungen zu vermeiden und – wo notwendig und sinnvoll – Prävention zu bezahlen.

Prioritäten

Extremismusprävention besteht nicht nur aus Programmen, die sich ausschließlich – und explizit – der Extremismusprävention widmen. Im Gegenteil: Extremismusprävention ist weniger kontrovers und auch potentiell effektiver, wenn sie sich in andere, bereits bestehende Aktivitäten integriert. Am wichtigsten ist in diesem Zusammenhang die klassische Jugend- und Sozialarbeit. Der Islamische Staat rekrutiert viele seiner Anhänger in Orten wie dem Brüsseler Stadtteil Molenbeek oder den Pariser Banlieues, die der Staat seit Jahrzehnten aufgegeben hat, wo wenige Jugend- und Kulturzentren existieren und sich junge Menschen – möglicherweise zu Recht – gelangweilt und alleingelassen fühlen. Wer hier aufwächst, hat häufig nicht nur keine Orientierung, sondern außer einem Leben als Taxifahrer, Kleinkrimineller oder Arbeitsloser auch keine Perspektive. Dieses Vakuum zu füllen, jungen Menschen Beschäftigung, eine Aussicht auf Integration und Erfolg und das Gefühl des Dazugehörens zu geben ist nicht in erster Linie Extremismusprävention, sondern Sozialpolitik. Wer es schafft, junge Leute an sich zu binden, sodass sie sich als Teil einer Gemeinschaft (und der Gesellschaft insgesamt) begreifen, macht sie für Extremisten schwerer ansprechbar.

Eine weitere Priorität sind die Gefängnisse. Auch hier geht es nicht in erster Linie um (explizite) Extremismusprävention, sondern um Maßnahmen, die verhindern, dass Extremisten Gangster ansprechen und in ihre Strukturen einbinden. Radikalisierung findet besonders häufig in solchen Gefängnissen statt, in denen der Gefängnisleitung die Kontrolle über die eigene Anstalt entglitten ist und wo sich Extremisten (mehr oder weniger) frei bewegen können. An erster Stelle steht deshalb, dass Gefängnisse gut mit Personal ausgestattet sind und dass die Gefängnisleitung weiß, was in der eigenen Anstalt vor sich geht. Wärter müssen Anzeichen für Radikalisierung frühzeitig erkennen und zwischen (legitimer) religiöser Konversion und politischer Radikalisierung unterscheiden können. Genauso wichtig sind geistliche Betreuer, sodass muslimische Gefangene ausreichend Ansprechpartner haben und Extremisten keine Gelegenheit bekommen, sich zu »Anführern« ihrer Glaubensgenossen aufzuspielen. (Auch in Deutschland existieren hier noch große Defizite.) Kurzum: Wer verhindern will, dass sich Radikalisierungsverläufe wie die von Amedy Coulibaly wiederholen (siehe Kapitel 11), muss dafür sorgen, dass Gefängnisse die Kontrolle über ihre Insassen haben und dass ihnen Struktur und Orientierung geboten wird.[4]

Im Zusammenhang mit der ideologischen Auseinandersetzung ist häufig von sogenannten *Counter-Narratives* die Rede, also von Botschaften und Geschichten, deren Zweck es ist, die Ideen der Extremisten zu untergraben oder Gegenargumente zu liefern. Typischerweise geht es dabei darum, die religiöse Legitimität der Dschihadisten anzugreifen (»Der Islamische Staat ist nicht islamisch!«), sich mit ihren politischen Argumenten auseinanderzusetzen (»Der Westen führt keinen Krieg gegen den Islam!«) oder ihre Scheinheiligkeit zu entlarven (»Der Islamische Staat tötet vor allem Muslime!«). Wie glaubwürdig solche Botschaften sind, entscheidet nicht bloß ihr Inhalt, sondern wie, wo und von wem sie präsentiert werden. Statt auf westliche Politiker oder traditionelle religiöse Autoritäten setzen Präventionsprogramme verstärkt auf das Internet, Schulen, Familien von Dschihadisten und – nicht zuletzt – auf Exdschihadisten, die ihre eigenen Erfahrungen reflektieren und aus denselben Milieus und Lebensumständen stammen wie diejenigen, an die sich die Programme richten.[5] Wie einflussreich deren Geschichten sein können, zeigen die Beispiele des Hamburger Syrienkämpfers »Bilal« oder des

Bremer Rückkehrers Harry S. (Kapitel 4), deren öffentliche Warnungen vor dem Islamischen Staat bereits viele Möchtegern-Dschihadisten davon abgeschreckt haben, nach Syrien zu reisen oder den Islamischen Staat zu unterstützen.[6]

Trotz aller Bemühungen ist der Erfolg von Präventionsprogrammen nach wie vor bescheiden und schwer beweisbar. Das liegt zum einen daran, dass nur wenige Staaten Prävention mit der notwendigen Ernsthaftigkeit betreiben; in vielen Ländern fehlt ein nationales Konzept und – damit zusammenhängend – die Bereitschaft, für Prävention Geld auszugeben. Zum anderen sind nicht alle Erfahrungen mit Extremismusprävention positiv. Wo sich Sicherheitsbehörden als Sozialarbeiter versucht haben (wie zum Beispiel in England), ging das häufig schief und führte zu einem Vertrauensverlust.[7] Selbst im Bereich der Counter-Narratives kann niemand genau sagen, wie bereits existierende Pilotprogramme großflächig ausgeweitet werden können. Dass Prävention einen wichtigen Beitrag zur Extremismus- und Terrorismusbekämpfung leisten kann, steht außer Frage. Doch wie genau ein umfassender und effektiver Ansatz aussehen soll, ist nach wie vor umstritten.

Deradikalisierung

Deradikalisierung unterscheidet sich von Prävention zunächst – und vor allem – durch ihre Zielgruppe. Denn im Gegensatz zur Prävention richtet sich Deradikalisierung an Menschen, die bereits radikalisiert sind. Ziel ist hier, ihnen die Möglichkeit zum Ausstieg oder zur Reintegration in die Gesellschaft zu geben, weshalb Deradikalisierungsprogramme gelegentlich auch als »Rehabilitation« beschrieben werden. Während einige Programme darauf setzen, dass Extremisten ihre Auffassungen ändern, also von ihren extremistischen

Überzeugungen abschwören (kognitive Deradikalisierung), geben sich andere damit zufrieden, wenn sie sich von der Gewalt abwenden (verhaltensmäßige Deradikalisierung). Beide Arten von Deradikalisierung sind in vielen Ländern bereits im Einsatz, und solange die Erwartungen realistisch sind und die Möglichkeiten und Grenzen der Methode richtig verstanden werden, kann Deradikalisierung die Sicherheitsbehörden entlasten und Präventionsprogramme stärken.

In der Praxis existieren drei Typen von Deradikalisierungsprogramm. Der erste Typ sind sogenannte »Interventionen«. Diese richten sich an Menschen, die zwar kognitiv radikalisiert sind, aber noch kein Gesetz gebrochen haben und keiner gewalttätigen Gruppe beigetreten sind. Das Ziel besteht darin, sie durch verschiedene Maßnahmen vom Schritt in die Illegalität oder Gewalttätigkeit abzuhalten – gewissermaßen als letzte Möglichkeit, ihre extremistische »Laufbahn« zu beenden. Der zweite Typ sind Aussteigerprogramme. Ihre Zielgruppe sind Leute, die bereits Mitglieder illegaler oder gewalttätiger Gruppen sind, aber Zweifel haben und mit dem Gedanken spielen, aus ihnen auszusteigen. Aussteigerprogramme bereiten den Ausstieg vor, helfen dabei, ihn durchzuführen, und betreuen die Aussteiger, bis sichergestellt ist, dass sie voll rehabilitiert sind. Der dritte Typ sind Deradikalisierungsprogramme im Gefängnis, die sich an verurteilte Terroristen wenden, sie innerhalb der Gefängnismauern deradikalisieren und nach ihrer Entlassung systematisch weiterbetreuen.[8]

Die Maßnahmen, die bei der Deradikalisierung zum Einsatz kommen, unterscheiden sich je nach Programmtyp und Einzelfall. Zu glauben, dass es bei der Deradikalisierung vor allem um ideologische »Umerziehung« geht, ist ein Irrtum. Ideologischer und theologischer Diskurs, zum Beispiel mit einem anerkannten Imam, kann Teil des Programms sein, doch genauso wichtig sind sozioökonomische Maßnahmen, intensive psychologische Betreuung, der Aufbau eines neuen sozialen Umfelds, die Aussöhnung mit der Familie oder ein Antigewalttraining. Für einen Mitläufer wie beispielsweise Ebrahim B. aus Wolfsburg, der sich niemals für Ideologie interessiert hatte und vor allem wegen seiner »Kumpels« nach Syrien gezogen war (siehe Kapitel 5), wird ein Deradikalisierungsprogramm anders strukturiert sein müssen als für einen »Überzeugungstäter« wie Ifthekar Jaman (siehe Kapitel 8). Ähnliches gilt für die verschiedenen Programmtypen: Während bei Aussteigern oft der Aufbau eines neuen sozialen Umfelds im Vordergrund steht, konzentrieren sich Interventionen bei extremistischen »Fans« und einsamen Wölfen, die sich im Internet radikalisiert haben und keinerlei Offline-Kontakte innerhalb der Bewegung haben, eher auf individuelle Bedürfnisse und Probleme im persönlichen Umfeld. Ebenso wie bei der Radikalisierung gibt es auch bei der Deradikalisierung keine einheitliche, universell gültige Formel.

Richtig eingesetzt, können Deradikalisierungsprogramme einen wichtigen Beitrag zur Terrorismusbekämpfung leisten. Sie entlasten die Sicherheitsbehörden und Gerichte, die sich stattdessen auf dringendere und gefährlichere Fälle konzentrieren können. Bei kurzen Gefängnisaufenthalten bieten sie eine Struktur, die dabei hilft, dass sich vormalige Extremisten nach ihrer Entlassung nicht »re-radikalisieren«. Auch wird es durch sie einfacher, Exdschihadisten für den Einsatz in Präventionsprogrammen zu gewinnen.

Dennoch ist Deradikalisierung kein Allheilmittel. Sie funktioniert am besten bei Mitläufern, sehr jungen Extremisten und solchen, die sich bereits aus eigenen Stücken vom Extremismus abgewandt haben. Umgekehrt gilt: Wer ideologisch überzeugt ist, sich in seinem (extremistischen) Umfeld wohlfühlt und keinen persönlichen Zugang bietet, wird auch mit dem raffiniertesten Programm nur schwer von seinen Absichten abzubringen sein. Nicht jeder Extremist lässt sich deradikalisieren, schon gar nicht gegen seinen Willen.

Hinzu kommt, dass Deradikalisierung kein unumkehrbarer Prozess ist. Auch wenn die Zahl der »Rückfälligen« in gut organisierten Programmen sehr gering ist – weit geringer als bei Rehabilitationsprogrammen für »gewöhnliche« Kriminelle –, gibt es in jedem Programm Fälle, in denen es zur Reradikalisierung kam. Wenn, wie beispielsweise in Saudi-Arabien, mehrere dieser Rückfälligen anschließend terroristische Anschläge verüben,[9] steht die Glaubwürdigkeit des gesamten Ansatzes auf dem Spiel. Ob die Chancen und Vorteile, die die Deradikalisierung bietet, es wert sind, dieses Risiko einzugehen, ist letztlich eine politische Entscheidung, denn genauso wie traditionelle Sicherheitsmaßnahmen haben auch Deradikalisierungsmaßnahmen keine hundertprozentige Erfolgsquote.

Syrienrückkehrer

Was passiert, wenn die 5000 Westeuropäer, die sich am syrischen Bürgerkrieg beteiligt haben, in ihre Heimatländer zurückkehren? In den Medien wird diese Debatte geführt, als ginge es um ein hypothetisches Szenario. Doch in Wirklichkeit ist es längst Realität. Nach einer Studie des International Center for Counterterrorism in Den Haag waren Anfang des Jahres 2016 30 Prozent der europäischen Auslandskämpfer in ihre Heimatländer zurückgekehrt, 15 Prozent waren verstorben, knapp die Hälfte befand sich nach wie vor in Syrien oder dem Irak, und für etwa 10 Prozent gab es keine Informationen.[10] Etwa 1500 Syrienrückkehrer sind also bereits »unter uns«, doch nur ein geringer Teil von ihnen ist in Haft oder wird ständig von den Sicherheitsbehörden beobachtet. Dass in den meisten europäischen Staaten keine Deradikalisierungsprogramme existieren, macht es schwieriger, bereits identifizierte Rückkehrer zu kontrollieren, ihre Motivationen zu verstehen und terroristische Gefahren abzuwenden.

Genauso unterschiedlich wie die Motivation, nach Syrien zu gehen, sind auch die Gründe, weshalb Auslandskämpfer aus Syrien zurückkehren. Neben persönlichen Gründen gibt es viele, die vom Dschihad in Syrien enttäuscht sind. Einige berichten von Korruption und Ungerechtigkeit, andere sind schockiert über die Brutalität des Islamischen Staates gegenüber Muslimen und Mitgliedern der eigenen Gruppe.[11] Wieder andere hatten auf mehr »Action« gehofft und beschweren sich über die »langweiligen« Aufgaben, die ihnen vom Islamischen Staat zugeteilt wurden.[12] Die Mehrheit sind – trotz Rückkehr – nach wie vor Dschihadisten, praktizieren die salafistische Glaubensdoktrin und glauben an die Idee des Kalifats, doch viele von ihnen haben sich vom Islamischen Staat abgewendet und warnen ihre »Brüder« davor, sich ihm anzuschließen. Nur wenige sind nach ihrer Rückkehr »gefährlich«, begreifen sich als »Soldaten« des Kalifats oder haben den Auftrag, in Europa Anschläge durchzuführen. Aber die wenigen, die nach wie vor »gefährlich« sind, stellen aus Sicht der Sicherheitsbehörden die größte Bedrohung dar, denn ihre internationalen Verbindungen und Kampferfahrung machen sie zu den potentiell »besten« Terroristen.[13] Zwischen desillusionierten und »gefährlichen« Rückkehrern zu unterscheiden, ist für die Polizei und Nachrichtendienste überall in Europa eine schwerige Herausforderung.

Die einfachste Lösung wäre es, alle Rückkehrer einzusperren. Doch das ist weder (rechtlich) möglich noch sinnvoll. Obwohl in vielen Fällen klar ist, dass Dschihadisten nach Syrien gereist sind, gibt es meist keine stichhaltigen Beweise dafür, dass sie sich dem Islamischen Staat angeschlossen haben. Wo solche Beweise existieren, ist Mitgliedschaft kein Beleg dafür, dass sie an Enthauptungen, Exekutionen oder anderen Kriegsverbrechen beteiligt waren. Und selbst wenn sich aufgrund der Beweislage Gerichtsverfahren eröffnen lassen, sind die Gefängnisstrafen, die der Verurteilung folgen, häufig relativ kurz – meist drei oder vier Jahre.[14] Wer allein auf Strafverfolgung setzt, riskiert, dass potentiell gefährliche Rückkehrer freigesprochen werden oder sich bereits nach relativ kurzer Zeit wieder auf freiem Fuß befinden, und verpasst die Gelegenheit, desillusionierte Kämpfer für Präventionsprogramme zu mobilisieren. Kein Geheimdienst hat die Ressourcen, Hunderte von Personen rund um die Uhr zu observieren. Deradikalisierung ist – so gesehen – kein Ersatz für Strafverfolgung und Beobachtung, sondern schließt die Lücke zwischen Gefängnis und Kontrollverlust.

Ursachenbekämpfung

Prävention und Deradikalisierung sind unentbehrliche Bestandteile einer modernen und umfassenden Strategie zur Bekämpfung des Terrorismus. Doch wie die Arbeit der Sicherheitsbehörden sind sie keine hundertprozentige Garantie gegen Terrorismus oder Radikalisierung. Wer Radikalisierung an ihren Wurzeln bekämpfen will, muss sich mit den strukturellen Spannungen und politischen Konflikten beschäftigen, an die Extremisten und ihre Ideologien »andocken«.

Im Fall der dschihadistischen Radikalisierung in Europa gibt es hiervon zwei. Die erste Wurzel sind die Konflikte im Nahen Osten, die mehr und mehr dem Dreißigjährigen Krieg in Europa im 17. Jahrhundert ähneln. Der Islamische Staat, dessen Aufstieg viele junge Muslime in Europa so elektrisiert hat, ist dabei sowohl Ursache als auch Konsequenz: Er profitiert von Instabilität, Chaos und konfessionellen Spannungen und macht sie durch sein Handeln gleichzeitig schlimmer.

Keiner kann sagen, wann dieser Konflikt enden wird und wer am Ende Gewinner und Verlierer sein werden. Sicher ist nur, dass die regionale Ordnung, wie sie bis zum Arabischen Frühling im Jahr 2011 bestanden hat, nicht mehr wiederherzustellen ist und dass am Ende neue Grenzen und möglicherweise sogar neue Staaten stehen werden.

Wahr ist auch: Solange sich der Konflikt fortsetzt, wird er Konsequenzen für Europa haben – sei es in Form von Flüchtlingen, Instabilität oder extremistischer Radikalisierung. Dass die Vereinigten Staaten und Europa hierzu beigetragen haben, steht außer Frage. Doch die Idee, dass alles, was derzeit im Nahen Osten passiert, auf das Konto Amerikas und Europas geht, ist genauso absurd wie die Behauptung, dass Amerika und Europa in der Lage dazu seien, den Konflikt schnell und auf eigene Faust zu lösen.[15] Niemand kann von heute auf morgen die »Krise des Islams« beenden, Schiiten und Sunniten miteinander versöhnen, Millionen von Arbeitsplätzen schaffen und regionale Machtinteressen befrieden. Selbst ein Sieg über den Islamischen Staat in Syrien und dem Irak wäre ein zweischneidiges Schwert. Ein solcher Sieg ist zwar notwendig, um der Gruppe ihre Operationsbasis zu entziehen und den Mythos des Kalifats zu zerstören. Doch die dschihadistische Gefahr wäre damit nicht gebannt. Im Gegenteil: Genauso wie nach Ende des Afghanistankonflikts in den 1980er Jahren würde ein Teil der überlebenden Kämpfer als »Dschihadveteranen« in anderen Konflikten auftauchen, in seine Heimatländer zurückkehren oder sich in terroristischen Netzwerken organisieren. Einfach ausgedrückt: Die Konsequenzen dessen, was derzeit im Nahen Osten passiert, werden uns noch eine Generation lang beschäftigen. Die Aufgabe kluger Politik ist nicht Rückzug und Isolation, sondern konsequentes und konstruktives Engagement, denn schnelle und einfache Lösungen gibt es nicht.

Inklusion

Die zweite Wurzel der dschihadistischen Radikalisierung in Europa ist die mangelnde Integration der Kinder und Enkel der »Gastarbeiter«, die nach Ende des Zweiten Weltkriegs nach Europa gekommen sind. Dass bereits ein Jahrzehnt nach der größten Katastrophe der europäischen Geschichte Millionen von Menschen willens waren, ihre Heimatländer zu verlassen, um für wenig Geld in (west-)europäischen Fabriken zu arbeiten, reflektiert Europas Anzhiehungskraft und wirtschaftlichen Erfolg. Wie stark sich Europa hierdurch verändern würde, wollten viele Europäer jedoch lange Zeit nicht wahrhaben. Bis in die 1990er Jahre hinein – die Kinder der ersten Einwanderergeneration waren längst geboren – forderten Politiker, die »Ausländer nach Hause« zu schicken. Und selbst heute – mehrere Millionen Einwanderer später – gibt es Debatten darüber, ob Deutschland ein »Einwanderungsland« sei. Kurzum: Viele Europäer haben niemals akzeptiert, dass die »Türken«, »Marokkaner« oder »Pakistanis«, die in Europa geboren und aufgewachsen sind, genauso Teil ihrer Gesellschaften sind wie sie selbst. Und viele, die zur »zweiten« oder »dritten Generation« gehören, fühlen sich in ihren eigenen Gesellschaften nach wie vor fremd.

Das bedeutet nicht, dass die Europäer selbst an der dschihadistischen Radikalisierung schuld sind. Doch es erklärt die Konfliktlinien und »strukturellen Spannungen«, an die der Dschihadismus erfolgreich »angedockt« hat. Der Grund, weshalb junge europäische Muslime für eine Ideologie ansprechbar sind, die von ihnen verlangt, sich radikal gegen die eigenen, europäischen Gesellschaften zu wenden, ist, dass sie sich nicht als Teil dieser Gesellschaften begreifen. Dass junge Belgier willens sind, sich im Flughafen ihrer Heimatstadt Brüssel in die Luft zu sprengen und dabei Dutzende von Menschen zu töten, hat damit zu tun, dass sie diese Menschen nicht als Nachbarn, Schulfreunde oder Kollegen sehen, sondern als Feinde. »Wir befinden uns im Krieg, und ich bin ein Soldat«, erklärte Mohammad Sidique Khan (1974–2005), der Anführer der Londoner Selbstmordattentäter vom Juli 2005, der in England geboren und aufgewachsen war und niemals außerhalb Europas gelebt hatte. Die britischen Zivilisten, gegen die sich seine Aktion richtete, waren für ihn keine Landsleute, sondern Komplizen im weltweiten Krieg des Westens gegen das »muslimische Volk«: »Eure Unterstützung für Eure Regierungen macht Euch schuldig, genauso wie ich die Pflicht habe, meine muslimischen Brüder und Schwestern zu verteidigen.«[16]

Die Lösung heißt deshalb nicht einfach mehr Geld, Sozialprogramme oder Investitionen in Bildung und Arbeitsplätze – so wichtig jede einzelne dieser Maßnahmen auch sein mag. Entscheidend ist, ob es europäischen Gesellschaften gelingt, sich so zu definieren, dass sich Menschen unterschiedlicher Herkunft, Glaubens und Hautfarbe in ihnen akzeptiert und aufgehoben fühlen. Die Vorstellung davon, was es bedeutet, ein Franzose, Deutscher oder Brite zu sein, muss der gesellschaftlichen Realität entsprechen. Und genauso wie jeder Bürger, egal welcher Herkunft, die Pflicht hat, gesellschaftliche Normen und Gesetze zu akzeptieren, ist es die Pflicht der Gesellschaft, jeden, der dies tut, als gleichwertigen Mitbürger in die Gemeinschaft aufzunehmen. Nur wenn sich alle an diesen »Deal« halten, entsteht eine Gesellschaft, in der sich jeder zu Hause fühlen kann und niemand nach einer neuen Identität suchen muss.

Ziel von Terrorismus – besonders dem dschihadistischen – ist das Gegenteil: Statt Gesellschaften miteinander zu versöhnen, versucht er, sie zu spalten, Misstrauen zu säen und das Gefühl der Entfremdung, das junge Muslime für den Dschihadismus ansprechbar macht, noch zu verstärken. Jeder Anschlag birgt deshalb die Gefahr, dass sich eine Spirale in Gang setzt, die diese Gräben tiefer werden lässt. Wer auf Terrorismus mit Ausgrenzung und Polarisierung reagiert, tappt in die Falle, die der Islamische Staat gestellt hat. Die Lösung ist deshalb nicht, sich vom gesellschaftlichen Pluralismus abzuwenden, sondern – im Gegenteil – noch stärker für ihn zu werben. Auf den Punkt gebracht: Der Terror ist unter uns. Terrorismusbekämpfung ist nicht nur Aufgabe der Sicherheitsbehörden, sondern der ganzen Gesellschaft. Und Radikalisierung zu verhindern schützt nicht nur Menschenleben, sondern auch unser demokratisches Gesellschaftsmodell.

Nachwort

Spätestens während des Sommers 2016 wurde jedem deutlich, wie ernsthaft die dschihadistische Bedrohung in Europa ist. Innerhalb von weniger als einem Monat kam es zu fünf dschihadistisch motivierten Anschlägen, die der Islamische Staat für sich reklamierte: Am 14. Juli, dem französischen Nationalfeiertag, fuhr ein 31-jähriger Mann, der vor Jahren aus Tunesien nach Frankreich gezogen war, mit einem Lastwagen in eine Menschenmenge in Nizza und tötete dabei 85 Menschen; vier Tage später attackierte ein 17-jähriger Flüchtling Reisende in einem Regionalzug nahe Würzburg mit einer Axt; weniger als eine Woche darauf sprengte sich ein Syrer am Rande eines Musikfestivals in Ansbach in die Luft; am 26. Juli kam es zur Enthauptung eines 86-jährigen Priesters in der Normandie; am 6. August versuchte ein 33-jähriger Algerier, zwei Polizistinnen in der belgischen Stadt Charleroi zu erstechen.

Wie häufig bei Terroranschlägen ging es in der unmittelbaren Berichterstattung drunter und drüber. Mit Ausnahme der Anschläge in der Normandie hieß es in allen Fällen zunächst, es handle sich um einsame Wölfe, die nicht polizeibekannt seien, unter psychischen Problemen litten, keinen Kontakt zum Islamischen Staat gehabt hätten und bis vor Kurzem nicht – oder niemals – religiös oder ideologisch radikalisiert gewesen seien. Einige der »Terrorexperten«, die im Fernsehen auftraten (und von denen ich in fast zwanzig Jahren als Terrorismusforscher noch nie gehört hatte) sprachen von »Blitzradikalisierung«, während andere behaupteten, die Vorfälle hätten mit politisch oder religiös motiviertem Terrorismus »ganz und gar nichts« zu tun. Als ich am Morgen nach dem Anschlag in Nizza im Deutschlandfunk erklärte, dass die Tat »wahrscheinlich dschihadistisch motiviert« war, musste ich mir vorwerfen lassen, ich hätte einen »islamistischen Reflex« und sähe Dschihadisten hinter jeder Ecke.[1]

Als mehr Informationen ans Licht kamen, stellten sich viele der Vermutungen und Spekulationen, die in den ersten Stunden nach den Anschlägen geäußert wurden, als haltlos heraus. Nicht alle der Attentäter waren »typisch« oder passten hundertprozentig in bereits bekannte Schemata, doch ihre Radikalisierungsverläufe waren weniger außergewöhnlich, als es auf den ersten Blick schien. Die einzig echte Überraschung war die relativ hohe Zahl von Attentätern, die nicht in Europa geboren oder aufgewachsen waren, also nicht aus der zweiten oder dritten Generation des »hausgemachten« Terrorismus stammten, mit der sich dieses Buch vorrangig beschäftigt. (Dass in Deutschland zwei Flüchtlinge zu dschihadistischen Attentätern wurden, ist eine neue – und sehr schwierige – Herausforderung.) Doch in allen anderen Fällen sind die Bausteine und Trends, die ich in den vorangegangenen Kapiteln beschrieben habe, wichtig und relevant. Viele der vermeintlich »einsamen« Wölfe handelten nicht alleine oder auf eigene Faust; psychische Probleme spielten häufig eine Rolle, waren aber selten der einzige Faktor; das Internet und der starke Zulauf von Gangstern haben Radikalisierungverläufe beschleunigt; und kleine, einfach durchzuführende Anschläge, die vom Islamischen Staat nicht organisiert, aber inspiriert werden, sind ein zunehmend wichtiger Teil der Strategie, mit der die Gruppe versucht, westliche Gesellschaften zu terrorisieren und zu spalten.

Einsame Wölfe?

Die Idee des isolierten Einzeltäters, der sich völlig allein radikalisiert und dann ohne Hilfe und Anleitung einen Anschlag durchführt, war ein wichtiges Element der medialen Berichterstattung. Doch außer dem Algerier, der die Messerattacke in Charleroi durchführte (und zu dem bei Schriftlegung dieses Buches noch keine ausreichenden Informationen vorlagen), traf dies bei keinem der Anschläge zu. Am offensichtlichsten war dies bei den zwei Tätern in der Normandie, die gemeinsam handelten, in der dschihadistischen Szene aktiv waren, bereits mehrfach versucht hatten, nach Syrien zu reisen, und hierfür verurteilt worden waren. Auch beim Attentäter von Nizza, der in den Medien tagelang als Einzeltäter präsentiert wurde, stellte sich wenig später heraus, dass er eine ganze Gruppe von Komplizen hatte – nach einigen Berichten bis zu sechs –,[2] die ihm dabei halfen, den Anschlag vorzubereiten. Für dessen Durchführung war er allein verantwortlich, doch während der Sozialisierungs- und Planungsphase war er alles andere als einsam.

Auch die zwei Flüchtlinge, die die Anschläge in Würzburg und Ansbach verübten, waren nicht so allein wie anfangs vermutet. Bei beiden stellte sich wenige Tage später heraus, dass sie bis wenige Stunden vor ihren jewilligen Anschlägen per Internet in Kontakt mit Dschihadisten im Nahen Osten gestanden hatten, von denen sie konkrete Anweisungen erhielten.[3] Beide nahmen Fotos oder Videos von sich auf, die sie an ihre Kontakte sendeten und die vom Islamischen Staat in »Bekennervideos« verwendet wurden, bevor sie an anderer Stelle veröffentlicht wurden. Der Selbstmordattentäter von Ansbach war wahrscheinlich bereits während seiner Zeit in Syrien Mitglied des Islamischen Staates geworden und hatte möglicherweise von Anfang die Absicht und Aufgabe, in Europa einen Anschlag durchzuführen.[4] Beide waren Einzeltäter, aber keine einsamen Wölfe.

Psychische Probleme?

Dass psychologische Faktoren besonders bei Einzeltätern, die nicht voll in die Hierarchie einer Gruppe eingebunden sind, häufig eine Rolle spielen, ist seit Langem bekannt (siehe Kapitel 9). Doch in der Berichterstattung über die Anschläge vom Sommer 2016 wurde das Thema so stark in den Vordergrund gestellt, dass der Eindruck entstand, es handle sich bei den Attentätern allesamt um Verrückte. In Wirklichkeit gab es nur beim Attentäter von Ansbach deutliche Hinweise darauf, dass er unter schweren psychischen Problemen gelitten hatte und in den Monaten vor seiner Tat wegen Selbstmordversuchen in Behandlung war. (Und selbst bei ihm gibt es mittlerweile Zweifel, denn laut verschiedenen Berichten hatte er seine psychischen Probleme offenbar übertrieben, um der drohenden Abschiebung zu entgehen.[5])

Beim brutalsten und schockierendsten der Anschläge – der Enthauptung des Priesters in der Normandie – gab es keine Hinweise auf eine psychische Erkrankung der Täter. Und auch bei den Attentätern von Würzburg und Nizza ist statt von Psychosen oder schweren psychischen Erkrankungen inzwischen nur noch von Persönlichkeitsstörungen oder problematischen »Veranlagungen« die Rede. Der Attentäter von Nizza hatte seine Frau geschlagen und war an gewalttätigen Verbrechen beteiligt. Wie bei vielen der Gangster und Kleinkriminellen, die ich in diesem Buch beschrieben habe (siehe Kapitel 10), war seine Hemmschwelle gering, doch »reizbar« und »aggressiv« zu sein ist noch keine Psychose und schließt eine politische Motivation nicht aus. Ähnliches gilt für den Attentäter von Würzburg, der nach Aussagen von Bekannten »etwas Aggressives an sich hatte«, aber niemals in psychologischer Behandlung war.[6] Mit anderen Worten: Psychologische Faktoren sind wichtig, doch jeden Einzeltäter als geisteskrank abzustempeln, nur weil wir uns die Tat nicht anders erklären können, ist ein Fehler und wird der Komplexität des Phänomens nicht gerecht.

Blitzradikalisierung?

Auch die Idee der Blitzradikalisierung, von der im Sommer 2016 häufig die Rede war, hat sich mittlerweile als Mythos entpuppt. Niemand wird über Nacht zum Terroristen, auch wenn es unmittelbar nach einem Anschlag, wenn noch wenig über einen Attentäter bekannt ist, manchmal so aussieht. Die Täter aus der Normandie waren jahrelang in der dschihadistischen Szene unterwegs und wurden seit geraumer Zeit als gefährlich eingestuft. Der Selbstmordattentäter von Ansbach war vermutlich bereits Mitglied des Islamischen Staates, als er im Sommer 2014 in Deutschland Asyl beantragte. In Nizza hieß es zunächst, der Attentäter sei völlig irreligiös gewesen und habe sich, wenn überhaupt, erst in den Tagen unmittelbar vor dem Anschlag radikalisiert. Doch als die Polizei seinen Computer und sein Handy analysierte, stellte sich heraus, dass er den Anschlag mit einer Gruppe von Komplizen seit mindestens einem halben Jahr vorbereitet hatte.[7] Dass er weiterhin Alkohol trank und sich für Frauen interessierte, war entweder Tarnung oder das Verhalten eines radikalisierten Gangsters, für den Gewalt und Dschihad wichtiger waren als das Einhalten der salafistischen Verhaltensregeln.

Abgesehen von Charleroi ist nur der Anschlag von Würzburg nach wie vor rätselhaft. Da es im persönlichen Umfeld des Attentäters keine Dschihadisten gab, deutet alles darauf hin, dass die Radikalisierung und der Kontakt zur dschihadistischen Bewegung per Internet zustande gekommen waren. Dass sich Radikalisierungsverläufe durch Online-Einflüsse beschleunigen können, auch wenn sie nur selten die einzige Ursache sind, ist unter Forschern mittlerweile Konsens (siehe Kapitel 8). Es ist deshalb vorstellbar, dass sich der Attentäter seit längerer Zeit in dschihadistischen Online-Milieus bewegt und mit Mitgliedern des Islamischen Staates kommuniziert hatte, ohne sich offen zur Gruppe zu bekennen. Die Nachricht, dass ein enger Freund in Afghanistan getötet wurde, mag der psychologische Auslöser gewesen sein, der ihn dazu brachte, sich für einen Anschlag zur Verfügung zu stellen.[8] Wie genau dies passierte, ist schwer zu beurteilen. Doch selbst mithilfe des Internets ist es unwahrscheinlich, dass aus einem gut integrierten Flüchtling, der – soweit bekannt – unter keiner Psychose oder schweren psychologischen Problemen litt, innerhalb von wenigen Tagen ein dschihadistischer Mörder wurde.

Islamischer Staat

Die unsinnigste Debatte im Zusammenhang mit den Anschlägen vom Sommer 2016 war, ob sie wirklich auf das Konto des Islamischen Staates gingen. Genauso wie beim Thema psychische Erkrankung verbarg sich dahinter die (zweifellos gut gemeinte) Absicht, die Gruppe und das mit ihr verbundene Phänomen nicht größer zu machen als sie bereits waren. Für das Ausmaß der Bedrohung war es jedoch völlig unerheblich, ob ein Anschlag vom Islamischen Staat organisiert oder lediglich inspiriert wurde, denn in beiden Fällen waren die Täter dschihadistisch motiviert. Anders ausgedrückt: Das Phänomen der dschihadistischen Radikalisierung wurde durch die Unterscheidung zwischen »inspirierten« und »organisierten« Anschlägen nicht kleiner. Im Gegenteil: Die Vorstellung, dass es der Islamische Staat geschafft hatte, junge europäische

Muslime, die keinerlei direkte Verbindung zur Organisation hatten, zu terroristischen Gewalttaten anzustiften, macht die Bedrohung eher noch größer.

Hinzu kommt, dass der Islamische Staat bei Weitem nicht jede Gewalttat für sich reklamierte. Weder der Amoklauf eines 19-jährigen Deutsch-Iraners in München noch die Messerattacke eines somalischstämmigen Norwegers in London, die beide parallel zur dschihadistischen Anschlagswelle im Sommer 2016 stattfanden, wurden von der Gruppe für sich in Anspruch genommen. Wer vom Islamischen Staat als einsamer Wolf anerkannt werden will, muss sich vor oder während seiner Tat öffentlich zur Gruppe und ihrem Anführer bekennen – sei es per Video, Facebook-Botschaft oder mit einem Foto. Mehr noch als al-Qaida signalisiert die Gruppe damit, dass hinter ihr eine globale Bewegung steht, die sich für ihre Ziele einspannen lässt. Junge, frustrierte Muslime bekommen mit ihr eine Projektionsfläche, mit der sie ihren Hass auf die eigene Gesellschaft in eine scheinbar »produktive« Richtung lenken können. Dieser Frust ist seit Ende des Sommers 2016 nicht weniger geworden. Und deshalb befürchte ich, dass diese Anschlagswelle nicht die letzte war.

Dank

Das Problem mit aktuellen Büchern ist, dass sich die Ereignislage während des Schreibens ändern kann. So auch in diesem Fall. Als ich mit dem ersten Teil des Buches beschäftigt war, griff der Islamische Staat Brüssel an. Und während der letzten Kapitel kam es zu Anschlägen in Nizza, Würzburg und Ansbach. Bei jedem neuen Ereignis fragte ich mich, ob das, was ich geschrieben hatte, angesichts der aktuellen Entwicklungen noch stimmte. Noch größere Sorgen machte mir die Frage, was wohl passieren würde, sobald ich mein Manuskript abgegeben hatte.

Dass ich mir trotz zwanzig Jahren Studium des Terrorismus nicht sicher war, ob ich mit meinen Einschätzungen richtig lag, zeigt, wie fragil die Lage ist. Und es beweist, dass keine Gewissheit so unumstößlich ist, dass sie nicht durch einen Anschlag morgen, übermorgen oder nächste Woche in ihr Gegenteil verkehrt werden könnte. Niemand, der im Fernsehen als Terrorismusexperte vorgestellt wird, weiß hundertprozentig genau, was uns in den nächsten Jahren und Jahrzehnten bevorsteht. Ich bin dabei keine Ausnahme.

Dass ich das Privileg hatte, mich über so lange Zeit – und mit solcher Intensität – mit den Themen Terrorismus und Radikalisierung zu beschäftigen, verdanke ich unzähligen Menschen und Institutionen: meiner Universität, dem King's College London, und dort besonders meinen Doktorvätern, Professor Lawrence Freedman und Professor Michael Rainsborough, meinen Kollegen am International Centre for the Study of Radicalisation (ICSR), das ich seit dem Jahr 2008 leite, und meinen Studenten und Mitarbeitern.

Besonderer Dank gebührt auch den Förderern meiner Arbeit und meines Instituts. Dazu gehören im Bereich Dschihadismus die Gerda-Henkel-Stiftung und ihr Vorstandsvorsitzender Dr. Michael Hanssler; Public Safety Canada und der Leiter ihres Kanishka-Programms Dr. Brett Kubicek; und die Wolfson-Stiftung in London.

Dass ich trotz der täglichen Beschäftigung mit dem Terrorismus und der extremen Gewalt des Islamischen Staates relativ »normal« geblieben bin, ist das Verdienst meiner Eltern, Freunde und – nicht zuletzt – von Zora, die ich sehr liebe. Für alle Fehler, die sich dennoch eingeschlichen haben, bin ich allein verantwortlich.

Bildnachweis

S. 45: ullstein bild – AP; S. 50: ullstein bild – mirrorpix; S. 68: Facebook; S. 76: ullstein bild; S. 82: YouTube; S. 107: ullstein bild – Reuters; S. 115: picture alliance – BELGA / Jasper Jacobs; S. 121: ullstein bild – Rex Features / Shutterstock; S. 125: ullstein bild – Teutopress; S. 161: Twitter; S. 175: Facebook; S. 182: Twitter; S. 194: ullstein bild – Reuters / Alex Grimm; S. 199: Twitter; S. 215: picture alliance – dpa / INTERPOL; S. 219: ullstein bild – Reuters / SCANPIX DENMARK; S. 231: ullstein bild – Rex Features / Perfecture de police.

Anmerkungen

Einleitung

1 Martin Dillon, *The Shankill Butchers: A Case Study of Mass Murder* (London: Arrow, 1991), S. 27.

2 Ibd.

3 Ibd., S. 262.

4 Vgl. Andrew Silke, »Cheshire-cat logic: The recurring theme of terrorist abnormality in psychological research«, *Psychology, Crime and Law*, 4 (1) (1998), S. 51–69.

5 Hannah Arendt, *Eichmann in Jerusalem: A Report on the Banality of Evil* (New York: Viking Press, 1963).

6 Peter R. Neumann (Hg.), *Major Works Collection: Radicalization*, Band I–IV (London: Routledge, 2015).

7 Peter R. Neumann, *Die neuen Dschihadisten:* IS, *Europa und die nächste Welle des Terrorismus* (Berlin: Econ, 2015).

1 Forschung

1 Joanna Codd, »Animal Rights Bomber Jailed«, *Bournemouth Daily Echo*, 9. Dezember 2006.

2 Esther Addley, »Animal Liberation Bomber Faces Jail after Admitting Arson Bids«, *The Guardian*, 18. August 2006.

3 Zitiert in Donald R. Liddick, *Eco-Terrorism: Radical Environmental and Animal Liberation Movements* (Boulder, CO: Praeger, 2006), S. 45.

4 Codd, »Animal Rights«.

5 Zitiert in »Public Statement on behalf of Donald Currie«, *Indymedia Cambridge*, 9. Dezember 2006; www.indymedia.org.uk/en/regions/cambridge/2006/12/358008.html.

6 Addley, »Animal Liberation«.

7 Vgl. »Mixed View of Hamas and Hezbollah in Largely Muslim Nations«, *Pew Global Atittudes and Trends*, 4. Februar 2010.

8 Vgl. Peter R. Neumann, M. L. R. Smith, *The Strategy of Terrorism: How It Works and Why It Fails* (London: Routledge, 2008).

9 Vgl. Michael Stohl, George A. Lopez, *The State as Terrorist: Dynamics of Governmental Violence and Repression* (New York: Greenwood Press, 1984).

10 Information von Aymenn Jawad al-Tamimi, 23. Juni 2016.

11 Roger Scruton, *The Palgrave Macmillan Dictionary of Political Thought* (London: Palgrave, 2007).

12 Charles Tilly, »Terror, Terrorism, Terrorists«, *Sociological Theory*, 22(1) (2004), S. 12.

13 Vgl. John Horgan, *Walking Away from Terrorism: Accounts of Disengagement from Radical and Extremist Movements* (London: Routledge, 2009); Alan B. Krueger, *What Makes a Terrorist? Economics and the Roots of Terrorism* (Princeton: Princeton University Press, 2008).

14 Haida Saad, Anne Barnard, »One Syrian's Jorney from Hometown Rebel to ISIS Bomber«, *The New York Times*, 15. Januar 2016.

15 Madawi Al-Rasheed, »The Local and the Global in Saudi Salafi Discourse« in Roel Meijer (Hg.), *Global Salafism: Islam's New Religious Movement* (New York: Columbia University Press, 2009), S. 304. Vgl. »Guide to the Drivers of Violent Extremism«, USAID, Februar 2009, S. 38; pdf.usaid.gov/pdf_docs/Pnadt978.pdf.

16 Marc Sageman, »Hofstad Case Study and the Blob Theory«, in »Theoretical Frames on Pathways to Violent Radicalization«, *Artis Research and Risk Modeling*, August 2009, S. 15.

17 Vgl. John Muller, »Six Rather Unusual Propositions about Terrorism«, *Terrorism and Political Violence*, 17 (2005), S. 487–505.

18 Vgl. Louise Richardson, »The Roots of Terrorism: An Overview«, in Louise Richardson (Hg.), The Roots of Terrorism (Abingdon and New York: Routledge, 2006), S. 1–16; Charles Tilly et al., *The Rebellious Century, 1830–1930* (Cambridge: Harvard University Press, 1975), S. 290.

19 Scott Atran, Richard Davis, »Introduction«, in »Theoretical Frames«, S. 12.
20 Lorenz, zitiert in Steve Nelson, »The Butterfly Effect: Variations of a Meme«, AP*42*, 3. August 2011.
21 Neil J. Smelser, *Theory of Collective Behavior* (London: Routledge, 1962), S. 47–66.
22 John Horgan, *The Psychology of Terrorism* (London/New York: Routledge, 2005), S. 89.
23 Siehe Andrew Silke (Hg.), *Research on Terrorism: Trends, Achievements, and Failures* (London: Routledge, 2003).

2 Frust

1 Ian Buruma, *Murder in Amsterdam: The Death of Theo van Gogh and the Limits of Tolerance* (London: Penguin, 2006), S. 1–6.
2 Zitiert in Petter Nesser, »The Slaying of the Dutch Filmmaker«, FFI *Report*, Februar 2005.
3 Buruma, *Murder in Amsterdam*, S. 1–6.
4 »The ›Hofstadgroep‹«, *Transnational Terrorism, Security and the Rule of Law, European Commission*, April 2008.
5 Ibd.
6 Ibd.
7 Vgl. Olivier Roy, »Euroislam: The Jihad Within?«, *National Interest*, Frühjahr 2003.
8 Smelser, *Theory of Collective.*
9 Neil J. Smelser, *The Faces of Terrorism: Social and Psychological Dimensions* (Princeton: Princeton University Press, 2010), S. 14 f.
10 Vgl. Marc Sageman, *Leaderless Jihad: Terror Networks in the Twenty-First Century* (Philadelphia: Pennsylvania University Press, 2008), Kapitel 5.
11 Roy, »Euroislam«.
12 Vgl. Åsne Seierstad, *One of Us: The Story of a Massacre in Norway – and Its Aftermath* (London: Macmillan, 2015).
13 Andrew Berwick, »2083 – A European Declaration of Independence«, Juli 2011; www.washingtonpost.com/r/2010-2019/WashingtonPost/2011/07/24/National-Politics/Graphics/2083+-+A+European+Declaration+of+Independence.pdf.
14 Ibd.

15 John Dollard, Neal Miller, *Frustration and Aggression* (New Haven: Yale University Press, 1939).

16 Leonard Berkowitz, »Frustration-Aggresion Hypothesis: Examination and Reformulation«, *Psychological Bulletin*, 106 (1) (1989), S. 59–73.

17 Vgl. Tore Bjørgo (Hg.), *Root Causes of Terrorism: Myths, Reality and Ways Forward* (London: Routledge, 2005).

18 Vgl. Ted Gurr, »Economic Factors«, in Louise Richardson (Hg.), *Root Causes of Terrorism* (London: Routledge, 2006), S. 88.

19 Vgl. John McGarry, Brendan O'Leary, *Explaining Northern Ireland* (Oxford: Wiley, 1995).

20 David Trimble, »Nobel Lecture«, *The Nobel Peace Prize 1998*, 10. Dezember 1998; www.nobelprize.org/nobel_prizes/peace/laureates/1998/trimble-lecture.html.

21 Gerry Adams, *Before the Dawn* (Dublin: Brandon, 1996), S. 37.

22 Vgl. John Whyte, *Interpreting Northern Ireland* (Oxford: Clarendon Press, 1991).

23 Vgl. Stephen R. Marks, »Durkheim's Theory of Anomie«, *American Journal of Sociology*, 80 (2) (1974), S. 329–363.

24 Vgl. Robert K. Merton, *Social Theory and Social Structure* (New York: Free Press, 1968).

25 Omar Bakri, zitiert in Quintan Wiktorowicz, *Radical Islam Rising: Muslim Extremism in the West* (Oxford: Rowman and Littlefield, 2005), S. 91.

26 Ibd.

27 Eliane Tschaen Barbieri, Jytte Klausen, »Al Qaeda's London branch: Patterns of Domestic and Transnational Network Integration«, *Studies in Conflict and Terrorism*, 35 (6) (2012), S. 411–431.

28 Laut Dokumenten der Gruppe half er dabei, Auslandskämpfer nach Syrien zu schleusen. Josie Esnor und Raf Sanchez, »Islamic State leaks reveal banned cleric Omar Bakri recruited British jihadists«, *The Daily Telegraph*, 10. März 2016.

29 Neumann, *Die neuen Dschihadisten*, S. 141 ff.

30 Quintan Wiktorowicz, »Joining the Cause: Al-Muhajiroun and Radical Islam«, in Peter R. Neumann (Hg.), *Radicalization, Band 1* (London: Routledge, 2015), S. 129.

31 »The ›Hofstadtgroep‹«, *Transnational Terrorism*.
32 Ibd.
33 Berwick, »2083 – A European«; Ingrid Melle, »The Breivik case and what psychiatrists can learn from it«, *World Psychiatry*, 12 (1) (2013), S. 16–21.
34 Smelser, *The Faces of Terrorism*, S. 15.
35 Ibd.
36 Vgl. Steven M. Buechler, »The Strance Career of Strain and Breakdown Theories of Collective Action« in David A. Snow, Sarah A. Soule und Hanspeter Kriesi (Hg.), *The Blackwell Companion to Social Movements* (Oxford: Blackwell, 2004), S. 47–66.
37 Zitiert in Thomas Harding, »Adams calls on the IRA to end its ›armed struggle‹«, *The Telegraph*, 7. April 2005.
38 Vgl. Drew Tewksbury, »N. Ireland and the U. S.: A Shared Civil Rights Struggle«, NPR, 17. März 2008; www.npr.org/sections/newsandviews/2008/03/n_ireland_and_the_us_shared_ci.html.
39 Malachi O'Doherty, *The Trouble with Guns: Republican Strategy and the Provisional* IRA (Belfast: Blackstaff Press, 1998), S. 65.
40 Ibd., S. 73.
41 Ibd., S. 65.

3 Drang

1 Facebook-Seite und Twitter-Account von Abu Tasnim; @Abou Ayaat.
2 David Thomson, *Les Français djihadistes* (Editions des Arènes, 2014), S. 245–255.
3 Graeme Wood, »What ISIS Really Wants«, *The Atlantic*, März 2015.
4 Simon Cottee, Keith Hayward, »Terrorist (E)motives: The Existential Attractions of Terrorism«, *Studies in Conflict and Terrorism*, 34 (12) (2011), S. 963–986.
5 Henri Tajfel, John Turner, »An Integrative Theory of Intergroup Conflict«, in William Austin, Stephen Worchel (Hg.), *The Social Psychology of Intergroup Relations* (Monterey: Brooks-Cole, 1979), S. 33–47.
6 Vgl. Amartya Sen, *Identity and Violence. The Illusion of Destiny* (New York: W. W. Norton, 2007).

7 Vgl. Kumar Ramakrishna, *Islamist Terrorism and Militancy in Indonesia: The Power of the Manichean Mindset* (Singapur: Springer, 2014).

8 David Thomson, *Les Français*, S. 247.

9 Facebook-Profil von Abu Tasnim.

10 Marc Sageman, *Understanding Terror Networks* (Philadelphia: Pennsylvania University Press, 2004).

11 »Isis-Krieger Firas H. droht jetzt Österreich«, *Österreich*, 1. September 2014.

12 Ibd.

13 Facebook-Profil vor Firas Houidi.

14 Arie W. Kruglanski, Edward Orehek, »The Role of the Quest for Personal Significance in Motivating Terrorism« in Joseph Forgas, Arie Kruglanski und Kipling Williams (Hg.), *The Psychology of Social Conflict and Aggression* (New York: Psychology Press, 2011), S. 153–166.

15 Berenice Boutin et al., *The Foreign Fighters Phenomenon in the European Union: Profiles, Threats & Policies* (The Hague: International Centre for Counter-Terrorism, 2016).

16 Jörg Diehl, Fidelius Schmid, »Ein Taugenichts als Terrorist«, *Spiegel Online*, 20. Januar 2016.

17 Ibd.

18 Zitiert in ibd.

19 Jörg Diehl, Fidelius Schmid, »IS-Kronzeuge Nils D. vor Gericht: Gescheitert, erweckt und abgehauen«, *Spiegel Online*, 20. Januar 2016.

20 Zitiert in Diehl, »Ein Taugenichts«.

21 Cottee, »Terrorist (E)motives«, S. 976.

22 Interview mit Shiraz Maher, 6. Juni 2016.

23 Neumann, *Die neuen Dschihadisten*, S. 153.

24 Facebook-Profil von Abul Hakim Ryding.

25 Cottee, »Terrorist (E)motives«, S. 970–973.

26 Andrew Silke, »Holy Warriors: Exploring the psychological processes of jihadi radicalization«, *European Journal of Criminology*, 5 (1) (2008), S. 107.

27 Facebook-Seite von Rayat al-Tawheed.

28 Vgl. Abby L. Ferber, Michael S. Kimmel, »The Gendered Face of Terrorism«, *Sociology Compass*, 2 (3), S. 870–887.

29 Karin Wieland, »Andreas Baader«, in Wolfgang Kraushaar (Hg.), *Die* RAF *und der linke Terrorismus* (Hamburg: Hamburger Edition HIS, 2006), S. 346.

30 Vgl. ibd, S. 340.

31 Ibd., S. 346.

32 »Frauen in der RAF: Interview mit Gisela Diewald-Kerkmann«, *Dossier, Bundeszentrale für Politische Bildung*, 20. August 2007; www.bpb.de/geschichte/deutsche-geschichte/geschichte-der-raf/49243/frauen-in-der-raf?p=all.

33 Irving Spergel et al., *Gang Suppression and Intervention: Problems and Response* (Washington DC: Department of Justice, 1994), S. 3.

34 »British Army Recruitment TV Ad 2014«, *YouTube*, 10. Januar 2014; www.youtube.com/watch?v=sOhvjBwuix4.

35 Facebook-Seite von Rayat al-Tawheed.

4 Ideen

1 »Der Irrweg des Harry S.: ›Wo ich herkomme, hast Du keine Chance‹«, *Erasmus-Monitor*, 23. Oktober 2015.

2 »Vernehmungsprotokoll der Beschuldigtenvernehmung vom 15. Dezember 2015«, *Generalbundesanwalt*, 15. Dezember 2015, S. 9.

3 Vgl. Shiraz Maher, *Salafi-Jihadism: The History of an Idea* (London: Hurst, 2016).

4 Zitiert in George Packer, »Exporting Jihad«, *New Yorker*, 28. März 2016.

5 »Vernehmungsprotokoll«, *Generalbundesanwalt*, S. 25, 28.

6 Ibd., S. 22.

7 Ibd., S. 22, 23.

8 Vgl. John Horgan, »Lessons learned since the terrorist attacks of September 11, 2001«,Vortrag beim START-Symposium, Washington DC, 1. September 2011; www.c-spanvideo.org/program/TenYearA.

9 Vgl. John Gerring, »Ideology: a definitional analysis«, *Political Research Quarterly*, 50 (4) (1997), S. 957–994.

10 See Robert D. Benford, David A. Snow, »Framing Processes and Social Movements: An Overview and Assessment«, *Annual Review of Sociology*, 26 (2000), S. 611–639.

11 Vgl. Roel Meijer, »Introduction«, in Roel Meijer (Hg.), *Global Salafism: Islam's New Religious Movement* (London: Hurst, 2009), S. 3–7.

12 Vgl. Quintan Wiktorowicz, »Anatomy of the Salafi Movement«, *Studies in Conflict and Terrorism*, 29 (2006), S. 207–239.

13 Bernard Lewis, *The Crisis of Islam: Holy War and Unholy Terror* (New York: Random House, 2003).

14 Vgl. John L. Esposito, *Unholy War: Terror in the Name of Islam* (Oxford: Oxford University Press, 2003), Kapitel 2.

15 Ibd.

16 Vgl. Maher, *Salafi-Jihadism*, Kapitel 2.

17 Alexander Meleagrou-Hitchens und Hans Brun, *A Neo-Nationalist Network: The English Defence League and Europe's Counterjihad Movement* (London: ICSR, 2013), S. 59.

18 Vgl. »What Is Cultural Marxism«, *Destroy Cultural Marxism*, 8. Januar 2013; http://destoryculturalmarxism.blogspot.co.uk/2013/01/what-is-cultural-marxism.html.

19 Meleagrou-Hitchens, *A Neo-Nationalist Network*, Kapitel 3.

20 Vgl. Berwick, »2083 – A European«.

21 Meleagrou-Hitchens, *A Neo-Nationalist Network*, S. 43.

22 Vgl. Erving Goffman, *Frame Analysis: An Essay on the Organization of the Experience* (New York: Harper Colophon, 1974).

23 Vgl. »Bin Laden's Fatwa«, PBS *Newshour*, 23. August 1996; www.pbs.org/newshour/updates/military-july-dec96-fatwa_1996/.

24 Ibd.

25 »Jihad against Jews and Crusaders – World Islamic Front Statement«, 23. Februar 1998; fas.org/irp/world/para/docs/980223-fatwa.htm.

26 Alle Ausgaben sind auf der Webseite *Jihadology* einsehbar. Siehe jihadology.net/category/inspire-magazine/.

27 Vgl. David A. Snow, Robert D. Benford, »Ideology, frame resonance, and participant mobilization«, *International Social Movement Research*, 1 (1988), S. 197–218.

28 »Vernehmungsprotokoll«, *Generalbundesanwalt*, S. 9.

29 Ibd.

30 Ibd., S. 20.

31 Ibd., S. 21.

32 Ibd.

33 Vgl. Randy Borum, »Radicalization into Violent Extremism I: A Review of Social Science Theories«, *Journal of Strategic Security*, 4 (4) (2011), S. 7–36; Daveed Gartenstein-Ross, »How do they radicalize others?«, *The Washington Times*, 10. Juni 2009; Sageman, *Leaderless Jihad*, Kapitel 3.

34 Gilles Kepel, »›Radicalisations‹ et ›islamophobie‹: le roi est nu«, *Libération*, 10. März 2016.

35 Zitiert in Marie Lemonnier, »Djihadisme: Olivier Roy répond à Gilles Kepel«, *Bibliobs*, 9. April 2016. Vgl. Olivier Roy, *Globalized Islam: The Search for a New Ummah* (London: Hurst, 2002).

36 Donatella della Porta, Mario Diani, *Social Movements: An Introduction*, 2. Auflage (Oxford: Blackwell, 2006), Kapitel 5. Vgl. Peter R. Neumann, »The Trouble with Radicalization«, *International Affairs*, 89 (4) (2013), S. 873–893.

37 Wiktorowicz, *Radical Islam*, Kapitel 3.

5 Leute

1 Vgl. »Die ISIS-Zelle von Wolfsburg«, *Bild*, 15. Januar 2015; www.bild.de/politik/inland/isis/zelle-von-wolfsburg-39340792.bild.html.

2 ARD-Interview mit Ebrahim B., 10. Juli 2015.

3 Michael Evers, »›Wissender Bruder‹ zog die Wolfsburger in seinen Bann«, *Die Welt*, 4. August 2015.

4 Interview mit Michael Manske, Mai 2015.

5 ARD-Interview.

6 Ibd.

7 Donatella della Porta, »Recruitment Processes in Clandestine Political Organizations: Italian Left-Wing Terrorism«, *International Social Movement Research*, 1 (1988), S. 155–169.

8 Doug McAdam, »Recruitment to High-Risk Activism: The Case of Freedom Summer«, *The American Journal of Sociology*, 92(1) (1986), S. 64–90.

9 Vgl. Ken Goffman, Dan Joy, *Counterculture through the Ages: From Abraham to Acid House* (New York: Villard, 2004).

10 Vgl. Stefan Malthaner, Peter Waldmann, »Radikale Milieus: Das soziale Umfeld terroristischer Gruppen« in Stefan Malthaner,

Peter Waldmann (Hg.), *Radikale Milieus: Das soziale Umfeld terroristischer Gruppen* (Frankfurt am Main: Campus, 2012), S. 11–42.

11 Goffman, *Counterculture*, S. 24–43. Vgl. Pete Simi, Robert Futrell, »Cyberculture and the Endurance of White Power Activism«, *Journal of Political and Military Sociology*, 34 (1) (2006), S. 318.

12 Della Porta, *Social Movements*, Kapitel 5.

13 Sageman, *Understanding Terror*, S. 137–143.

14 Della Porta, *Social Movements*, S. 119–125.

15 Jochen Kummer, »Der Fischer und die Frau«, *Welt am Sonntag*, 14. Januar 2001.

16 Zitiert in Claus Leggewie, *Politische Zeiten: Meine Beobachtungen von der Seitenlinie* (Gütersloh: Bertelsmann, 2015).

17 Sean O'Neill, Daniel McGrory, *The Suicide Factory: Abu Hamza and the Finsbury Park Mosque* (London: Harper, 2006), S. 56.

18 Riham Alkousaa, Maik Baumgärtner, Martin Knobbe, »So funktioniert die Islamisten-GmbH«, *Der Spiegel*, 26. August 2016.

19 Jonathan Bronitsky, *British foreign policy and Bosnia: The rise of Islamism in Britain, 1992–1995* (London: ICSR, 2010). Vgl. Innes Bowen, *Medina in Birmingham, Najaf in Brent: Inside British Islam* (London: Hurst, 2014), S. 57–81.

20 Vgl. Melanie Phillips, *Londonistan: How Britain Is Creating a Terror State Within* (London: Gibson Square, 2006).

21 Peter R. Neumann, M.L.R. Smith, *The Strategy of Terrorism: How It Works and Why It Fails* (London: Routledge, 2008), S. 44.

22 Della Porta, »Recruitment Processes«, S. 161.

23 Sageman, *Understanding Terror*, S. 135.

24 Ibd., S. 108.

25 Ibd., S. 105–107.

26 National Commission on Terrorist Attacks Upon the United States, *The 9/11 Commission Report* (Washington DC: National Commission, 2004), S. 164.

27 Ibd., S. 165–167.

28 Zitiert in ARD-Interview.

29 Ibd.

30 Wiktorowicz, *Radical Islam*, S. 148.

31 Petter Nesser, »Joining Jihadi Terrorist Cells in Europe: Explor-

ing Motivational Aspects of Recruitment and Radicalization« in Magnus Ranstorp (Hg.), *Understanding Violent Radicalisation in Europe: Terrorist and Jihadist Movements in Europe* (London: Routledge, 2010), S. 87–113.

32 Ibd., S. 98–99.

33 Zum Zeitpunkt der Schriftlegung waren die Videos noch auf einem eigenen YouTube-Kanal verfügbar: www.youtube.com/user/Rappeldujourbruxelle.

34 Zitiert in Jim Brunsden, »Journeys to jihad«, *The Financial Times*, 4. Juni 2016.

35 Pieter van Ostaeyen, »Belgian Radical Networks and the Road to the Brussels Attacks«, CTC *Sentinel*, 16. Juni 2016; www.ctc.usma.edu/posts/belgian-radical-networks-and-the-road-to-the-brussels-attacks.

36 Sageman, *Understanding Terror*, S. 69 f.

6 Gewalt

1 Zitiert in Omar Wahid, »Jihadi John – ›I will go back to Britain …‹«, *Daily Mail*, 22. August 2015.

2 Zitiert in Martin Chulov, »›The best employee we ever had‹: Mohammed Emwazi's former boss in Kuwait«, *The Guardian*, 2. März 2015.

3 Asim Qureshi, zitiert in Heather Saul, »›Jihadi John‹ Mohammed Emwazi was ›extremely kind, gentle, beautiful young man‹, says CAGE Director«, *Independent*, 26. Februar 2015.

4 Kyle Orton, »The Rise and Fall of Mohammed Emwazi«, *The Syrian Intifada*, 20. Januar 2016; kyleorton1991.wordpress.com/2016/01/20/the-rise-and-fall-of-mohammed-emwazi/.

5 Ibd.

6 Tom Gross, »Hostage held by Jihadi John's brutal terror gang reveals«, *Daily Mail*, 27. Februar 2015.

7 Vgl. Fathali Mogghadam, »The Staircase to Terrorism: A Psychological Exploration«, *American Psychologist*, February 2005; Sageman, »Hofstad Case«, S. 13–29.

8 Vgl. Robert H. Langworthy et al., »Incidence of Child Abuse and the Relationship to Criminiality: Literature Review«, *Justice Center, University of Alaska Anchorage*, June 1998.

9 Vgl. Suzanne Moore, »Omar Matten's domestic violence was a clue to his murderous future«, *The Guardian*, 13. Juni 2016.

10 Uwe Backes et al., *Rechts motivierte Mehrfach- und Intensivtäter in Sachsen* (Göttingen: V&R unipress, 2014), S. 37 f.

11 »Zeuge beschriebt Böhnhardt als lustig, clever – und brutal«, *Stern.de*, 23. September 2014.

12 Zitiert in Helen Pidd, »Anders Breivik ›trained‹ for shooting attacks by playing Call of Duty«, *The Guardian*, 19. April 2012.

13 Vgl. »Beautiful War – Die Ästhetisierung und Gamifizierung des Krieges«, *Karlsdialoge*, 27. Mai 2013.

14 O'Neill, *Suicide Factory*, Kapitel 7 und 8.

15 Della Porta, *Social Movements*, S. 130–132.

16 Zitiert in Neumann, *The Strategy of Terrorism*, S. 42.

17 Für verschiedene Definitionen und Deutungen des Begriffs Repression siehe Donatella della Porta, *Social Movements, Political Violence, and the State* (Cambridge: Cambridge University Press, 1995), S. 55–82.

18 Peter Taylor, *Provos: The* IRA *and Sinn Fein* (London: Bloomsbury, 1997), S. 126 f.

19 P. J. McLoughlin, »› It's a united Ireland or Nothing?‹ John Hume and the Idea of Irish Unity, 1964–1972«, *Irish Political Studies*, 21(2) (2006), S. 157–180.

20 Viele Jahre später stellte sich heraus, dass der Polizist für die Stasi gearbeitet hatte. Vgl. Katja Iken, Marc von Lüpke, »Ein Schuss, viele Fragen«, *Spiegel Online*, 18. Februar 2015.

21 Uwe Bergmann, »Der 2. Juni 1967«, in Uwe Bergmann et al. (Hg.), *Rebellion der Studenten* (Reinbek: Rororo, 1968), S. 31.

22 »Täter Kurras jetzt gestorben«, *Kölnische Rundschau*, 18. Februar 2015.

23 Farhad Khosrokhavar, *Suicide Bombers: Allah's New Martyrs* (London: Pluto Press, 2005), S. 152 f.

24 Zitiert in Petter Nesser, *Islamist Terrorism in Europe: A History* (London: Hurst, 2016), S. 231.

25 Vgl. »Global Terrorism Index 2015: Understanding and Measuring the Impact of Terrorism«, *Institute for Economics and Peace*, 2015: economicsandpeace.org/wp-content/uploads/2015/11/Global-Terrorism-Index-2015.pdf.

26 John Horgan, *Divided We Stand: The Strategy and Psychology of Ireland's Dissident Terrorists* (Oxford: Oxford University Press, 2013), S. 141 ff.

27 Vgl. Andrew Silke, »In Defense of the Realm: Financing Loyalist Terrorism in Northern Ireland – Part One: Extortion and Blackmail«, *Studies in Conflict and Terrorism*, 21 (1998), S. 331–361; Andrew Silke, »Drink, Drugs, and Rock 'n' Roll: Financing Loyalist Terrorism in Northern Ireland – Part Two«, *Studies in Conflict and Terrorism*, 23 (2000), S. 107–127.

28 Louise Richardson, *What Terrorists Want: Understanding the Terrorist Threat* (London: John Murray, 2006), S. 115.

29 Ibd., S. 116.

30 Neumann, *Die neuen Dschihadisten*, S. 55–62.

31 Vgl. Thomas Hegghammer, »Should I Stay or Should I Go? Explaining Variation in Jihadists' Choice Between Domestic and Foreign Fighting«, *American Political Science Review*, 107(1) (2013), S. 1–15; Jytte Klausen, Adrienne Roach, »Western Jihadists in the Syrian and Iraqi Insurgencies«, *Working Paper #4, The Western Jihadism Project*, August 2014, S. 40–44.

32 Hegghammer, *Should I Stay*, S. 11 f.

33 Nesser, »Joining Jihadi«, S. 63–68.

7 Religion

1 *Bibel*, Matthäus 10,34.

2 *Bibel*, Deuteronomium 20,10–14.

3 Bruce Hoffman, »Holy Terror: The Implications of Terror Motivated by a Religious Imperative«, RAND *Corporation*, 1993.

4 Mark Juergensmeyer, *The New Cold War? Religious Nationalism Confronts the Secular State* (Berkeley, CA: University of California Press, 1993); Gilles Kepel, *The Revenge of God: The Resurgence of Islam, Christianity, and Judaism in the Modern World* (University Park, PA: Pennsylvania State University Press, 1994).

5 Samuel Huntington, »The Clash of Civilizations?«, *Foreign Affairs*, Sommer 1993.

6 Vgl. David C. Rapoport, »The Four Waves of Modern Terrorism« in Audrey Kurth Cronin, James M. Ludes (Hg.), *Attack-*

ing Terrorism: Elements of a Grand Strategy (Washington, DC: Georgetown University Press, 2004), S. 46–73.

7 Vgl. Richard Dawkins, *The God Delusion* (New York: Black Swan, 2007).

8 Vgl. »Islam against Extremism«; http://www.islamagainstextremism.com/.

9 Vgl. John Bingham, »Religion ›makes people more generous‹«, *The Daily Telegraph*, 9. Juni 2014.

10 Vgl. Victoria Woollaston, »How Religion cuts crime«, *Daily Mail*, 14. Januar 2014.

11 Vgl. Thomas Fuller, »Extremism builds among Myanmar's Buddhists«, *The New York Times*, 21. Juni 2013; Mark Juergensmeyer, *Terror in the Mind of God: The Global Rise of Religious Violence* (Berkely, CA: University of California Press, 2000), S. 103–108.

12 Vgl. Martin E. Marty, »Fundamentalism as a Social Phenomenon«, *Bulletin of the American Arts and Sciences*, 42(2) (1988), S. 15–29; Heather Selma Gregg, »Three Theories of Religious Activism and Violence: Social Movements, Fundamentalists, and Apocalyptic Warriors«, *Terrorism and Political Violence*, 28(2) (2016), S. 338–360.

13 Mark Juergensmeyer, »Religion as a Cause of Terrorism« in Richardson (Hg.), *The Roots of Terrorism*, S. 135, 143.

14 Robert A. Pape, »The Strategic Logic of Suicide Terrorism«, *American Political Science Review*, 97(3) (2003), S. 343–361.

15 Nasra Hassan, »An Arsenal of Believers«, *New Yorker*, 19. November 2001. Vgl. Scott Atran, »Genesis of Suicide Terrorism«, *Science*, 299(5612) (2003), S. 1534–1539; Assaf Moghadam, »Palestinian Suicide Terrorism in the Second Intifada: Motivations and Organizational Aspects«, *Studies in Conflict and Terrorism*, 26 (2) (2003), S. 65–92.

16 Juergensmeyer, »Religion as a Cause«, S. 142 ff.

17 Abu Musab al Zarqawi, zitiert in »Why Islamic State chose town of Dabiq for propaganda«, BBC *News*, 17. November 2014.

18 Vgl. Robert Spencer, *The Complete Infidel's Guide to the Koran* (New York: Regnery, 2009).

19 Quintan Wiktorowicz, »Anatomy of the Salafi Movement«, in *Studies in Conflict & Terrorism*, 29 (2006), S. 207–239

20 Lewis, *The Crisis*; François Burgat, *Face to Face with Political Islam* (London: I. B. Tauris, 2003).

21 Neumann, *Die neuen Dschihadisten*, S. 49–55.

22 Vgl. Shiv Malik, »My Brother the Bomber«, *Prospect Magazine*, 30. Juni 2007.

23 Vgl. »Why some Brits choose Islamic prayer over partying«, *The Economist*, 12. Februar 2016.

24 Robert Spencer, *The Complete Infidel's Guide to* ISIS (New York: Regnery, 2015).

25 Zitiert in Ashley Killough, »Strong reaction to Obama quote: ›ISIL is not Islamic‹«, CNN, 11. September 2014; edition.cnn.com/2014/09/10/politics/obama-isil-not-islamic/.

26 Zitiert in Ali Mamouri, »Who are the Kharijites and what do they have to do with IS?«, *Al-Monitor*, 8. Januar 2015; www.al-monitor.com/pulse/originals/2015/01/islamic-state-kjarijites-continuation.html.

27 William McCants, *The* ISIS *Apocalypse: The History, Strategy, and Doomsday Vision of the Islamic State* (New York: St. Martin's Press, 2015).

28 Christoph Reuter, *Die schwarze Macht: Der »Islamische Staat« und die Strategen des Terrors* (München: DVA, 2015).

29 Akil N. Awan, »Why jihadism appeals to religiously illiterate loners«, *The Conversation*, 12. Januar 2015; theconversation.com/why-jihadism-appeals-to-religiously-illiterate-loners-36106.

30 ARD-Interview mit Ebrahim B.

31 Vgl. Hoffman, »Holy Terror«.

32 Vgl. Steve Bruce, *Secularization: In Defence of an Unfashionable Theory* (Oxford: Oxford University Press, 2013); Pippa Norris and Robert Inglehart, *Sacred and Secular: Religion and Politics Worldwide*, 2. Auflage (Cambridge: Cambridge University Press, 2012), Kapitel 1.

33 Kepel, *The Revenge of God*, S. 7.

8 Internet

1 Zitiert in Vikram Dodd, »Roshonara Choudhry: Police interview extracts«, *The Guardian*, 3. November 2010.

2 Vgl. Elizabeth Pearson, »The Case of Roshonara Choudhry: Implications for Theory on Online Radicalization, ISIS Women, and the Gendered Jihad«, *Policy and Internet*, 8 (1) (2016), S. 5–33.

3 Zitiert in Dodd, »Roshonara«.

4 Ibd.

5 Vgl. Asiem El Difraoui, »Web 2.0 – mit einem Klick im Medienjihad« in Guido Steinberg (Hg.), *Jihadismus und Internet: Eine deutsche Perspektive* (Berlin: SWP, 2012), S. 69.

6 Zitiert in Peter R. Neumann, *Countering Online Radicalization in America* (Washington: Bipartisan Policy Center, 2012), S. 15.

7 Louis Beam, »Leaderless Resistance«, *The Seditionist*, Februar 1992; www.louisbeam.com/leaderless.htm.

8 Neumann, »Countering Online«, S. 16.

9 »Al-Qaeda answers your questions online«, *France 24*, 4. April 2008; observers.france24.com/en/20080404-al-qaeda-zawahiri-answers-questions.

10 Vgl. J. M. Berger, Jonathon Morgan, »The ISIS Twitter Census: Defining and Describing the Population of ISIS Supporters on Twitter«, *The Brookings Project on U.S. Relations with the Islamic World*, March 2015.

11 Neumann, *Die neuen Dschihadisten*, S. 151–155.

12 Jarret Brachman, *Global Jihadism: Theory and Practice* (Abingdon/New York: Routledge, 2009), S. 39.

13 Michael Addady, »The Messaging App that's the ›Hot New Thing Among Jihadists‹«; *Fortune*, 18. November 2015.

14 Vgl. Howard Rheingold, *The Virtual Community: Homesteading on the Electronic Frontier*, 2. Auflage (Boston: MIT Press, 2000).

15 Sageman, *Leaderless Jihad*, S. 144.

16 Zitiert in Daniel Köhler, »The Radical Online: Individual Radicalization Processes and the Role of the Internet«, *Journal for Deradicalization*, 1(1) (2014), S. 118.

17 Zitiert in ibd., S. 121.

18 Zitiert in ibd.

19 Zitiert in Simi, »Cyberculture«, S. 123.
20 John Suler, »The Online Disinhibition Effect«, *CyberPsychology and Behavior*, 7 (3) (2004), S. 321–326.
21 Köhler, »The Radical Online«, S. 119.
22 J. M. Berger, »Omar and Me«, *Foreign Policy*, 17. September 2013.
23 Tweet von @abudujanaisis, 7. Januar 2014.
24 Vgl. Sageman, *Leaderless Jihad*, S. 57–65.
25 Zitiert in »Syria, we will fight for you«, *YouTube*, 20. März 2012.
26 Tweet von @mashuduk, 18. Juli 2013.
27 Ibd., 16. Juli 2013.
28 Tweet von @abudujanaisis, 4. August 2014.
29 Vgl. Alexander Meleagrou-Hitchens, Nick Kaderbhai, »Online Radicalisation: A Literature Review«, VOX-*Pol*, Mai 2016.
30 Simi, »Cyberculture«.
31 Tweet von @ijaman08, 17. Juli 2013.
32 Shiraz Maher, »From Portsmouth to Kobane«, *New Statesman*, 31. Oktober 2014.
33 Ibd.
34 Ibd.

9 Einsame Wölfe

1 »Yassin Sahli: 5 Fast Facts You Need to Know«, *Heavy.com*, 26. Juni 2015.
2 Alissa Rubin, »Suspect in Attack in France Had Ties to Radical Islamist«, *The New York Times*, 27. Juni 2015.
3 Vgl. »Yunes-Sébastien, le destinataire du selfie macabre de Yassin Salhi«, *Europe 1*, 29. Juni 2015.
4 Clare Ellis et al., »Lone Actor Terrorism – Final Report«, *Countering Lone Actor Terorrism No. 11*, RUSI, April 2016, S. 7.
5 Vgl. Edwin Bakker, Jeanine de Roy van Zuiddewijn, »Lone-Actor Terrorism – Definitional Workshop«, *Countering Lone Actor Terrorism No. 2*, RUSI, April 2016.
6 Neumann, *Die neuen Dschihadisten*, S. 24.
7 Zitiert in ibd., S. 23.
8 Beam, »Leaderless Resistance«.

9 Vgl. Karin Kneissl, »Lebenslange Haft für Österreichs Bombenbauer Franz Fuchs«, *Die Welt*, 11. März 1999.
10 Vgl. Jarret M. Brachman, Alix N. Levine, »You Too Can Be Awlaki!«, *The Fletcher Forum of World Affairs*, 35(1) (2011), S. 25–46.
11 Vgl. Azmat Khan, »The Magazine that ›Inspired‹ the Boston Bombers«, PBS *Frontline*, 30. April 2013.
12 Zitiert in Neumann, *Die neuen Dschihadisten*, S. 161.
13 Vgl. Alex Rowell, »ISIS Europe bombers expose ›lone wolf‹ fallacy«, *Now.*, 1. April 2016.
14 Vgl. »Brussels Jewish museum shooter was no ›lone wolf‹«, *The Times of Israel*, 14. Juni 2014.
15 »15-jährige Messerstecherin hatte Kontakt zum ›Islamischen Staat‹«, *Der Spiegel*, 19. März 2016.
16 Vgl. Dominic Casciani, »Woolwich: How did Michael Adebolajo become a killer?«, BBC *News*, 19. Dezember 2013; www.bbc.com/news/magazine-25424290.
17 Jessica Hatcher, »UK told Kenyan police that Michael Adebolajo was ›clean‹, says lawyer«, *The Guardian*, 29. Mai 2013.
18 Zitiert in Astrid Meland, Marie Melgård, »Fjordman foreslo nazi-løsning«, *Dagbladet*, 6. August 2011.
19 Vgl. Anne Stenersen, »›Bomb-making for Beginners‹: Inside an al-Qaeda E-Learning Course«, *Perspectives on Terrorism*, 7 (1) (2013).
20 Vgl. Ramón Spaaij, »The Enigma of Lone Wolf Terrorism: An Assessment«, *Studies in Conflict and Terrorism*, 33(9) (2010), S. 854–870.
21 Ibd.
22 Paul Gill, John Horgan, Paige Deckert, »Bombing Alone: Tracing the Motivations and Antecedent Behaviors of Lone-Actor Terrorists«, *Journal of Forensic Sciences*, 59 (2) (2014), S. 425–435.
23 Ellis, »Lone Actor Terrorism«.
24 Melle, »The Breivik case«.
25 Ibd.
26 Vgl. »Hinweis auf psychische Störung des Täters«, *Frankfurter Allgemeine Zeitung*, 18. September 2015.

27 Frank Jansen, »Ein ganz normaler Irrer«, *Der Tagesspiegel*, 18. September 2015.
28 Zitiert in Peter Oldenburger, »Anwalt bezeichnet Rafik Y. als ›wirr und unklar‹«, *Berliner Morgenpost*, 20. September 2015.
29 Zitiert in Olaf Wedeking, »Es war nicht seine erste Messerattacke!«, *Bild*, 21. September 2015.
30 »Hinweis auf psychische«, *Frankfurter Allgemeine Zeitung*.
31 Gill, »Bombing Alone«, S. 433.

10 Frauen

1 Erin Marie Saltman, Melanie Smith, *›Till Martyrdom Do Us Part‹: Gender and the* ISIS *Phenomenon* (London: ISD und ICSR, 2015).
2 Ibd.
3 Tweets von @ummuthmann und @jafarbritaniya, verschiedene Daten.
4 Saltman, *›Till Martyrdom‹*, S. 23.
5 Zitiert in ibd.
6 Zitiert in ibd., S. 24.
7 Vgl. Kimiko de Freytas-Tamura, »Teenage Girl Leaves For ISIS, and Others Follow«, *The New York Times*, 24. Februar 2015.
8 Vgl. Gill, »Bombing Alone, S. 428.
9 Fernando Reinares, »Who are the terrorists? Analyzing changes in sociological profiles among members of ETA«, *Studies in Conflict and Terrorism*, 27 (2004), S. 465–488.
10 »Frauen in der RAF«, *Bundeszentrale*.
11 Wolf Schmidt, *Jung, deutsch, Taliban* (Berlin: Christoph Links, 2012), S. 137.
12 Peter R. Neumann, Ryan Evans, Raffaello Pantucci, »Locating al-Qaeda's Centre of Gravity: The Role of Middle Managers«, *Studies in Conflict and Terrorism*, 34 (11) (2011), S. 837.
13 Zitiert in Elaine Sciolino, Souad Mekhennet, »Belgian woman wages war for al-Qaeda on the internet«, *The New York Times*, 28. Mai 2008.
14 Zitiert in Neumann, »Locating al-Qaeda's«, S. 836.
15 Ibd.
16 Neumann, *Die neuen Dschihadisten*, S. 148.
17 Ask.fm-Account von @AbuDujanaBritani, 9. Juni 2014.

18 Ibd.

19 Tweet von @mashiduk, 27. Juli 2013.

20 Zitiert in »Islamic State Leader Encourages Immigration, Worldwide Action«, *Site Intelligence Group*, 1. Juli 2014.

21 Zitiert in Brenda Stoter, »Islamic State's female bloggers draw European women to Syria«, *Al-Monitor*, 23. Dezember 2014.

22 Thomas Mücke, zitiert in Deana Mrkaja, »Warum sich deutsche Mädchen dem Islamischen Staat anschließen«, *Focus*, 18. Dezember 2015.

23 »Analyse der Radikalisierungshintergründe und -verläufe der Personen, die aus islamistischer Motivation aus Deutschland Richtung Syrien oder Irak ausgereist sind«, *Gemeinsames Papier des* BKA, *BfV und* HKE, Dezember 2015; Users/PeterNeum/Downloads/2015AnalyseRadikalisierungsgruendeSyrienIrakAusreisende.pdf.

24 Zitiert in Anita Persin, »Fatal Attraction: Western Muslimas and ISIS«, *Perspectives on Terrorism*, 9(3) (2015); www.terrorismanalysts.com/pt/index.php/pot/article/view/427/html.

25 Vgl. Saltman, ›*Till Martyrdom*‹, S. 16.

26 Zitiert in Persin, »Fatal Attraction«.

27 Zitiert in Stoter, »Islamic State's«.

28 »Women of«, S. 41.

29 Zitiert in Stoter, »Islamic State's«.

30 Zitiert in Persin, »Fatal Attraction«.

31 »Women of the Islamic State«, translated by Charlie Winter, *Quilliam Foundation*, Februar 2015, S. 8.

32 Azadeh Moaveni, »ISIS Women and Enforcers in Syria Recount Collaboration, Anguish, and Shame«, *The New York Times*, 21. November 2015.

33 »The Fitrah of Mankind and the Near-Extinction of the Western Woman«, *Dabiq*, August 2016.

34 Zitiert in Simon Cottee, »Tracking the Online Life of a Female ISIS Recruiter from the UK«, *Vice*, 15. Januar 2016.

35 Zitiert in Simon Cottee, »What ISIS Women Want«, *Foreign Policy*, 17. Mai 2016.

36 Boris Baumholt, Georg Heil und Katja Riedel, »Von Mönchengladbach in den Dschihad«, WDR, 26. Oktober 2015.

37 Kommunikation mit Georg Heil, NDR, 20. Juli 2016.
38 Zitiert in Neumann, *Die neuen Dschihadisten*, S. 150.
39 Erin Marie Saltman, Ross Frenett, »Female Radicalization to ISIS and the Role of Women in CVE«, in Naureen Chowdhury Fink, Sara Zeiger, Rafia Bhulai (Hg.), *A Man's World? Exploring the Role of Women in Countering Terrorism and Violent Extremism* (Washington: Global Center on Cooperative Security, 2016), S. 153.
40 Zitiert in »Samra a-t-elle été battue à mort par Daech?«, *Paris Match*, 25. November 2015.
41 Justin Huggler, »Tennage Austrian ›poster girl for the Islamic State‹ killed by group for trying to escape«, *The Daily Telegraph*, 24. November 2015.

11 Gangster

1 Vgl. Karla Adam, Griff Witte, »Danish attacks echo France«, *Washington Post*, 16. Februar 2015.
2 Vgl. »Copenhagen hit by second deadly shooting«, BBC *News*, 15. Februar 2015.
3 »Foreword«, *Dabiq*, März 2015.
4 Saad Edin Ibrahim, »Anatomy of Egypt's Militant Islamic Groups: Methodological Note and Preliminary Findings«, *International Journal of Middle East Studies*, 12 (1980), S. 423–453.
5 Sageman, *Understanding Terror*, S. 89.
6 Edwin Bakker, *Jihadi terrorists in Europe: their characteristics and the circumstances in which they joined the jihad: an exploratory study* (The Hague: Clingendael Institute, 2006). S. 35–43.
7 Sageman, *Leaderless Jihad*, S. 85 ff.
8 Dan Bilefsky, »Toulouse Killer's Path to Radicalism a Bitter Puzzle«, *The New York Times*, 29. März 2012.
9 »Analyse der Radikalisierungshintergründe«; BKA, S. 15–18.
10 Luke Harding, »From Acton to Aleppo: how one British Muslim's quest to Syria ended in death«, *The Guardian*, 31. Mai 2013.
11 Zitiert in ibd.
12 Paul Owen, Luke Harding, »British man and American woman killed in Syria, reports say«, *The Guardian*, 31. Mai 2013.

13 Brenda Stoter, »The Making of an Islamic State Terrorist«, *Al-Monitor*, 30. März 2016.
14 Zitiert in ibd.
15 Zitiert in Mike Corder, »For one ›brainwashed‹ young Dutchman, life morphed from girls and discos to jihad«, *Associated Press*, 20. Mai 2015.
16 Zitiert in Peter R. Neumann, *Prisons and Terrorism: Radicalisation and De-radicalisation in 15 Countries* (London: ICSR, 2010), S. 25.
17 Ibd., S. 25–29.
18 Zitiert in Mark Hanrahan, »Amedy Coulibals ›Martyrdom‹ Video Released Online«, *International Business Times*, 11. Januar 2015.
19 Angelique Chrisafis, »Charlie Hebdo attackers: born, raised, and radicalised in Paris«, *The Guardian*, 12. Januar 2015.
20 Ibd.
21 Scott Bronstein, »Cherif and Said Kouachi: Their path to terror«, CNN, 14. Januar 2015.
22 Benoit Faucon, Alexis Flynn, Julian E. Barnes, »Brussels Suspect Mohamed Abrini: What We Know«, *Wall Street Journal*, 8. April 2016.
23 Zitiert von Sebastian Rotella, 12. Juli 2016.

12 Was tun?

1 Nesser, »Joining Jihadi«.
2 Neumann, *Die neuen Dschihadisten*.
3 Zitiert von Rik Coolsaet, »ISIS in Europe«, Konferenz, *King's College London*, 29. Juli 2015.
4 Neumann, *Prisons and Terrorism*, Kapitel 1.
5 Shiraz Maher, Peter R. Neumann, *Pain, Confusion, Anger, and Shame: The Stories of Islamic State Families* (London: ICSR, 2016); Peter R. Neumann, *Victims, Perpetrators, Assets: The Narratives of Islamic State Defectors* (London: ICSR, 2015).
6 Gespräch mit Behnam T. Said, 3. August 2016.
7 Vgl. Lorenzo Vidino, »Countering Radicalization in America: Lessons from Europe«, *United States Institute for Peace Special Report*, November 2010.

8 Neumann, *Prisons and Terrorism*, Kapitel 5.

9 Andreas Casptack, »Deradicalization Programs in Saudi Arabia: A Case Study«, *Middle East Institute,* 10. Juni 2015; www.mei.edu/content/deradicalization-programs-saudi-arabia-case-study.

10 Boutin, *The Foreign Fighters*, Kapitel 2.

11 Vgl. Wolf Wiedmann Schmidt, »Die Kronzeugen«, *Der Spiegel*, 6. August 2016; Neumann, *Victims, Perpetrators, Assets.*

12 Gespräch mit Behnam T. Said, 3. August 2016.

13 Vgl. Klausen, *Western Jihadis*; Hegghammer, »Should I Stay«.

14 Gespräch mit Behnam T. Said, 3. August 2016.

15 Vgl. Michael Lüders, *Wer den Wind sät: Was westliche Politik im Orient anrichtet* (München: C.H.Beck, 2015); Jürgen Todenhöfer, *Inside* ISIS*: 10 Tage im Islamischen Staat* (München: C. Bertelsmann, 2015).

16 »London bomber: Text in full«, BBC *News*, 1. September 2015; news.bbc.co.uk/2/hi/uk/4206800.stm.

Nachwort

1 Petra Sorge, »Der islamistische Reflex«, *Cicero*, 15. Juli 2016.

2 Kim Willsher, »Nice attacker ›plotted for months and had accomplices‹«, *Guardian*, 21. Juli 2016.

3 Andreas Ulrich, »Würzburg und Ansbach: Attentäter hatten Kontakt nach Saudi-Arabien«, *Der Spiegel*, 5. August 2016.

4 »Bundesanwaltschaft: Verdacht auf IS-Mitgliedschaft des Ansbach-Täters«, *Stuttgarter Nachrichten*, 25. Juli 2016.

5 Tweet von Paul Cruickshank, @CruickshankPaul, 26. Juli 2016.

6 »Axt-Attentäter: Aus dem Nichts radikalisiert?«, *Würzburg erleben*, 24. Juli 2016; www.wuerzburgerleben.de/2016/07/24/terror-axt-angriff-radikalisiert/.

7 Willsher, »Nice attacker«.

8 »Riaz A. erfuhr vom Tod eines Freundes in Afghanistan«, *Die Welt*, 19. Juli 2016.

Register